novas buscas
em comunicação

VOL. 37

CB007207

Dados Internacionais de Catalogação na Publicação (CIP)
Câmara Brasileira do Livro, SP, Brasil

Dimbleby, Richard
Mais do que palavras : uma introdução à comunicação /
Richard Dinbleby & Graeme Burton ; [tradução de Plínio Cabral]. –
São Paulo : Summus, 1990. (Novas buscas em comunicação; v. 37)

ISBN 978-85-323-0056-0

1. Comunicação   2. Comunicação de massa   3. Comunicação interpessoal
4. Comunicação nas organizações   I. Burton, Graeme.   II. Título.

CDD-302.2

99-1057   -158.2

Índices para catálogo sistemático:
1. Comunicação : Sociologia   302.2
2. Comunicação de massa : Sociologia   302.23
3. Comunicação de grupos : Sociologia   302.3
4. Comunicação nas organizações : Administração de
   empresas 658.45

www.summus.com.br

EDITORA AFILIADA

MAIS DO QUE PALAVRAS

*Uma introdução à
teoria da comunicação*

RICHARD DIMBLEBY
e
GRAEME BURTON

*summus
editorial*

Do original em língua inglesa
MORE THAN WORDS – An introduction to communication
Copyright © 1985 by Richard Dimbleby e Graeme Burton
Direitos desta tradução adquiridos por Summus Editorial

Tradução: **Plínio Cabral**
Capa: **Edmundo França**
Impressão: **Sumago Gráfica Editorial Ltda.**

Summus Editorial

Departamento editorial:
Rua Itapicuru, 613 – 7º andar
05006-000 – São Paulo – SP
Fone: (11) 3872-3322
Fax: (11) 3872-7476
http://www.summus.com.br
e-mail: summus@summus.com.br

Atendimento ao consumidor:
Summus Editorial
Fone: (11) 3865-9890

Vendas por atacado:
Fone: (11) 3873-8638
Fax: (11) 3873-7085
e-mail: vendas@summus.com.br

Impresso no Brasil

NOVAS BUSCAS EM COMUNICAÇÃO

O extraordinário progresso experimentado pelas técnicas de comunicação de 1970 para cá representa para a Humanidade uma conquista e um desafio. Conquista, na medida em que propicia possibilidades de difusão de conhecimentos e de informações numa escala antes inimaginável. Desafio, na medida em que o avanço tecnológico impõe uma séria revisão e reestruturação dos pressupostos teóricos de tudo que se entende por comunicação.

Em outras palavras, não basta o progresso das telecomunicações, o emprego de métodos ultra-sofisticados de armazenagem e reprodução de conhecimentos. É preciso repensar cada setor, cada modalidade, mas analisando e potencializando a comunicação como um processo total. E, em tudo, a dicotomia, teoria e prática, está presente. Impossível analisar, avançar, aproveitar as tecnologias, os recursos, sem levar em conta sua ética, sua operacionalidade, o benefício para todas as pessoas em todos os setores profissionais. E, também, o benefício na própria vida doméstica e no lazer.

O jornalismo, o rádio, a televisão, as relações públicas, o cinema, a edição — enfim, todas e cada uma das modalidades de comunicação —, estão a exigir instrumentos teóricos e práticos, consolidados neste velho e sempre novo recurso que é o livro, para que se possa chegar a um consenso, ou, pelo menos, para se ter uma base sobre a qual discutir, firmar ou rever conceitos. *Novas Buscas em Comunicação* visa trazer para o público — que já se habituou a ver na Summus uma editora de renovação, de formação e de debate — textos sobre todos os campos da Comunicação, para que o leitor ainda no curso universitário, o profissional que já passou pela Faculdade e o público em geral possam ter balizas para debate, aprimoramento profissional e, sobretudo, informação.

Para nossas famílias

AGRADECIMENTOS

Desejamos agradecer a Jackie Adams, pela sua paciência datilografando nossos originais; Terry Williams pelos desenhos; Kathy Lucas e Steve Thomas pelas fotografias e todos aqueles que consentiram em nelas aparecer; Patrick Woodrow, pelo *storyboard;* Heather Buttery pela ajuda que ofereceu, com sugestões aos originais; Ernie Parons e Neil Mackeown que nos fizeram úteis comentários sobre os originais; aos colegas de ontem e de hoje que contribuíram com suas idéias, especialmente Bryn Davies, Margaret Harvey, Chris Renwick, Robin Scott Beveridge, Philip Johnson e Steven Cowan; alunos de ontem e de hoje, com os quais nós também aprendemos muita coisa; Gill, Nicholas e Caroline e Maggie, Tom e Lottie, que levaram avante as idéias de não-comunicação; e Jane Armstrong, nosso editor, por nos ter dado a oportunidade de escrever e produzir este livro.

Nós e os editores gostaríamos de agradecer, também, àqueles que nos permitiram reproduzir materiais (todo o esforço foi feito para localizar os detentores dos direitos autorais; e se isso não aconteceu, apresentamos nossas desculpas): à BBC e ao *Sun* pela ilustração A e à Software Limited pela ilustração G.

Richard Dimbleby, Graeme Burton
Janeiro de 1985

SUMÁRIO

Prefácio 11
1 — O que é Comunicação? 15
  1. De que maneira se realiza nossa experiência em
    Comunicação? 15
  2. Por que nos comunicamos? 22
  3. Para que usamos a Comunicação? 27
  4. O que acontece quando nos comunicamos? 33
  Conclusão 49
  Recapitulando 49
  Atividades 51
2 — A Comunicação interpessoal 55
  1. Meios de contato 55
  2. Fazendo contato 66
  3. Regras para fazer contato 79
  4. Percepção: a nossa e a dos outros 82
  5. Barreiras na Comunicação 92
  Recapitulando 98
  Atividades 100
3 — Comunicação em grupos 105
  1. O que é um grupo? 105
  2. Por que as pessoas formam grupos? 110
  3. Como as pessoas se comportam em grupos? ... 114
  4. Comunicação em grupos 123
  Recapitulando 129
  Atividades 130

4 — A Comunicação nas organizações 133
1. Como as organizações operam? 133
2. Estudos de caso e desfecho 147
Recapitulando 154
Atividades 155
5 — Comunicação de massa 159
1. Uma sociedade de comunicação de massa 159
2. Interpretando a mídia 169
3. A mídia: exemplos particulares 183
Recapitulando 206
Atividades 208

Glossário de termos utilizados em comunicação 213

PREFÁCIO

"Assim como a pasta de dentes ou a água para lavar a boca não constituem, realmente, a chave para o sucesso social, também ninguém pode dar a você a chave que o transforme num astro da comunicação." (Myers and Myers, em *Dynamics of Human Communication,* 1980.)

POR QUE ESTUDAR COMUNICAÇÃO?

Se você está folheando este livro, nós presumimos que esteja interessado em conhecer mais sobre comunicação e, portanto, interessado em aprender como se comunicar de forma mais eficiente. Quer você goste ou não, estamos nos comunicando a todo tempo. Dependemos dessa atividade em nossa vida pessoal, social ou no trabalho. Portanto, faz sentido procurar saber o *que* estamos comunicando, *como* e *por quê.*

Acreditamos que o estudo da comunicação trata dos seguintes assuntos:

Conhecimento — o que acontece quando as pessoas se comunicam consigo mesmas (autocomunicação) e com outras pessoas.

Compreensão — como esse conhecimento pode ser utilizado para expor e interpretar o processo da comunicação na vida diária.

Experiência — como utilizar este conhecimento e esta compreensão para realizar uma comunicação de forma mais efetiva e eficiente.

O QUE É O ESTUDO DA COMUNICAÇÃO?

Muitos cursos em universidades e até mesmo em colégios* apresentam o problema do estudo da comunicação de diferentes formas.

* No Brasil, 2º grau. (N. T.)

11

Cada vez mais as pessoas reconhecem que é preciso possuir uma certa habilidade para se comunicar com eficácia.

No passado, a arte de se comunicar (ser capaz de expressar idéias e opiniões e entender outras pessoas) era baseada apenas no uso "correto" da linguagem.

Todavia, o estudo mais profundo da comunicação inclui, além do uso "apropriado" da linguagem, outras formas de expressão. São esses estudos que nos capacitam a entender o que nos dizem e, assim, tratar com as pessoas. A arte da comunicação não é um processo natural ou uma habilidade com a qual nascemos. *Nós aprendemos a nos comunicar.* Portanto, podemos estudar o que aprendemos, para utilizar de forma mais eficaz nosso conhecimento. *Toda a comunicação envolve a criação e a troca de significados.* Esses significados são representados através de *signos* e *códigos*. O estudo da comunicação diz respeito à criação e ao entendimento desses signos. *Na verdade, as pessoas sentem necessidade de ver significados em todas as ações humanas.* Observar e entender este processo pode nos conduzir a termos mais consciência do que estamos fazendo quando nos comunicamos.

O QUE ESTE LIVRO OFERECE

Este livro tem como objetivo ajudar a desenvolver experiências e técnicas de comunicação. Ele nos apresenta teorias sobre a comunicação, de maneira a se entender por que e como o processo da comunicação funciona.

O *que é, por que* e *como* a comunicação funciona — são os temas deste livro.

Nosso propósito foi produzir um livro agradável e de leitura fácil. Nós o simplificamos e abreviamos consideravelmente. Propositadamente, não incluímos discussões sobre as várias possibilidades teóricas a respeito da comunicação e nos limitamos a incluir pouca coisa sobre a linguagem básica das atividades nesse campo. Os leitores que queiram desenvolver algumas idéias deste livro, com maiores detalhes e informações suplementares, encontrarão sugestões para trabalho adicional no final de cada capítulo e na bibliografia que apresentamos nas últimas páginas.

COMO UTILIZAR ESTE LIVRO

O *leitor comum* pode ler este livro da primeira à última página. Alternativamente, você pode mergulhar nas seções que mais particularmente lhe interessam. Você pode, ainda, utilizar os diferentes capítulos com fonte de referência.

O *professor de comunicação* pode desejar usá-lo como um livro de aulas e como fonte de idéias para discussão, apresentação de trabalhos e atividades práticas.

O *estudante* encontrará seções com chaves de conceitos e entendimento da comunicação, com exemplos e sugestões para seu próprio trabalho prático. Individualmente, ou em grupos, esperamos que o leitor obtenha idéias para analisar a comunicação de outras pessoas e para criar e organizar sua própria comunicação.

O formato de cada capítulo segue o mesmo padrão:

*   breve sumário de todo o capítulo;
*   uma história pessoal, dando início a cada seção;
*   conceitos gerais e idéias;
*   exemplos particulares, suas aplicações e *casos*;
*   recapitulação sintética dos elementos essenciais de cada capítulo;
*   atividades práticas para desenvolver experiências criativas e analíticas com sugestões para leituras adicionais.

Esperamos que os leitores explorem os significados das ilustrações que acompanham alguns capítulos. Em particular, essas ilustrações dizem algo sobre determinados valores, conceitos e pontos de vista em termos de sexo, idade, *status* e ocupação das pessoas envolvidas no processo da comunicação. Esperamos que nenhum estereótipo aparente deturpe os propósitos que serão revelados nestes textos, através da reflexão provocada pelas ilustrações que apreenderam momentos da comunicação.

POR QUE MAIS UM LIVRO SOBRE COMUNICAÇÃO?

Existem muitos livros sobre Comunicação. Muitos são sobre experiências pessoais, outros sobre mídia, outros sobre o uso da linguagem e, ainda, alguns sobre o lado empresarial da comunicação. Pretendemos juntar esses tópicos num só livro, dando-lhe forma de uma introdução geral.

Muitos desses livros são difíceis de ler porque estão cheios de jargões e, além disso, se destinam a um nível mais elevado de leitores. Procuramos produzir um livro acessível às pessoas que estejam nos últimos anos da Universidade ou, ainda, para estudantes secundários — enfim, para todos quantos se interessam pelo assunto.

Janeiro de 1985
Richard Dimbleby e Graeme Burton

Ilustração A
A comunicação é uma experiência cotidiana
(Copyright das fotografias: BBC.)

1 — O QUE É COMUNICAÇÃO?

Ninguém pode deixar de se comunicar.
(Watzlawick, Beavin and Jackson, em *Pragmatics of Human Communication*, 1968.)

Este capítulo é uma introdução geral e uma base para a exposição que o livro contém sobre os quatro mais importantes aspectos da Comunicação:
1) nossa experiência em comunicação — como ela é e como pode ser analisada;
2) de que maneira a comunicação serve para o nosso uso pessoal, para a vida social, para o trabalho e para atender a outras necessidades;
3) porque utilizamos a comunicação;
4) maneiras de escrever e explicar o processo da comunicação.

---

1 — DE QUE MANEIRA SE REALIZA NOSSA EXPERIÊNCIA EM COMUNICAÇÃO?

A história de John

John estava num de seus piores momentos nesta manhã. Desde o instante em que o despertador tocou até pegar o ônibus, ele não estava mais do que meio acordado. E essa "meia" parte era a sua pior parte. Ele queria rosnar para todos, inclusive para seu pai, que assobiava com toda a naturalidade, desde o momento em que se levantara. Foi o barulho do rádio na cozinha que obrigou John a sair da cama. Isto, ou o toca-discos da irmã. Ele gostaria de saltar escada abaixo e pegar o jornal que estava na frente da porta. O carteiro habitualmente o deixava ali. Então, se isto não fosse possível, ele colocaria o pacote de cereais à sua frente, tentando decifrar as letras da embalagem através dos olhos semicerrados. Ele leria o rótulo da caixa de cereais, mal-humoradamente, procurando ofertas grátis ou concursos. Sua mãe, habitualmente, falava com ele, enquanto fritava ovos com bacon. Mas John não tinha muito a dizer. Finalmente, olhou para o relógio, pegou o casaco e sua pasta, atravessou correndo a sala, deu um "até logo!", enquanto saía atravessando o caminho e descendo pelo atalho.

Sobre a história de John

Se você estiver perguntando pelos pontos referentes à comunicação nesta história, e vendo previamente as fotos da ilustração, provavelmente você se referirá a esses objetos como elementos comunicantes. Idéias como jornal e rádio são instrumentos com os quais as pessoas imediatamente associam a palavra comunicação. E se adicionarmos alguns itens na história, tais como o assovio ou o aceno de mão, então poderemos dizer algo de nossa experiência sobre comunicação através dessas coisas. Eles são meios da comunicação.

1.1 — Meios de comunicação

Neste caso a comunicação é definida em termos dos meios pelos quais ela se realiza. Se estamos falando sobre rádio, ou pintando, por exemplo, então estamos falando sobre comunicação. Isto não é suficiente, porque não nos diz como os meios de comunicação estão sendo usados. Nem nos diz por que a comunicação está se realizando. Na verdade, isto não diz muita coisa. Nem nos dá uma resposta, mesmo parcial, à nossa principal pergunta: o que é comunicação? Para respondê-la devemos partir de alguma coisa. Será útil separar, previamente, os diversos meios de comunicação de que nos utilizamos. Sugerimos que, para tanto, se utilize os três pontos que se seguem:

a) Forma de comunicação
É o caminho para se comunicar, tal como falar, escrever ou desenhar.

Formas são elementos distintos e separados uns dos outros, tendo seus próprios sistemas para transmitir mensagens. A escrita utiliza palavras, que são marcadas no papel de acordo com certas regras (gramática).

b) Veículos de comunicação

São os meios de comunicação, que combinam diferentes formas. Generalizando, muito do que chamamos formas são meios de comunicação, que controlamos diretamente, tal como a comunicação não-verbal (gestos, expressões faciais, maneira de vestir etc. etc.).

Os veículos de comunicação, muitas vezes, implicam o uso de tecnologia que está longe do controle da maioria das pessoas. Um livro, por exemplo, é um meio de comunicação que utiliza formas tais como palavras, fotos e desenhos.

c) Mídia

São elementos de comunicação de massa de um grupo distinto dirigindo-se a outro, dentro do mesmo processo.

Tudo isto será discutido no Capítulo 5, onde veremos o que eles têm em comum e como eles se comunicam conosco. Exemplos disso são o rádio, a televisão, o cinema, jornais e revistas.

Essa mídia constitui, também, caminhos distintos que incluem inúmeras formas de comunicação. Por exemplo, a televisão oferece palavras, imagens e música. Além disso, o termo mídia identifica esses meios de comunicação, que são baseados em tecnologia e que fazem uma ponte entre o Comunicador e o Receptor. Este livro, por exemplo, é uma forma de mídia. Ele é um meio de comunicação que utiliza determinada tecnologia.

Comentários

Algumas formas de comunicação estão contidas em si mesmas. Certos elementos, como as palavras, são necessariamente transitórios. Desaparecem quando são pronunciadas. Não há uma permanente gravação do que foi dito. Já uma revista tem a particularidade de registrar o que se comunica, é algo que permanece nas suas páginas. Podemos voltar ao que ela nos comunica no momento em que quisermos. Por outro lado, alguns meios de comunicação se caracterizam por uma tecnologia que tem como traço dominante a transmissão de mensagens. Exemplos disso seriam os satélites, ou outros meios que nos ajudam no processo da comunicação, no sentido de transmitir nossas falas, nossos escritos.

Algumas qualidades de formas ou meios de comunicação são impostas. Desenhos (história em quadrinhos) são apresentados como alegres e engraçados. Mas nem sempre são assim. Muitos filmes em desenho animado são sérios. Interesses comerciais e produtores de cinema impuseram o hábito de utilizar esses meios através de uma determinada forma. Essa idéia nos é imposta.

Vejamos outro exemplo: tendemos a pensar que o rádio é, apenas, um meio de transmissão. Mas a qualidade do que ele transmite também nos é imposta e isto não é uma conseqüência nem decorre da tecnologia do rádio. O fato de que rádios independentes só recentemente tenham sido permitidas na Grã-Bretanha é uma conseqüência de decisões governamentais. Deixando de lado problemas técnicos, tais como o congestionamento das ondas de transmissão, não há qualquer razão lógica que impeça que o rádio seja utilizado para a troca geral de mensagens. *Todas as formas de comunicação ampliam o poder de nossos sentidos.* Toda comunicação que transmitimos ou recebemos passa através de nossos cinco sentidos, especialmente aquilo que se vê e se ouve. Isto continua sendo verdade mesmo quando utilizamos elementos de tecnologia moderna para ajudar nossa comunicação. Um sistema de se dirigir ao público amplia o alcance da voz humana. Um gravador aumenta nossa capacidade de comunicação através de longas distâncias, ou, mesmo, através do tempo. Ele pode ser levado de um lugar a outro e, ainda, ser guardado por anos e anos a fio. Os computadores são também interessantes, porque aumentam o poder da memória humana. Um computador não esquece o que foi "dito" e pode fazer o mesmo trabalho muitas e muitas vezes, quase infinitamente.

Existem outros meios de comunicação em nossa vida diária. Um exemplo disso são os sinais de trânsito ou, ainda, sinais especiais indicando determinados serviços ou lojas, tais como barbearias, lanchonetes. Procure verificar esses meios de comunicação e pergunte a você mesmo por que eles existem e o que eles comunicam.

Muitos meios de comunicação são intencionais. Alguns elementos são criados com a intenção explícita de comunicar determinada mensagem. Isso inclui exemplos conhecidos, como a torre de uma igreja. É algo apresentado para chamar a atenção sobre o edifício, no caso da igreja, para a sua função e para uma religião.

Contudo, é importante reconhecer que mensagens e significados podem ser entendidos em muitos casos onde os meios de comunicação são utilizados não intencionalmente. Por exemplo, todos os dias somos inundados por mensagens a respeito do nosso meio ambiente. Os vizinhos não têm a intenção de nos falar sobre suas atividades quando usam uma máquina de cortar grama. Mas, evidentemente, nós recebemos a mensagem sobre o que eles estão fazendo devido ao som da máquina. No Capítulo 2 falaremos sobre esta questão da intencionalidade e como ela pode ser particularmente importante para o entendimento não verbal das mensagens interpessoais. São as mensagens enviadas não intencionalmente.

1.2 — A comunicação e suas conexões

Em nossas experiências diárias verificamos que a comunicação estabelece determinadas conexões. As conexões são feitas entre uma pessoa e outra, ou entre um grupo e outro grupo. Às vezes, a conexão é imediata: por exemplo, quando falamos frente a frente. Às vezes, ela é demorada, "retardada" — por exemplo: quando peças de propaganda se comunicam conosco através de cartazes de rua. Esta conexão é feita especialmente através do que chamamos de "formas" ou "mídia". Uma "forma" é um meio de estabelecer conexão. O que escoa através da conexão são idéias, crenças,* opiniões e peças de informação que constituem o material e o conteúdo da comunicação. A televisão liga o homem com o mundo através de vários programas. A palavra nos liga uns aos outros. Mas é bom levar em conta que o fato de falar a alguém não significa dizer tudo o que se tenha em mente. Feita a comunicação, estabelecido o contato, devemos aprender como utilizar isso da melhor forma e com mais habilidade.

1.3 — A comunicação é uma atividade

Nós vivenciamos a comunicação como uma atividade
É algo que fazemos, algo que produzimos e, ainda, algo que trabalhamos quando recebemos ou transmitimos uma mensagem. Nesse sentido, comunicação não é algo apenas sobre a fala, mas sobre o falar e o ouvir. Não é como uma fotografia, mas sim algo como fotografar e, ao mesmo tempo, ver o fotógrafo, participando do ato.

Quando estamos falando com alguém, estamos ativamente engajados em perceber o sentido do que a outra pessoa está dizendo, muito mais do que aquilo que estamos dizendo.** Por esta mesma razão, não é verdade dizer que assistir televisão é algo inteiramente passivo. Ao contrário, muitos grupos de pessoas assistem televisão ativamente engajados em participar, juntos, do programa, procurando ver o sentido desse programa, mesmo quando, simplesmente, se fica sentado o tempo todo.***

---

* Os autores usam a palavra "crença" não no sentido religioso, mas sim como um conjunto de valores mais amplos: aquilo em que acreditamos como forma de viver em nossa sociedade, na nossa terra, na nossa cidade. Nesse sentido, preferimos conservar o termo. (N.T.)
** Os autores tratam aqui de um fenômeno comum: as pessoas podem pensar no que vão dizer, mas não percebem inteiramente o que estão dizendo quando começam a falar. É algo bastante conhecido e que o leitor poderá perceber. (N.T.)
*** Os leitores certamente conhecem e têm vivenciado o problema das novelas brasileiras, onde os telespectadores tomam partido na trama, discutem os eventos e dão palpites. (N.T.)

1.4 — Comunicar é aprender

Comunicação é algo que aprendemos a fazer.
De fato, não somente aprendemos a nos comunicar, mas também usamos a comunicação para aprender como nos comunicar. Isto é o que está acontecendo nas escolas neste momento. E acontece, também, quando você lê este livro — pelo menos é o que esperamos. Nossas experiências quando crianças incluem a lembrança de pessoas falando e gesticulando para nós. Aprendemos como fazer as coisas pela prática, através de tentativa e erro. Há algumas pessoas que acreditam que nascemos com alguma experiência básica a qual nos ajudaria a aprender como falar e a entender o que nos dizem. A maior parte de nossas experiências em comunicação são frutos de aprendizado. Uma criança inglesa, nascida na Inglaterra, mas criada no Japão, será japonesa, exceto pela aparência. Essa pessoa aprenderá a se comunicar como os japoneses o fazem.

Habilidades, tal como falar ou escrever, não são naturais. Elas nos são transmitidas pelos pais, amigos e pela escola. E, na medida que se vai crescendo, queremos aprender algo das experiências de comunicação porque compreendemos que isto é útil, por exemplo, para dizer aos outros o que queremos.

O fato de a experiência em comunicação ser algo que aprendemos a fazer, tem importantes conseqüências para o seu estudo. Isto significa que deveremos considerar algumas questões, tais como *por que* aprender, *como* aprender e *quais* os efeitos disso sobre nossas vidas. Respostas a estas questões ajudam, ainda, em outros aspectos do estudo da comunicação, tais como os efeitos da televisão sobre as pessoas ou por que temos problemas para nos comunicar. Quando examinamos exemplos de comunicação numa situação determinada, há mais do que estamos vendo. É importante examinar, também, o que há por trás da comunicação, o que vem antes e o que virá posteriormente.

1.5 — Categorias de comunicação

Podemos dividir nossa experiência nesse campo em quatro categorias.
Estas categorias são baseadas no número de pessoas envolvidas no ato da comunicação. São úteis para tentar definir nosso campo de estudo, tais como os termos "forma" e "mídia". Algumas "formas" ou "mídias" pertencem mais a uma categoria do que a outra, não havendo, para isso, regras absolutas. As seções deste livro são baseadas nessas categorias. Vejamos:

a) Autocomunicação — comunicação consigo e para você mesmo.
Quando pensamos, estamos nos comunicando conosco. Podemos refletir sobre os acontecimentos do dia ou elaborar um problema que está em nossas cabeças. Problemas sobre como pensamos, por exemplo, enquanto estamos utilizando palavras ou figuras, não foram ainda resolvidos.

As pessoas falam com elas mesmas, escrevem diários, memórias, autobiografias. Produzimos e recebemos nossa própria comunicação.*

b) Comunicação interpessoal — a comunicação entre pessoas.
Usualmente esta categoria se refere a duas pessoas interagindo frente a frente, face a face. Há muitos exemplos que podem ser incluídos nessa categoria, mesmo quando as pessoas estão distantes: um telefonema é um exemplo. Cabe lembrar que a comunicação face a face pode se verificar em situações onde há mais de duas pessoas presentes. Exemplo disso é uma situação entre familiares, um vendedor falando a vários clientes ou, ainda, uma conversa entre amigos num café. Tudo isto entra na categoria de contatos face a face. A ênfase no falar e nas formas não-verbais de comunicação constituem características desta categoria.

c) Comunicação de grupo — a comunicação entre pessoas num grupo e entre um grupo e outro grupo.
Neste caso é conveniente fazer mais duas divisões: pequenos grupos e grandes grupos. Pequenos grupos são diferentes de pares, pois reúnem mais de duas pessoas. Mas eles também interagem face a face. Sobre isto falaremos no Capítulo 3. A família é um pequeno grupo, como também formam um grupo amigos passando a noite juntos, ou um comitê de trabalho em reunião.

Grandes grupos são diferentes de pequenos grupos, não somente porque eles são maiores, mas porque repetidamente estão juntos ou se reúnem com objetivos e propósitos que são diferentes dos pequenos grupos. Exemplo disso inclui a audiência de um concerto ou alguma espécie de organização de negócios ou empresas. Sobre este exemplo trataremos no Capítulo 4.

d) Comunicação de massas — a comunicação recebida ou utilizada por um grande número de pessoas.
Não é possível uma definição baseada, especificamente, em números. Um concerto ao ar livre para milhares de pessoas pode ser, razoavelmente, chamado de comunicação de massas. O ponto importante é que o número de pessoas envolvidas nesse momento é bem

---

* A reflexão é um exemplo disso. "Refletir sobre um assunto" é expressão comum no Brasil. (N.T.)

maior do que se poderia chamar de grupo. De fato, é o grande número de pessoas envolvidas nesse evento que faz desta categoria algo especial, principalmente em termos de quem é capaz de controlar os meios de comunicação. Isto será estudado no Capítulo 5. Há duas espécies de exemplo a citar. A "mass mídia" forma uma subdivisão onde, obviamente, estamos tratando de grandes audiências. Além dos exemplos já citados, é interessante adicionar algo como a indústria de discos e cassetes. O telefone e os correios são outros elementos de comunicação de massa. Não existem grandes audiências para estas formas de comunicação. Mas tais sistemas são utilizados em larga escala, por milhares e milhares de pessoas a todo momento. Por isto colocamos tal categoria neste número.

Comentários

A comunicação também ocorre entre mais de uma dessas categorias. Por exemplo: o gerente de propaganda de uma organização toma notas (autocomunicação) antes de uma reunião (comunicação de grupo), depois do que ele coloca um anúncio num jornal (comunicação de massa).

Outro ponto que se nota no estudo de uma dessas categorias de comunicação contribui para o entendimento do que acontece em outras categorias. Examinando como as pessoas interagem num grupo de uma companhia de seguros, conheceremos como seus participantes interagem também em pares, o que, por fim, nos leva a compreender como eles se comunicam consigo mesmos no processo da autocomunicação.

Pondo em termos simples: a maneira como falamos com os outros depende do que pensamos e como nos vemos. A maneira de falar num grupo depende de como falamos com os outros, individualmente.

2 — POR QUE NOS COMUNICAMOS?

A história de Sarah

Era uma noite de sexta-feira — e um mau momento para Sarah. O espelho não a ajuda, e logo ela o tirou da parede. A escuridão da noite, fora de sua janela, era triste. Então ela fechou as cortinas. Viu sua maleta esportiva — e chutou-a. Sarah se espantava com os acontecimentos. Tudo estava saindo errado. Na semana passada havia perdido seu trabalho dos sábados. Não havia fregueses em número suficiente para mantê-la no bar — foi o que disseram. Os negócios iam mal. Não tão mal, embora ela tivesse sido despedida e não conseguisse outro trabalho de tempo parcial. E todos sabiam o que estava acontecendo com ela, pensou Sarah amargamente. E agora, para cúmulo de tudo, havia rompido com Neil. Tinha de admitir que nada ganharia se tal situação continuasse assim por muito tempo. Ela, na verdade, não esperava dele um rompimento agora. Não seria nada mau se, pelo menos, ela tivesse uma idéia... Ei-la aqui, olhando o papel pintado da parede, diabolicamente aborrecida e não sentindo nada de bom a respeito de si mesma. Há algo errado comigo?, ela se perguntou, surpresa. Neil não poderia tolerar esse mau humor o tempo todo — ela sempre querendo sair e fazer algo diferente. Talvez ele tenha saído em busca de namoradas. Ela merecia mais consideração por parte dele. Talvez haja algo nela que o tenha afastado. Afinal de contas, ele não foi o primeiro a ir embora.

O moral de Sarah caiu mais ainda. Ela procurou seu vestido, aquele que pretendia vestir antes do telefonema... "É preciso fazer algo, antes que eu me suicide", pensou.

Então ela se lembrou que O'Rourke lhe dera alguns dias de pagamento como aviso prévio. Nada disso, porém, era suficiente para torná-la feliz. Mas, por outro lado, isto significava que ela poderia sair e fazer compras no centro, porque tinha algum dinheiro e tempo, pois não teria que trabalhar no dia seguinte.

"Vou telefonar para Julia", decidiu. "Talvez possamos andar por aí e conversar uma com a outra. É o que eu necessito agora: falar com alguém. E se Julia quiser ir ao centro amanhã, muito bem. Novos vestidos — e o dia se vai... e, quem sabe quem a gente pode encontrar", pensou Sarah.

Sobre a história de Sarah

Ela nos diz alguma coisa sobre a comunicação com a gente mesmo. Há razões pelas quais decidimos nos comunicar, em primeiro lugar, conosco. Se considerarmos o que Sarah fez e o que ela estava fazendo, então fica claro que seu pensamento é uma peça de "comunicação intrapessoal". Mas, quando ela telefona para Julia, entra na categoria da comunicação interpessoal. Ao refletir, "falar" sobre sua situação e seus sentimentos com ela mesma, Sarah é compelida a comunicar algo consigo mesma. Não se pode dizer coisa idêntica de sua comunicação com Julia, quando esta tiver acontecido. Sarah quer sentir-se bem consigo. Por isso ela necessita de alguém com quem falar. Todos nós queremos alguém com quem falar. Em outras palavras: temos necessidades que a comunicação pode ajudar a satisfazer.

2.1 — Necessidade de comunicação

Sobrevivência

Comunicamos porque necessitamos sobreviver.
Nos saudáveis países do hemisfério norte parece estranho falar a respeito de sobrevivência, especialmente em termos de alimentação, saúde e habitação. Contudo, muitas de nossas comunicações são feitas em função dessas necessidades físicas. Por exemplo: discussão sobre o aluguel de um apartamento (habitação). O apartamento pode ser diferente, variando de um local para outro. Mas sua finalidade básica é a mesma.

Cooperação

As pessoas necessitam comunicar-se em função da cooperação.
As necessidades sociais constituem um ponto importante na comunicação. Parece bastante óbvio a necessidade de formar grupos de cooperação em função da sobrevivência. Organizar grupos numa tribo para caçar juntos, providenciar abrigo e proteção para os fracos (inclusive crianças) e assim por diante, são atos de cooperação. Usa-se a comunicação para levar avante, com os outros, determinados projetos e para trabalhar em conjunto.

Pessoal

Comunicamos porque temos necessidades pessoais a satisfazer.
Nossas necessidades não são meramente físicas. Temos outras necessidades, de caráter pessoal: autoconfiança, segurança, enfim, ter uma boa opinião de nós mesmos. Queremos nos sentir queridos e valorizados.
Na história acima, Sarah começou a se sentir mal consigo mesma, a sentir que havia algo de errado com ela. Queria ser amada, querida e valorizada. Então, por isso mesmo, procurou uma amiga em busca de conforto. A comunicação com os outros ajuda a satisfazer essa necessidade de auto-segurança. Tudo isto nos mostra que comunicação não é uma ação simplesmente física, tal como comprar 6 quilos de batatas. É algo sobre coisas não físicas, como emoções, sentimentos e idéias. Essas necessidades pessoais se manifestam nos atos de comunicação, tais como vestir-se de forma adequada para uma determinada ocasião, "chorar no ombro de alguém" ou, ainda e simplesmente, dar um presente.

Comunicamos porque temos necessidades sociais: necessitamos nos envolver com os outros.
O que segue se origina, naturalmente, dos dois últimos pontos. Necessitamos ter amigos, porque os amigos se ajudam mutuamente, fazem uns e outros se sentirem bem: isto é uma necessidade pessoal. Necessitamos prosseguir com nossas tarefas, porque trabalhar com pessoas é algo mais do que realizar simples tarefas — isso se refere à necessidade de cooperação.

Quando se fala a respeito do envolvimento com outros, isso pode se referir a pares ou grupos, ao envolvimento de simples amizade ou até amor ou, mesmo, ao envolvimento social num clube ou com a família. Aqui se pode dizer que essas necessidades variam de intensidade e podem ser mais ou menos permanentes.

Em termos sociais a comunicação nos ajuda a conviver com os outros para conhecê-los e ser bem conhecidos por eles. Mesmo quando sentimentos mais profundos não estão envolvidos, a comunicação é uma força que sustenta e aglutina os grupos.

Prática

Necessitamos nos comunicar para manter nossa sociedade junta, no sentido prático.
Quanto maior a sociedade, mais necessária é a comunicação. Este é um problema, por exemplo, das grandes empresas. Elas necessitam desenvolver novas formas e meios de comunicação. O processamento de dados com computadores resolve o problema da quantidade de dados e informações necessárias, utilizadas por novos meios de comunicação eletrônica.

As necessidades práticas nos obrigam a fazer com que as coisas andem *além* de nós e sem a nossa presença. Elas movem todo um sistema que trabalha para nós: hospitais, escolas, fábricas, governos. Sem comunicação, nenhuma dessas peças da sociedade funcionaria. Elas tornam possível nosso viver cotidiano.

Econômico

Algumas de nossas necessidades práticas e sociais são também necessidades econômicas.
Como já foi dito, a comunicação é parte de nossas necessidades econômicas. A propaganda é uma comunicação para promover pro-

dutos e serviços, no sentido de manter nossas atividades e negócios em andamento. Também, de um outro ponto de vista, nossa comunicação no trabalho é uma necessidade econômica. Nesse sentido, as necessidades econômicas pessoais tornam-se uma extensão de nossas necessidades de sobrevivência.

Informação

Comunicamos porque necessitamos dar e receber informações. Neste caso, a conexão entre necessidade e objetivo é óbvia. Necessitamos saber a hora em que o ônibus deixa o centro da cidade porque queremos ir a algum lugar. Então, quando telefonamos à estação de transportes, nosso propósito em comunicação é saber o horário do ônibus. É uma necessidade que está subjacente à comunicação, por trás dela — e é ela que nos motiva. A finalidade é o motivo da comunicação. É o que a determina.

Em sentido geral, necessitamos informações para nos manter a par do que se passa no mundo. Em sentido mais amplo, somos ávidos para ver e ler novidades, porque isto nos fala das pessoas, acontecimentos e lugares do nosso país e do resto do mundo. Numa escala menor, somos grandes bisbilhoteiros e conversadores, porque queremos saber o que está acontecendo e para onde as pessoas estão indo nesta parte do mundo em que passamos nossos dias.

Participação, atuação

Comunicamos porque desejamos participar dos acontecimentos com idéias e com histórias. Em certo sentido esta é a mais interessante espécie de necessidade, porque não se refere a questões materiais ou relações sociais no sentido óbvio. É claro, não vamos morrer e nossa sociedade não vai se acabar se nós não atuarmos participativamente nos vários sentidos da vida. Mesmo assim, o fato é que temos essa necessidade de participar, de atuar, em nossa vida diária.

Primeiro, temos a espécie de atuação *a que nós damos início,* como contar histórias entre um grupo de amigos, escrever poesias ou peças literárias. Segundo, há a espécie de atuação *que se inicia através de atos que não são nossos,* mas com os quais nos envolvemos. Sob este aspecto, temos o rádio, a televisão, jogos de computadores e outros produtos oferecidos pela indústria de entretenimento. O vigor da nossa necessidade de atuar pode ser apreciado simplesmente vendo a enorme soma de dinheiro que jogamos fora a cada dia em coisas como discos, videocassetes ou assinaturas de televisão a cabo e inúmeras outras formas de entretenimento. Parece que os seres humanos têm uma tendência inata para utilizarem sua imaginação e serem criativos. Claro, há mais na vida do que simples transações. Nosso controle das formas de comunicação, especialmente aquelas que se utilizam de palavras ou ilustrações, é suficiente para nos fazer pensar no que acontece ou, mesmo, criar situações que nunca acontecerão. Em particular, gostamos de histórias, de ficções que nos dão prazer. Através de histórias podemos ir a lugares que nunca visitamos ou encontrar criaturas que teríamos até medo de ver pessoalmente. Poderemos nos envolver com situações que recordam outros relacionamentos que já tivemos ou, ainda, que gostaríamos de ter.

3 — PARA QUE USAMOS A COMUNICAÇÃO?

A história de Tina

Tina White era uma repórter no Midwest Evening News, *um pequeno e provinciano jornal no norte de Midlands. Este era o seu primeiro trabalho. Estava no jornal há um ano. Ela havia completado o curso de treinamento na Faculdade de Jornalismo e já tinha algumas experiências de trabalho no mesmo jornal. Tina conhecia muito bem sua área de trabalho e havia estabelecido bons contatos. Foi um desses contatos que lhe deu a primeira grande pista. Ela pensou, então, que poderia ver sua história publicada, porque o jornal tinha um novo editor, o qual não temia desagradar alguns figurões importantes da localidade. Seu contato era um dirigente sindical que trabalhava para uma grande fábrica de botas. Esse dirigente tinha um amigo que era o contador da empresa. Ele havia dito apenas que o homem sabia de algo muito importante que poderia contar-lhe, e que tinha medo de ir à polícia. Tina arranjou então um encontro com ele em um bar, num local distante do seu trabalho. Ele lhe daria um possível furo jornalístico. O homem disse a ela que poderia provar que o proprietário da empresa vinha falsificando os livros contábeis. A empresa se achava em graves dificuldades financeiras e o proprietário estava encobrindo esse fato. Pior ainda: ele havia levantado empréstimos com base em falsas informações sobre a posição da empresa no mercado. Além disso, colocara parte deste dinheiro em sua conta particular, possivelmente para garantir-se contra uma possível quebra da empresa. Mas o contador — essa era a informação — temia ir à polícia denunciá-lo, pois tinha certeza de que, depois, não con-*

seguiria mais emprego naquela localidade, já que os patrões teriam conhecimento de que ele havia revelado segredos de seus chefes.
Ele deu a Tina inúmeras evidências e provas para que o jornal sustentasse suas acusações. Tina hesitou antes de se dirigir ao editor com esta reportagem, julgando que, antes de qualquer passo, deveria checar a posição legal do caso. Depois de fazer isto, ela recebeu um telefonema do próprio dono da empresa em questão. Essa breve conversação mostrou que ela tinha em mãos, provavelmente, uma história escandalosa. O empresário disse a Tina que se a história fosse publicada, ou se Tina fosse à polícia, ele usaria toda a sua influência — que era considerável no local — para pôr um fim à carreira dela como repórter. Tina sabia que se ele se sentisse ameaçado não ficaria de braços cruzados. Poderia, por exemplo, convencer seus amigos do Conselho de Administração com informações falsas.
Tina não sabia que decisão tomar. Ela procurou seu namorado e levou muito tempo conversando com ele sobre o problema, pesando bem o caso que tinha nas mãos.
Tina, agora, é repórter de um grande jornal de circulação nacional.

Sobre a história de Tina

Ela nos mostra como e por que utilizamos a comunicação para certos trabalhos que realizamos.

Os vários aspectos da comunicação e seu significado podem nos dizer o que fazer. Quanto utilizamos a comunicação, nós o fazemos por alguma razão objetiva, com algum fim em mente, mesmo quando não estamos pensando nisto. Por exemplo, Tina comunicou-se com um dirigente do sindicato porque ela queria obter informações. O proprietário da empresa falou com ela porque queria exercer seu poder sobre ela. E ela falou com seu namorado porque queria se aconselhar antes de tomar uma decisão. Pode-se ver outras razões pelas quais o processo da comunicação se verificou nesta história. A comunicação é, assim, algo que é utilizado com um propósito definido.

3.1 — O propósito na comunicação

Toda comunicação tem um propósito.
As pessoas devem ter motivos para se comunicar. Poderemos ver algumas dessas razões e propósitos nos parágrafos seguintes. É interessante recordar que, quando as pessoas se comunicam, elas podem ter mais de um propósito ao mesmo tempo. Por exemplo, al-

guém diz algo que você quer conhecer: o propósito é informar. Mas, ao mesmo tempo, talvez a pessoa queira impressioná-lo com os conhecimentos dela.

O conceito do propósito, do motivo, ajuda a expor o que as pessoas pretendem alcançar quando se comunicam. No trabalho, ajuda a deixar claro nossos propósitos quando nos comunicamos. Embora utilizemos a comunicação para mais de um propósito ao mesmo tempo, nem sempre temos consciência de que estamos fazendo isso. Nesse sentido, *nossos propósitos podem ser conscientes ou inconscientes.* No exemplo dado acima, a pessoa pode não estar ciente do que está demonstrando na comunicação. Mas, examinando como ela utiliza as palavras, os gestos e o tom da voz, estaremos aptos para entender o que ela está fazendo. Isto se verifica quando nos comunicamos frente a frente, especialmente através de formas não-verbais, que revelam melhor nossos propósitos inconscientes.

Da mesma forma, a comunicação pode ser intencional ou não intencional. Se ferimos ou desagradamos uma pessoa através de palavras ou atos, podemos não ter tido a intenção de fazer isso. O pio de uma coruja do outro lado da janela não pretende nos dizer que é noite. Este não é o seu propósito. Para que a comunicação tenha um propósito, mesmo inconsciente, é necessário que ela se realize de uma pessoa para outra. A pessoa que produz um jornal pretende se comunicar com seus leitores. A empresa que produz um relatório sobre suas atividades pretende se comunicar com seus acionistas.

Há vários propósitos comuns na comunicação, conforme descrevemos abaixo:

Informação

Um dos propósitos básicos da comunicação é dar, receber ou trocar informações.

A informação é algo factual, como quando telefonamos a uma loja para saber o preço de um tapete. Muitas informações não podem ser qualificadas de factuais, mesmo quando damos ou recebemos informações sobre outras pessoas ou sobre nós mesmos. Por exemplo: se estamos falando com alguém, procuramos encontrar algo a respeito de suas opiniões ou atitudes. Nós estamos, nesse sentido, adquirindo informações a respeito dessa pessoa.

Relacionamentos

Também utilizamos a comunicação para manter nossos relacionamentos.

Há muitas formas de relacionamentos entre diferentes pessoas. Amigos, namorados, amantes, pais e filhos. Em muitos casos, isto nos envolve como membros de grupos. No relacionamento, devemos considerar que as pessoas querem ser queridas e admiradas, querem amar e ser amadas. Isso é parte da nossa vida social, de nossa formação cultural. Queremos viver com os outros, queremos fazer parte de grupos.

Persuasão

As pessoas utilizam a comunicação para persuadir os outros a pensar como pensam e a agir como agem.
O exemplo mais óbvio é a propaganda. O publicitário pretende persuadir determinada categoria de pessoas — proprietários de carros ou velhos pensionistas, por exemplo — a comprar um dado produto ou serviço. A comunicação contata com essas pessoas de forma persuasiva. Em primeiro lugar procura-se mudar opiniões ou atitudes a respeito de um produto ou serviço.

Contudo, a comunicação persuasiva é mais comum do que imaginamos e não se limita aos flamejantes exemplos da propaganda. Podemos tentar persuadir alguém a nos emprestar algum dinheiro, ou juntar-se ao nosso grupo de teatro, ou a consertar nosso carro. É verdade que nesse modelo de "persuasão" há uma certa dose de manipulação para alcançar o que queremos. Mas, neste caso, todos somos manipuladores todos os dias.

Poder

A comunicação pode ser utilizada com a intenção de ganhar, manter ou exercer o poder sobre os outros.
Este item pode ser uma extensão do item "persuasão" — o propósito aqui é levar alguém a fazer algo que queremos. Mas a palavra "poder" introduz algo novo na situação. Ela sugere que o comunicador pretende colocar a outra pessoa numa posição submissa. O comunicador teria, assim, um privilégio especial em termos do que ele conhece sobre os meios de comunicação que pode utilizar. Por exemplo, um chantagista tem poder. Essa pessoa pode ter informações significativas a respeito de outra pessoa, de forma tal a poder transformá-la em vítima. Se o chantagista ameaça revelar essas informações o seu propósito na comunicação é exercer o seu poder, habitualmente para ganhar dinheiro.

A propaganda é, também, comunicação utilizada para controlar ou manipular outros, geralmente um grande número de pessoas.

Isto envolve o controle das fontes de informação e dos meios de comunicação. Esse controle representa poder. A intenção é exercer poder sobre a audiência. Nas décadas de 1930 e 1940, na Alemanha nazista, a intenção de Goebbels, utilizando a mídia, era exercer o poder sobre o povo alemão, através do controle da informação disponível, formando crenças e valores.

A comunicação de massa é, particularmente, bem adequada para o exercício do poder, porque ela permite produzir ou distribuir informações e opiniões para um grande número de pessoas, a partir de uma fonte central. Controlando essa fonte central de informações, se tem o poder. A mídia exerce poder sobre a audiência. Por isso se argumenta que este é o mais importante caminho através do qual se podem formar atitudes e crenças da população.

Tomada de decisões

Usamos a comunicação para tomar decisões sobre o que pensamos, o que pretendemos e o que vamos fazer.
Muitas decisões constituem óbvia e calculada atividade. Por exemplo, um comitê executivo de uma companhia realiza uma reunião para tomar uma decisão a respeito da compra ou não de uma nova fábrica. Toda a discussão, cálculos, planos e outros meios de comunicação utilizados nessa reunião têm como finalidade a tomada de uma decisão. Mas, muitas vezes, a tomada de decisão é um processo inconsciente. Passamos o dia tomando decisões de uma espécie ou de outra. Certamente não ficaremos numa dúvida atroz: escovamos ou não os dentes pela manhã. Mas, inconscientemente, uma pequena peça de autocomunicação se realiza dentro de nossas cabeças antes de escovar ou não os dentes.

O mais comum exemplo diário da tomada de decisão pode ser aquele em que decidimos se vamos ou não vamos ver determinado filme. É possível que, neste caso, venhamos a telefonar para um amigo e consultá-lo sobre o que ele sabe a respeito desse filme, tentando, assim, "fazer" com que nossa cabeça nos diga como proceder. Nosso propósito, falando com esse amigo, é recolher informações e tomar uma decisão.

Expressar pensamentos

Usamos a comunicação para expressar nossa imaginação — para nós e para os outros.
Esta é uma importante espécie de propósito, porque cobre aspectos criativos da comunicação. Lembremo-nos de que, mesmo

numa situação de trabalho, a comunicação é usada mais do que pensamos nas atividades práticas. E essa expressão criativa da imaginação incluiria desde pontos de vista sobre um livro a respeito da vida em outros planetas, até um programa de televisão. Usamos nossa imaginação para abranger uma gama larga de possibilidades. Pode-se dizer que o esboço representando o projeto de um novo carro é um caso de expressão artística. Histórias são produzidas através do poder de nossa imaginação, com o nosso ponto de vista sobre nós mesmos, sobre o que somos e o que queremos.

Em muitos casos há convenções bem estabelecidas sobre como devemos nos vestir para nos expressar. É o que chamaríamos de rituais. Por exemplo: se vamos a um funeral, vestimos uma roupa escura. O propósito é expressar nosso estado de espírito de pesar. Conhecendo as origens da atividade de comunicação em cada momento, isto se transforma em ritual. Considere, também, os diferentes meios de vestir e usar a linguagem do corpo — você julga que isto é um exemplo de ritual?

Dando sentido ao mundo

Usamos a comunicação para dar sentido ao mundo e sistematizar nossa experiência sobre ele.

O sentido do mundo, em nossa opinião, repousa sobre quatro importantes pontos:
* em que acreditamos;
* o que pensamos de nós mesmos;
* o que pensamos a respeito do nosso relacionamento com os outros.
* o que nós pensamos sobre a realidade.

Essas idéias mapeiam o mundo físico, o mundo social e familiar, o mundo que temos em nossa cabeça.

Quando uma criança nos faz perguntas para saber algo, por exemplo, se a avó é, também, a mãe de sua mãe, ela procura dar sentido ao mundo das relações familiares. Quando vemos um documentário na televisão sobre a vida dos aborígenes da Austrália, estamos dando sentido a outra parte do mundo físico. E ainda quando nos envolvemos numa discussão sobre o que é certo ou errado na maneira como tratamos os animais (tal como fazê-los de cobaias), então estamos dando sentido ao mundo dos valores e crenças.

Nós nos comunicamos para ampliarmos nosso sentido de como é o mundo, para checar aquilo que acreditamos ser real, para alargar nosso sentido daquilo com que nos relacionamos.

Comentário

Sugerimos sete espécies de propostas na comunicação. Acreditamos que isto cubra todas as situações. Mas isto não quer dizer que não existam outros pontos. De fato, pode ser útil a você parar aqui e pensar em outros propósitos na comunicação. Idéias sobre comunicação devem sempre ser testadas. Será muito útil relacionar os termos utilizados neste livro com situações vinculadas à sua própria experiência.

Tentamos explanar o que é comunicação; descrevê-la e interpretá-la; explanar como e por que acontece. Isto, agora, você deve conectar com o que está fazendo ou o que você procurará fazer no futuro. O estudo da comunicação versa sobre teoria e prática, por que nos comunicamos e como nos comunicar.

4 — O QUE ACONTECE QUANDO NOS COMUNICAMOS?

A história de Dave

Dave tem dois pensamentos em sua mente e eles o estão aborrecendo. Um é o seu novo trabalho, o outro é o seu novo carro. Ele tem um, mas não tem o outro. E ele reconhece que o caminho correto para ter esses dois itens juntos é uma pequena conversa com o gerente de seu banco.

É formidável ter um trabalho — ajudante de gerente numa fábrica —, mas o local é distante, do outro lado da cidade. E, além disso, ele sabe que é necessário viajar para cumprir parte de suas novas atividades. Quando lhe ofereceram o trabalho, ele disse que tinha um carro. Ou, pelo menos, deixou que eles pensassem assim. Não foi bem verdadeiro. Claro, ele tem uma licença para dirigir. Tudo o que necessita, agora, é o carro. E com o aumento de seus rendimentos, o gerente do banco certamente receberia Dave com algumas centenas de libras nas mãos.

O cenário parecia menos severo do que quando Dave teve sua última conversa com o gerente do banco. Não fora uma ocasião feliz. Contudo, agora, se jogasse as cartas certas... Se ele vestisse seu melhor terno, o que ele comprou a crédito para seu novo trabalho, então talvez isso impressionasse o gerente. Estava confiante. Poderia dizer algo como: "Agora, olhe aqui Smith..." Não, talvez não... quem sabe algo como: "Talvez o sr. possa me ajudar, sr. Smith". Sim, se ele o bajulasse um pouco enquanto dissesse isso, talvez o homem tivesse piedade dele. Num segundo pensamento, Dave concluiu:

nada de bajulação. Fitá-lo diretamente nos olhos... A dificuldade é que era difícil parecer confiante nesse escritório. Para começar, havia duas cadeiras solenes, pesadas, de madeira, colocadas frente a ele. Você sente logo que ele — o gerente — tem um sapato com um bom bico para chutá-lo e pode, com um simples cutucão, esmagá-lo contra a parede como um inseto. "Oh! Deverei agir pelo ouvido. Ouvir o que o homem tem a dizer." E, então, colocar diretamente sua proposta e ver qual a reação. "Se ele começar a bater com os dedos sobre a mesa, eu saberei que estou morto." Por outro lado, havia uma chance, pois o gerente estava preparado para ouvi-lo.

Sobre a história de Dave

Uma coisa deve ser notada nos pensamentos de Dave: ele sabe que em toda situação de comunicação há muitos fatos em jogo. Por isso refletia sobre o que iria dizer e qual seria a reação do gerente do banco. Refletiu sobre coisas tais como roupas, palavras, ambiente, enfim, todos os fatores que compunham a situação. E quando utilizamos palavras mais formais para descrever esses fatores — por exemplo, o ambiente, que nesse caso é o que chamamos de *contexto físico* — estamos utilizando termos de comunicação para descrever o que é comunicação.

E se há uma coisa que a comunicação não é, é não ser estática. Quando a reunião começar entre Dave e o gerente do banco a situação (isto é, a relação entre o gerente e o cliente) terá de se desenvolver. Dave saberá manejar a situação para chegar às conclusões que deseja?

Já falamos sobre o processo dinâmico da comunicação. Quando estamos fazendo a comunicação há algo acontecendo. O fato de que a comunicação age ativamente, inclusive quando estamos lendo um jornal, é o que descrevemos como *um processo*. Quando Dave pensa no que vai ouvir e modifica para o gerente de banco, procurando ver sua reação, ele está reconhecendo que a comunicação é algo que está em "andamento", especialmente quando as pessoas se encontram frente a frente. Vamos seguir esta idéia.

4.1 — A comunicação como um processo

Quando mantemos uma conversação está em andamento uma contínua troca.

Idéias, fatos ou opiniões transformam-se em palavras trocadas entre uma pessoa e outra através do discurso, da fala. No Capítulo 2 mostraremos como, em outra parte do processo, a comunicação não-verbal é transformada em mensagens.

Logo, quando falamos sobre o processo da comunicação, estamos falando sobre esse desenvolvimento ativo. *A comunicação é um processo.* O que queremos fazer é explicar o que acontece, por que e quando. Queremos conhecer o que está se passando nesse processo; assim, talvez possamos melhorar nossa maneira de nos valermos dele. Através do conhecimento vem o entendimento e a possibilidade de mudança. Por isso, neste livro encaramos o processo da comunicação, sob vários ângulos, para que venhamos a ser melhores comunicadores.

Utilizamos termos próprios da comunicação para descrever os vários aspectos desse processo, dividindo isto em seções e partes. Utilizamos determinados termos para descrever e identificar fatores que afetam a forma como a comunicação é conduzida. Interpretamos as evidências através das quais se produz a comunicação e tentamos dar sentido a isso. Interpretação não é apenas tirar deduções, mas também dizer e compreender o significado dessas deduções.

Por exemplo, se vemos o contexto como um fator no processo da comunicação, então o que é importante é dizer o porquê das razões do que estamos vendo. A teoria necessita ser posta em prática. Um dos mais antigos e ainda mais úteis exemplos para descrever o processo da comunicação é separá-lo em partes, como foi feito por Harold Lasswel, em 1948. Ele disse que o processo da comunicação pode ser decomposto nos seguintes termos:

Quem
diz o Que
em que Canal
para Quem
e com qual Efeito.

É o mesmo que dizer que todo o exemplo de processo da comunicação pode ser desdobrado nos seguintes termos:

Um Transmissor
dirige uma Mensagem
através de alguma Forma ou Meio
para um Receptor
com um determinado Efeito.

A esses cinco pontos pode-se acrescentar, pelo menos, mais dois:

Ilustração B
O processo de comunicação

Um é a idéia de *contexto:* todo ato da comunicação acontece num determinado contexto. Pode ser o contexto físico. Há uma diferença entre falar com uma pessoa numa estação de trem ou em nossa sala de visitas. Pode ser o contexto social. Há diferença se estamos falando a um grupo de amigos num bar ou a um grupo de pessoas tristes num funeral.

O outro ponto é a *dupla-idéia:* o propósito e a necessidade da comunicação. Isto responde a uma questão básica: por que a comunicação se realiza? Todos têm necessidade de comunicar-se e todos têm um propósito na comunicação. *Portanto, a comunicação é um processo e esse processo pode ser dividido em partes, o que nos ajuda a ver o que está acontecendo, como e por quê.*

Quando utilizamos certos termos para falar sobre partes do processo da comunicação, tentamos sugerir o que ela significa e dar exemplos. Por isso, no fim deste livro se encontra um glossário que certamente vai ajudar você a compreender determinadas palavras.

4.2 — Troca de mensagens

Uma idéia fundamental é a de que, *quando nos comunicamos, estamos trocando mensagens.* Enviamos e recebemos mensagens. Essas mensagens são levadas pelos sentidos à nossa mente e guardadas para serem acionadas no devido tempo.

As mensagens podem ser sobre todos os tipos de coisas: algo que esteja acontecendo — fogo na casa vizinha; ou sobre alguns sentimentos — eles estão muito infelizes em face da morte de um parente; ou sobre opiniões — falamos sobre certo filme que é bom ver. Neste sentido também podemos relacionar certas funções das mensagens. Essas funções podem ser:
prevenir,
aconselhar,
informar,
persuadir,
expressar opiniões,
divertir.
O leitor reconhecerá algumas dessas palavras em outra parte deste capítulo. Seria interessante construir alguns exemplos com palavras que expressam as questões acima relacionadas.

A idéia da mensagem, em seu sentido mais amplo, é cobrir uma ampla gama de formas de comunicação e meios. Os mapas transmitem mensagens sobre áreas e terras que eles representam. Os gráficos dão mensagens sobre problemas tais como o crescimento do número de bens que estamos importando para o nosso país. As fotografias nos dão notícia sobre como são as pessoas em países onde nunca estivemos. Pode-se, inclusive, argumentar que uma peça musical é uma espécie de mensagem do compositor — talvez algo sobre sua experiência ou modo de sentir.

Quando recebemos uma mensagem somos envolvidos no processo, justamente como acontece quando enviamos nossa mensagem.

Compartilhando

Quando nos comunicamos somos também parte de um processo que compartilha.

37

As formas e meios de comunicação trazem mensagens que permitem compartilhar pensamentos, sentimentos, opiniões, informações e experiências com outros. A comunicação, especialmente em nossa convivência diária com os outros, não se realiza apenas sobre fatos. Ela é, também, sobre atitudes, emoções e crenças. São ligações com necessidades pessoais e sociais, como já descrevemos. Este compartilhar, especialmente do ponto de vista pessoal, afeta muitos aspectos de nossas vidas, incluindo o tempo que gastamos no trabalho. É fácil demais encarar o trabalho como uma questão de manipularmos mensagens de natureza factual. Mas se nosso trabalho inclui contatos com o público, então isto não pode ser totalmente verdadeiro.

No trabalho, por exemplo, estamos envolvidos com o que as pessoas pensam de nós e o que nós pensamos delas. Gastamos tempo, embora brevemente, trocando mensagens sobre nossa formação pessoal e experiência. Na verdade, há evidências que sugerem que quão bem lidamos com as "mensagens de trabalho", depende quão bem estejamos intercambiando "mensagens pessoais". Assim, compartilhar é um aspecto importante da troca de mensagens.

A neutralidade das mensagens

As mensagens raramente são neutras.
É possível argumentar que a simples mensagem de fato é neutra. Por exemplo, uma mensagem dizendo apenas que há duas rodas em minha moto, parece objetiva e neutra.

Mas tal espécie de mensagem raramente é enviada em seu sentido estrito. No exemplo acima, provavelmente existia outra mensagem verbal ou não-verbal, dentro da própria sentença. Ela pode ter sido dita numa situação peculiar. Talvez a um amigo cuja moto tenha quebrado uma roda. Nesse caso, a mensagem não é apenas uma constatação de um fato. Ela quer dizer algo como: "minha moto está em boas condições, mas a sua não. Que azar!".

E, obviamente, as mensagens publicitárias nunca são neutras. Mesmo uma lista de funções ou atributos num anúncio de automóvel nunca é uma mensagem neutra. É, isto sim, uma seleção de bons pontos de funcionamento do carro. Você não verá nada sobre pontos negativos... Qualquer estudante de comunicação pode ver muito bem por que as mensagens não são neutras.

Não estamos fazendo um julgamento moral sobre os objetivos das mensagens. As pessoas dizem as coisas com as melhores intenções. As mensagens que trocamos podem ser fechadas ou abertas.

Mensagens fechadas ou abertas

Algumas mensagens são claras e óbvias; outras são obscuras e nada óbvias. Este é outro ponto forte no estudo da comunicação. Isto significa que devemos olhar cuidadosamente o que está sendo expresso em todo o exemplo do processo de comunicação. Algumas vezes uma peça de comunicação pretende esconder a própria mensagem. Isso depende, também, da maneira como o receptor decodifica a mensagem. Por exemplo, um publicitário pode dizer abertamente que um produto é ótimo para tornar suas roupas suaves. Ele também pode dizer, abertamente, que você não será uma boa mãe para sua família enquanto não comprar esse produto. Incidentalmente, isso encerra opiniões sobre como deve ser uma boa mãe de família. *Algumas vezes há mensagens ocultas numa peça de comunicação sem que isto fosse desejado pelo transmissor.* Por exemplo, um amigo pode dizer abertamente não ter saído de casa nas últimas semanas e nem encontrado qualquer pessoa. Ocultamente, o que ele está querendo dizer é que se sente só e deseja alguma companhia. Portanto, há mais numa peça de comunicação do que pode parecer à primeira vista.

Mensagens múltiplas

Normalmente, a comunicação envolve a troca de mais de uma mensagem ao mesmo tempo. Isso se explica por si mesmo. Se há mensagens abertas e ocultas em cada peça de comunicação, fica claro que não andamos de um lado para outro com simples mensagens. Há, aqui, uma outra proposição: a comunicação, usualmente, tem lugar através de múltiplos canais. Nos exemplos dados antes, podemos ver que o publicitário provavelmente comunicou-se através de ilustrações e palavras. As pessoas se comunicam através da fala e dos gestos, da comunicação verbal e não-verbal. De fato, no que concerne às pessoas, várias vezes é através de canais não-verbais que surgem mensagens ocultas. Certamente quando nos comunicamos trocamos mensagens — no plural.

A natureza das mensagens

Discutimos a mensagem sob o aspecto linear. Mas é preciso enfatizar o fato de que *nem sempre elas são o que parecem ser. Elas se referem à forma como as coisas são ditas e a respeito de que canal ou código é utilizado.*

Um escritor americano, D. K. Berlo, refere-se a isso quando descreve a mensagem como algo dividido em três partes: o *código*, o *conteúdo* e o *tratamento*.

Ele também acentuou que tudo que conhecemos, inclusive a comunicação vinda de outras pessoas, só pode atingir nossa consciência através de um ou mais dos cinco sentidos: gosto, tato, olfato, audição e a visão.

Berlo também se refere ao fato de que nosso conhecimento, nossas atitudes, nossa experiência em comunicação e nossa base cultural afetam a maneira como nos comunicamos com os outros.

Tudo que acontece quando nos comunicamos é algo que aprendemos a fazer, de certas maneiras e por certas razões. Contudo, existem outros modos de explicar o que acontece quando comunicamos algo.

4.3 — Signos e significados

A comunicação engloba tudo que tenha, implicitamente, um significado no transmitir ou receber. Este é um dos mais convincentes pontos de vista do que acontece quando a comunicação se torna efetiva, pórque pode se aplicar a todos os exemplos e em todas as situações.

A idéia é que, quando você fala algo, está produzindo signos. Quanto mais e melhor o outro conhecer os signos e seu significado, mais ele pode decodificá-los e a mensagem então é levada adiante. O mesmo se pode dizer de qualquer forma de comunicação. O signo não-verbal pode ser uma simples piscadela, significando: "fique quieto, isto é um segredo entre nós".

Um signo fotográfico pode ser um ângulo da câmera dizendo que a pessoa em foco é importante e dominadora. Um signo musical pode ser apenas uma marca preta, uma semínima, significando que essa nota deve ser tocada com uma duração específica de tempo. Estas páginas são cobertas de signos, chamados letras e palavras. Esperamos que isto signifique algo para você...

Significado

Um signo somente pode ser algo para nós se podemos compreendê-lo. E aqui há quatro problemas:

a) dizer que algo é um signo não significa dizer o que ele significa;

b) o mesmo signo pode ter diferentes significados em diferentes lugares e em diferentes tempos;

c) um signo pode ter mais de um significado;
d) o mesmo signo pode significar diferentes coisas para pessoas diferentes.

A resposta ao primeiro problema é que *aprendemos a conectar um signo com um significado.* Aprendemos isto através dos pais, da família, dos amigos. Também aprendemos, de maneira formal, na escola. E continuamos aprendendo a respeito de signos e significados através de toda nossa vida.

Se queremos aprender o significado das palavras da língua francesa, então vamos fazer um curso de francês, onde nos ensinarão signos e onde nos ensinarão a ligar significados aos signos. O segundo ponto é importante, é claro, porque pronunciar corretamente uma palavra não nos diz o que ela significa. Os signos são úteis somente quando nós conhecemos seu significado. Foi por isso que os arqueólogos gastaram muito tempo tentando decifrar (decodificar) antigas escritas.

O segundo problema pode também ser resolvido *aprendendo as regras para colocar tudo no lugar certo e no tempo certo.* Não diga a um americano que você quer *lavar* se você quer apenas ajudar na limpeza. Ele pensará que você quer *se* lavar. Cuide-se, também, com os signos não-verbais. Se você ergue sua mão, com a palma para fora, dirigindo-se a um inglês, isto significa apenas um cumprimento a quem está passando em direção ao trabalho. Para um grego, o mesmo gesto será interpretado como um insulto. Em nossa cultura, colocar o braço em torno do ombro de uma pessoa significa diferentes coisas, segundo a situação em que se está.

O terceiro problema é, obviamente, ligado ao último. Contudo, o último exemplo pode ser aplicado aqui. Mas, neste caso, lugar, tempo e pessoa não estarão envolvidos. Tome-se a palavra "corpo".* Ela pode ter vários significados. Escrita isoladamente, pode ser lida de diferentes maneiras e, inclusive, pode não dar idéia exata de seu significado. Com este exemplo devemos compreender que *um signo adquire significado de acordo com os outros signos que o cercam.* É dentro de uma sentença que a palavra adquire seu significado.

Outros exemplos são as charadas, as palavras cruzadas, onde determinadas palavras têm diversos significados.

Ora, se a comunicação é algo sobre a troca de signos — dar e receber significados —, então a habilidade para utilizar o largo espectro e o grande número de signos melhora e cresce com a ajuda do estudo da comunicação.

O quarto problema pode parecer coberto pelo segundo. Mas a

---

* O autor cita vários exemplos, utilizando-se de palavras inglesas cuja tradução não teria o mesmo efeito. Por isso apresentamos aqui algumas sentenças com a palavra "corpo": corpo que cai (o ser), o corpo na morgue (morto), o corpo de exército (grupo de combatentes), o corpo 8 (marca e tamanho de caracteres tipográficos). (N.T.)

questão é que mesmo *quando as pessoas estão falando a mesma língua, no mesmo lugar e na mesma época, os signos podem, ainda, significar diferentes coisas.* Tome-se, por exemplo, a palavra "gostar". Ela significa algo quando nos referimos a comida e outra quando os pais se referem ao quarto desarrumado de seus filhos. Num caso, estamos nos referindo ao aspecto gustativo, gastronômico; no outro, estamos nos referindo a aprovação ou desaprovação de um comportamento, o que nada tem a ver com o paladar.

Portanto, devemos aprender e compreender a larga variedade de significados das palavras para aplicá-las adequadamente, a fim de comunicar corretamente nossas intenções. Devemos, de outra parte, escolher cuidadosamente os signos que vamos utilizar para expressar o que realmente pretendemos. Nem sempre é tão fácil dizer o que pretendemos.

Comentário adicional

Quando trocamos *mais* de um significado, através de *mais* de um canal, também podemos convencionar a troca de mais significados através de um mesmo signo.

Um olhar pode expressar prazer e tristeza ao mesmo tempo. Em muitos casos temos mais de um signo para um mesmo significado. Há muitas palavras para um só significado. E também palavras com muitos significados.*

Códigos

Quando nos comunicamos através de signos utilizamos códigos. O código é um sistema para a utilização de signos. Esse sistema é baseado em regras e convenções trocadas e compartilhadas por aqueles que se utilizam desse código.

O código Morse, por exemplo, identifica-o literalmente. É um código feito de sinais curtos e longos — ponto e traço — chamado propriamente de sistema Morse, o qual toma o lugar de outros códigos e sistemas, reproduzindo-os, tal como a escrita alfabética e os próprios números. A fala é uma série de sons que formam um códi-

---

* Novamente, para facilidade do leitor, deixamos de lado a tradução das palavras em inglês, buscando situação similar em português. É o caso da palavra "corpo" com muitos significados. Ou, ainda, muitas palavras para um só significado, tais como nu, pelado, despido, "em pêlo" (gíria). O autor refere-se, ainda, a palavras que, embora diferentes até na grafia, têm o mesmo som. Em português podemos citar: descrição (de descrever), discrição (de discreto); vultoso (de volumoso), vultuoso (congestionado), discriminar (diferenciar, separar), descriminar (absolver, retirar da condição de crime). É comum, na fala, ver tais confusões. (N.T.)

go que utilizamos para produzir palavras. Uma fotografia representa duas formas de comunicação e dois códigos. Um deles é uma representação não-verbal, composta pelas roupas e a própria linguagem corporal mostrada pela figura fotografada e sua pose. O outro código é a própria fotografia em si: representada nesse caso pelo foco, pela posição da câmera e pelos elementos externos que cercam a fotografia.

As formas e códigos de comunicação são ligados por certas "regras" que se conhecem quando são utilizadas. Essas "regras" são chamadas de convenções.

Em algumas situações as convenções são muito fortes, especialmente quando há um sistema organizado de signos. O melhor exemplo disso é a linguagem falada e escrita. Aprendemos as regras gramaticais. E se não aprendemos nas escolas, terminamos aprendendo com os outros. O ato de falar envolve conhecimento do significado dos signos. E quando trocamos e compartilhamos conhecimentos de signos — e mais ou menos concordamos com o que eles significam — também mais ou menos concordamos com estas convenções. Sem o poder organizado dessas convenções não seríamos capazes de nos comunicar. Quando temos dificuldades na pronúncia ou pronunciamos mal as palavras, falha a comunicação e falha o entendimento. E quando alguém, tendo dificuldades, soletra as palavras, ou as pronuncia espaçadamente, vagarosamente, então se faz entender: a comunicação se estabelece e tudo está salvo. Sabendo como se pronunciam as palavras, podemos trabalhar.

Os códigos são um conjunto de signos. As convenções são as regras para a utilização desses signos.

É possível dividir um código em primário e secundário. O código secundário é a forma particular do código primário. O código primário representa um conjunto de signos que tomam forma através de vários meios: verbal, não-verbal, pictórico e assim por diante.

O código secundário é composto de um conjunto especial de signos que trabalham com o primeiro código. O código secundário possui convenções que regem o seu uso. Nós "escorregamos" nele repetidas vezes, porque pensamos que ele é apropriado (tal como adultos balbuciando palavras erradas para as criancinhas). Nosso uso de códigos nem sempre é apropriado para a ocasião em que são utilizados. Devemos, no caso, considerar os prós e contras como, por exemplo, na utilização de palavras erradas ao falar com crianças.

4.4 — A comunicação como uma forma de comportamento

Este ponto de vista considera que a comunicação é uma espécie de comportamento. Isto sugere que nos comunicamos também tendo como objetivo modificar o comportamento dos outros. A primeira proposição nos sugere que comunicação é algo mais do que saber comer ou bater um prego num pedaço de madeira. Novamente isto levanta o problema do que sabemos fazer quando nascemos e o que aprendemos depois. Há os que pensam que aprendemos a fazer tudo depois que nascemos. Outros, no entanto, afirmam que nascemos com certas aptidões, por exemplo no que diz respeito à fala. Eles dizem que desenvolvemos essas aptidões ou a experiência da fala.*

Cada caminho, certamente, oferece muita coisa a discutir. É verdade que aprendemos a usar faca e garfo ou, ainda, pauzinhos orientais para comer. Também aprendemos a utilizar palavras para dizer o que queremos e expressar significados, qualquer que seja a língua em que estejamos falando. Aprendemos segundo a própria educação do meio em que estamos vivendo. Portanto, *também aprendemos a nos comunicar conforme essa educação.* Assim, a idéia de que a comunicação é, também, uma espécie de comportamento nos ajuda a ver e compreender por que nos comunicamos desta ou daquela maneira. Se somos bons desenhistas, podemos dizer que isto é fruto de um desenvolvimento especial de comportamento, de posicionamento. Ou se não somos dados a pedir desculpas quando necessário, é porque não aprendemos muito bem a proceder dessa forma.

A segunda proposição — a respeito de modificar o comportamento dos outros — é fácil de entender, desde que, mais uma vez, olhemos o exemplo da propaganda. Se temos disposição favorável a uma determinada empresa de seguros, naturalmente estamos dispostos a levar avante essa posição. Contudo, isto pode ser aplicado a uma larga faixa de exemplos. Se uma criança chora, podemos dizer que ela está pedindo comida à sua mãe. Isto vai mudar o comportamento da mãe em relação ao fato.

A idéia de que a comunicação muda a comportamento não deve ser confinada apenas a alguns exemplos, especialmente no que acontece de forma imediata. Pode-se dizer que tudo que nós aprendemos, todo o acervo de informação que adquirimos, muda nosso comportamento. Toda informação afeta nossas atitudes e crenças, mesmo em aspectos diminutos.

---

* A maioria dos autores concorda em que o homem é o único animal do mundo dotado de um aparato fonador que possibilita a linguagem articulada. (N.T.)

Mudamos os outros e somos mudados pelos outros quando nos comunicamos. Uma pessoa pode escolher uma carreira porque ele ou ela leu um livro que pretende persuadir os leitores de que esta ou aquela é uma boa ocupação. Ou, de outra maneira, alguém escolhe uma carreira simplesmente porque leu, ouviu ou viu na televisão algo a esse respeito. Ninguém pretende, objetivamente, mudar as atitudes ou comportamento dessas pessoas. Mas isto termina acontecendo devido à acumulação de mensagens.

4.5 — Modelos de comunicação

Um outro meio para descrever o processo da comunicação é utilizar modelos. Modelo é um recurso, sobretudo gráfico, de apresentar determinados problemas. As partes do processo são colocadas, por exemplo, para descrever o que vem primeiro, o que vem em segundo lugar e assim sucessivamente. As diferentes partes são postas, também, numa certa ordenação. Os modelos são úteis porque eles nos permitem visualizar o processo num simples golpe de vista, numa olhadela. *Como há diferentes termos e diferentes formas de leitura a respeito do processo da comunicação, há, também, diferentes modelos.* Pode-se mudar os termos da comunicação simplesmente mudando o *layout* do modelo. Podemos falar em termos gerais sobre o receptor de uma mensagem e em que situação ele a recebe. Mas, de fato, se estamos nos referindo a receptores da música num concerto ou a receptores de um programa de rádio, é mais apropriado utilizar a palavra *audiência,* embora significando a mesma coisa. E isto é o que os modelos sobre comunicação de massa pretendem fazer. Eles fazem isto porque o termo "audiência" chama a atenção para o fato de que se trata de mais do que um simples receptor da mensagem, ressaltando o fato de que tais pessoas não estão envolvidas num processo de comunicação como estariam duas pessoas falando frente a frente.

Os modelos, e os termos utilizados nesses modelos, podem ser modificados para enfatizar determinados pontos ou determinadas situações, isto é, há diferença entre fazer um discurso e ler um livro. Há uma variedade de modelos úteis utilizados por diferentes pessoas. Mas, lembre-se, o estudo da comunicação refere-se, exatamente, a como se comunicar. Esteja preparado para produzir seus próprios modelos. Eles podem ser mais ou menos complicados, de acordo com o número de termos utilizados e a simplicidade ou não do *layout*. Vamos começar com o mais simples estilo de modelo de comunicação.

O modelo linear

Esse modelo tem um *layout* como se fosse uma linha, ligando o transmissor ao receptor — alguém ("A") enviando mensagem para outro ("B"). Na realidade, a comunicação não é tão simples assim. Mas isto é um bom caminho para se começar. Esse modelo, que se vê na Figura 1, abaixo, como ele próprio mostra, sugere poucos termos e idéias.

Origem e *destino* constituem o ponto básico desta comunicação, pois, na verdade, ela sempre começa em alguém e termina em alguém. Ela mostra, exatamente, o que é a origem e o que é o destino. Mas as coisas não são tão simples assim, repetimos. O processo pode mudar se "B" for homem ou mulher. Vejamos:

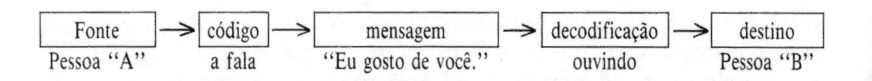

Figura 1 - Modelo linear básico de comunicação

A idéia de *códigos* foi bem descrita em páginas anteriores. A comunicação pode se expressar através de várias formas ou meios e cada um deles tem seus próprios códigos. Por exemplo, a mensagem acima pode ter sido decodificada com um signo não-verbal, com um toque ou piscar de olhos. Isto significa que há um código especial para cada mensagem.

O termo *mensagem* pode expressar uma coisa ou outra. Como já referimos, D. K. Berlo dividiu o termo mensagem em três partes: conteúdo, código e tratamento. No exemplo dado acima, o conteúdo é: "eu gosto de você"; o código são as palavras, a fala. Mas o tratamento depende de como isso foi dito — calorosamente, amorosamente, ocasionalmente, indiferentemente e assim por diante.

Trocando modelos

Isto indica que a comunicação é, no mínimo, um processo que se realiza em dois sentidos. No caso de um grupo de pessoas, existem mais do que duas mãos ou dois caminhos. Quando alguém vê televisão, naturalmente é difícil dizer como ele responderá às mensagens que está recebendo da tela. Isso será discutido no último capítulo deste livro. Mas, para as situações que discutimos no Capítulo 2, essa espécie de modelo que mostramos a seguir (Fig. 2) é muito útil. Esse modelo mostra que as mensagens caminham, numa conversação, em ambos os sentidos. Todos são codificadores e decodificadores ao mesmo tempo, quando em conversação. Isto significa dizer que devemos encontrar o caminho para expressar nossas idéias e, ao mesmo tempo, ouvir o que o outro tem a dizer. Além disso, devemos ver o que significa o que o outro está dizendo. Somos, todos os dias, intérpretes de mensagens. A maneira como interpretamos as mensagens é outro problema. Isso discutiremos mais adiante. Mas há razões pelas quais as pessoas interpretam a mesma mensagem de diferentes maneiras. E isto já é uma razão importante para estudar a comunicação e seus processos. Se todos recebessem nossas mensagens exatamente como pretendemos dizê-las, com o significado que a elas emprestamos, haveria poucos problemas entre as pessoas. Mas isso não acontece. Quando examinamos a idéia da percepção, verificamos que todos nós temos diferentes espécies de experiências e, assim, fazemos diferentes espécies de presunções a respeito do que foi dito. Enfim, interpretamos a mensagem de diferentes maneiras.

Às vezes, a diferença não é grande. Mas, às vezes ela é, e isto importa. Por exemplo, olhando atrás, no primeiro modelo, se a pessoa "A" for mulher e a pessoa "B" for homem e se a pessoa "B" interpreta a mensagem como uma declaração de amor, quando ela — na realidade — quis apenas manifestar amizade, então as duas pessoas certamente terão problemas no relacionamento a seguir. Voltaremos a falar a respeito de questões geradas por diferentes interpretações na comunicação.

Modelos contextualizados

Estes modelos somam toda a situação ou ambiente do ato da comunicação. Eles nos dizem que a comunicação se realiza de acordo com situações particulares. Por exemplo, num jantar formal com nosso chefe vamos nos comunicar de modo diferente do que faríamos comendo batatas fritas na cozinha com um grupo de amigos. Isto mostra que o contexto é tanto físico como social.

Na Figura 3 temos um modelo que inclui o contexto. Um outro termo é muito importante.

O novo termo é *feedback*. Ele nos lembra, novamente, que a comunicação freqüentemente tem duas mãos: há uma resposta a cada mensagem enviada. E isto serve para ajustar nossa conversação de acordo com o *feedback* que recebemos da outra pessoa. O canal que conduz o *feedback* pode não ser falado. Pode ser não-verbal, como uma expressão aborrecida no rosto ou um movimento dos pés numa atitude de quem está pronto para sair.

O leitor deve ter notado que trocamos as palavras "fonte" e "destino" constantes da Figura 1, para "transmissor" e "receptor". Cer-

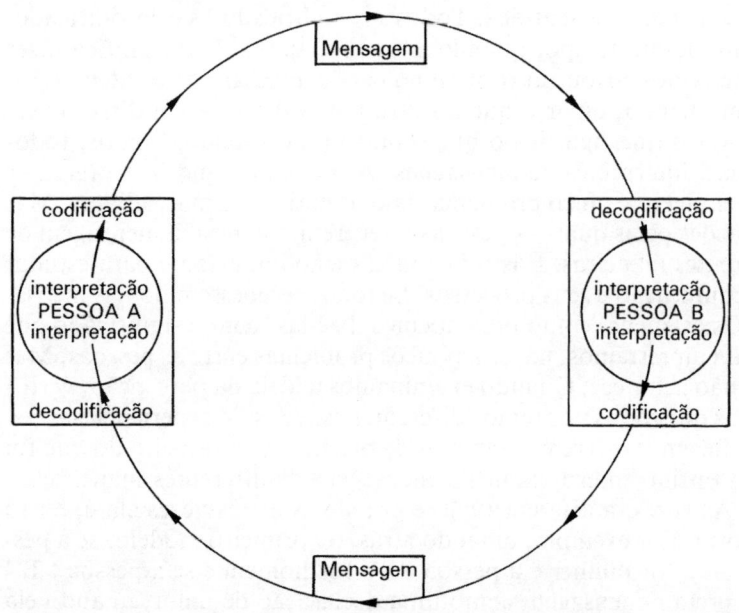

Figura 2 — Este modelo mostra que a comunicação tem duas mãos. É um sistema de trocas.

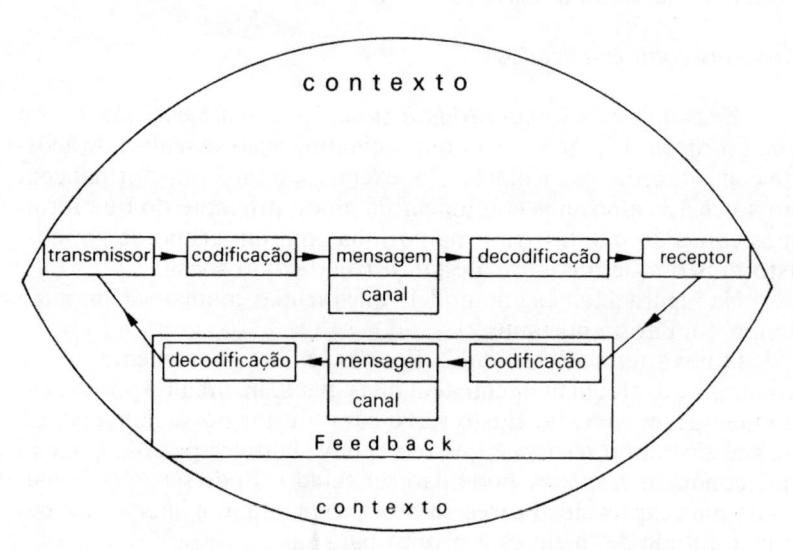

Figura 3 — Modelo linear de comunicação, mostrando o contexto que a envolve e o *feedback* (resposta).

tamente você encontrará esses termos em outros livros. Tente decidir você mesmo quais dessas palavras são mais úteis para sua atividade.

CONCLUSÃO

Procuramos demonstrar que o ato da comunicação é algo em que os significados são expressos através de signos. Apresentamos várias sugestões sobre o que acontece quando nos comunicamos. E falando sobre o que acontece na comunicação ajudamos a dizer o que é a comunicação.

Em geral, neste capítulo, apontamos caminhos para:
* dizer *por que* nos comunicamos;
* descrever *como* nos comunicamos.

Agora, você pode examinar o que foi dito olhando o resumo a seguir. Depois, sugerimos algumas atividades que se relacionam com vários pontos através dos quais será possível avaliar nossas idéias sobre o que é comunicação.

RECAPITULANDO

Primeiro, afirmamos que a comunicação é algo que se experimenta em vários campos. Então, perguntamos a nós mesmos:
1 — Como experienciamos a comunicação?
1.1 — Através de vários meios de comunicação que o leitor poderá definir e dos quais poderá dar exemplos, conforme a lista que segue:
— formas;
— meios;
— veículos;
— outras espécies.
1.2 — A conexão que se estabelece entre pessoas: de amigos com amigos ou de um repórter de jornal com seus leitores.
1.3 — Uma atividade prática, porque isto é algo que estamos sempre fazendo. Nós nos comunicamos para que as coisas aconteçam em nossas vidas.
1.4 — Algo que aprendemos a fazer, tal como outras experiências e habilidades que adquirimos.
1.5 — Existem quatro categorias de comunicação. O leitor poderá defini-las e dar alguns exemplos, segundo a lista abaixo:
autocomunicação;
comunicação interpessoal;
comunicação de grupo;
comunicação de massa.
Segundo, afirmamos que sempre há razão para que a comunicação tenha lugar. Então levantamos a seguinte questão:

2 — Porque nós nos comunicamos?
para satisfazer necessidades que temos;
para sobreviver, física e socialmente;
para nos sentir seguros e valorizados pelos outros;
para nos envolver com os outros em relacionamentos;
para conduzir as atividades diárias de nossas vidas;
para dar e receber informações;
para elaborar idéias e criar histórias;
Terceiro, afirmamos que a comunicação faz algo por nós. Então, levantamos a seguinte questão:

3 — Para que utilizamos a comunicação?
queremos dar e receber informações;
queremos formar e manter relacionamentos;
queremos persuadir os outros;
queremos conquistar, manter ou exercer o poder;
queremos tomar decisões;
queremos nos expressar ou expressar nossa imaginação;
queremos sentir o mundo.
Quarto, afirmamos que é possível esquematizar o que acontece quando nos comunicamos em termos de como isto é feito e como nos afeta. Então, levantamos a seguinte questão:

4 — O que acontece quando nos comunicamos?
4.1 — Somos envolvidos num processo no qual muitas coisas acontecem ao mesmo tempo. Esse processo pode ser dividido em várias partes, de acordo com determinadas situações que podemos descrever através de termos especiais, apropriados à Teoria da Comunicação.
4.2 — Trocamos mensagens que podem ser sobre fatos, opiniões ou crenças. Isto significa que compartilhamos informações, sentimentos e idéias com os outros. Mas devemos nos dar conta de que estas mensagens raramente são neutras. Elas podem ser abertas, claras ou fechadas. Na maioria das vezes são múltiplas — mais de uma são trocadas ao mesmo tempo. O próprio termo "mensagem" pode ser dividido em três partes: conteúdo, código e tratamento.
4.3 — Nós, ao comunicar, estamos dando e recebendo signos e seus significados. Mas os signos podem ter mais de um significado: eles significam diferentes coisas para diferentes pessoas; os significados modificam-se de acordo com o tempo e o lugar. Eles se ligam a um termo somente porque concordamos com isto. Os signos juntam-se para formar um código. Esses códigos dependem de convenções que regem seu uso, as quais podemos aprender e que, finalmente, fazem com que a comunicação tenha sentido.

4.4 — Na comunicação as pessoas se envolvem numa espécie de conduta através da qual tentam mudar o comportamento dos outros.
4.5 — Podemos ver esse processo, claramente, através dos modelos. Há vários tipos de modelos. Você estará apto para definir e dar exemplos dos seguintes tipos de modelos?
— linear;
— de troca;
— contextualizado.

ATIVIDADES

Sugerimos que estas atividades sejam realizadas em pares ou grupos. Algumas podem ser feitas individualmente, se isto for preferível para o leitor. Mas acreditamos que a discussão é sempre melhor para experiências em campo, no local em que a comunicação se realiza.

1 — Para pares ou grupos (para ilustrar o conceito de necessidade)
Considere duas situações, nas quais a comunicação deve se realizar. No primeiro caso há um jovem de 18 anos que acaba de arranjar emprego e quer deixar sua casa. Ele deve expor suas idéias a seus pais.
No segundo caso, uma indústria gráfica quer desenhar um rótulo de segurança para ser utilizado em embalagens e avisar que seu uso oferece perigo às crianças. Relacione as necessidades de comunicação que serão satisfeitas em cada caso.

2 — Para estudo individual ou em pares (para examinar conceitos de origem, audiência e propósito)
Considere quatro exemplos de significado na comunicação:
a) um anúncio com apelo à caridade;
b) uma página de uma revista infantil em quadrinhos;
c) uma carta de habilitação para motorista;
d) uma fotografia de um álbum de família.
Descreva a fonte, audiência e objetivo da comunicação em cada caso. Comente as similaridades e as diferenças.

3 — Para estudo individual ou em pares (para ilustrar o significado, relacionamento e contexto no processo da comunicação)
Considere estas três situações:
a) um rádio-operador lançando um sinal angustiado, chamando de um navio;

b) dois prisioneiros em celas vizinhas trocando mensagens;
c) um pai brincando com seu filho de dois anos de idade.

Desenhe um modelo de comunicação para cada caso, incluindo alguns ou todos os termos relacionados acima. Diga por que utilizou alguns termos e deixou de lado outros.

Compare o uso que você fez dos termos em cada caso.

4 — Para grupos (para ilustrar a importância dos signos, significados e convenções)

a) como você explicaria o significado das palavras "corpo", "nu", "pelado", "descriminar", "discriminar", para alguém que não fale bem o português?

b) crie um grupo de signos para os seguintes tipos de mercadorias: frágil, leve, pesado, líquido, perecível.

c) componha, ou monte com fotografias, ou ainda com desenhos, algo para ilustrar as seguintes cenas:

1) uma rainha pirata;
2) um avô vestido com a última moda;
3) um gerente de banco bem pobre.

Lembre-se de colocar tudo no contexto que você desejar.

Discuta sua escolha de signos para construir os significados, bem assim como as convenções que você julga ter quebrado.

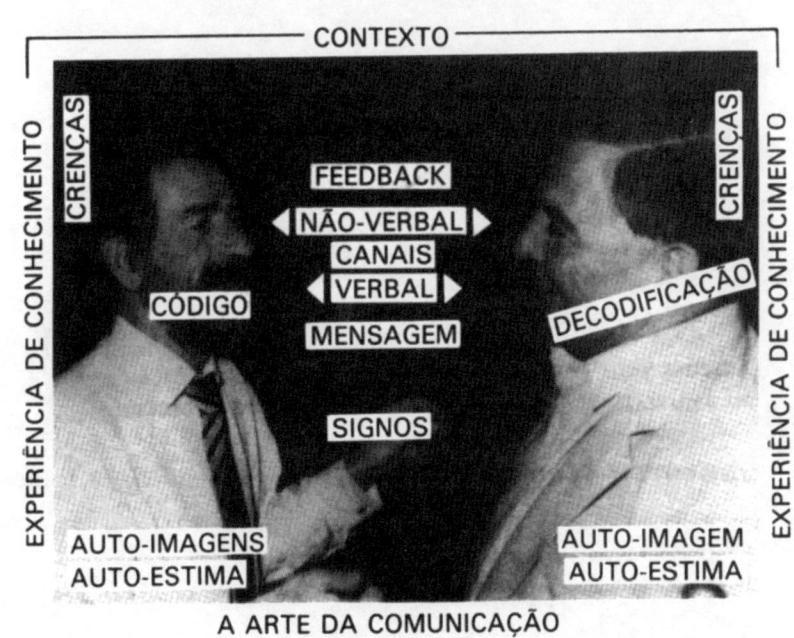

Ilustração C — Análise da comunicação interpessoal

2 — A COMUNICAÇÃO INTERPESSOAL

"A comunicação é, essencialmente, um processo social." (Colin Cherry, *World Communication: Threat or Promise?*, 1978.)

Este capítulo nos dá informações sobre a comunicação entre as pessoas, individualmente. Inclui considerações sobre a palavra e a comunicação não-verbal, tratando de uma e de outra. Há, também, comentários sobre como nos apresentamos uns aos outros, como percebemos as outras pessoas e, ainda, as barreiras que perturbam a comunicação.

1 — MEIOS DE CONTATO

A história de Hazel

A praia espanhola estava cheia, e tão quente quanto um banho entre morno e quente. Hazel colocou seu chapéu de palha um pouco para trás. O grito das crianças soava como lamento de gaivotas, embora não houvesse gaivotas nesta praia. Hazel mudou de posição em sua toalha de banho e abriu um olho. Não havia barulho de cigarras que, usualmente, se poderia ouvir. Estava quente demais e muito perto do centro da cidade para elas. Hazel abriu outro olho, vendo agora amplamente. As crianças tinham desaparecido. Ela se ergueu abruptamente. Dez minutos antes, Laura e Tim estavam brincando à beira da água. Hazel explorou além da linha da praia, ansiosamente. Certamente elas estariam bem. Além de tudo, Laura tinha 6 anos e

Tim, 8. E crianças não podem ir muito longe em dez minutos, ao longo da praia. Um jovem cabeludo olhou para ela, sorrindo. Hazel fitou-o, carrancuda. "Um outro Dom Juan", ela pensou. O pânico começou a invadi-la quando ela se levantou e não viu nenhuma cabecinha loira. Pauline e Roger ficariam extremamente aborrecidos com ela. "Eu matarei essas crianças", pensou irritada. Tia Hazel não iria ser agradável com elas quando as encontrasse.

Vinte e cinco minutos depois, ela estava na delegacia de polícia, desejando ter aprendido espanhol antes de tirar essas férias. Felizmente, alguém ajudou-a no caminho quando ela estava tentando encontrar a palavra "polícia". Isto e alguns gestos apropriados a conduziram ao lugar certo. Mas as crianças continuavam perdidas. E ela se sentia tola, apertando uma bolsa de praia, vestindo apenas uma saída de banho sobre o biquíni.

O policial espanhol tentou ajudá-la. Ele foi cortês. Mas não falava uma palavra de inglês. Hazel tentou algumas palavras simples, enquanto um sorria para o outro. Havia boa vontade dos dois lados, mas era apenas isto. Hazel desejava que seu cunhado estivesse presente. Ele falava um pouco de espanhol. Até a simples palavra "criança" seria uma grande ajuda. Algo deveria ser feito. Ela estava começando a desconfiar que alguma coisa terrível havia acontecido às crianças. Talvez fosse melhor voltar para a praia e ficar esperando.

Hazel olhou o policial nos olhos e respirou profundamente. Fez um gesto com a mão, demonstrando a altura de Laura. Então o policial apontou um quadro na parede. Era a fotografia de uma criança.

Sobre a história de Hazel

Ela nos fala sobre os diferentes caminhos que existem para fazer contatos com outras pessoas. Utilizamos gestos e determinadas palavras para nos fazer entender. Estas formas verbais e não-verbais de comunicação são de fato os canais através dos quais passamos aos outros nossas mensagens. Muitas vezes esquecemos a experiência dos velhos tempos quando aprendíamos os signos conforme suas formas e o que elas significam.* Mas somente quando somos colocados numa situação como a de Hazel é que descobrimos o que significa voltar a ser uma criança, dependendo dos outros e sem meios de estabelecer contatos diretos. Mesmo uma criança que não pode falar tem caminhos e meios para se comunicar com os outros.

---

* O autor se refere aqui a textos ilustrados que antigamente se utilizavam, tipo "eu vi o ovo", aparecendo um olho e um ovo. (N.T.)

Hazel dirigiu-se ao policial quando sorriu para ele e, assim, estabeleceu contato ao usar elementos do seu corpo, como as mãos. Para realizar a comunicação interpessoal temos vários meios de contato. Há dois meios principais: a palavra e o gesto, isto é, a comunicação verbal e não-verbal.

1.1 — A comunicação não-verbal

Enviamos e recebemos signos não verbais quando estamos junto aos outros. Estes signos não são palavras. Mas são usados como palavras. São sinais que produzimos, gestos que fazemos. Eles também afetam o significado do que queremos dizer. São realizados de várias formas por nossas mãos, cabeça, face, boca, enfim, por todo o corpo. Dizem muito a respeito de nossas atitudes e de nossos sentimentos para com os outros. Podem ser utilizados separadamente das palavras. Percebemos isto quando um guarda de trânsito ergue a mão para que paremos o carro numa encruzilhada. Ou, ainda, quando um motorista irritado faz um gesto inamistoso.

Os signos não-verbais podem ser classificados em três categorias:

a) linguagem do corpo;

b) paralinguagem;

c) roupas — a maneira de vestir-se.

Examinemos essas três categorias.

a) Linguagem do corpo

Essa forma de linguagem refere-se aos sentimentos, às atitudes e às intenções de uma pessoa. Os artistas entendem isso muito bem, quando se utilizam da comunicação não-verbal para convencer a audiência do que estão representando. Muitos livros tentam demonstrar que a chave para o êxito e o sucesso com as pessoas do sexo oposto reside justamente no uso de signos não-verbais. Isso, claro, é apenas parcialmente verdadeiro. As pessoas gostam de outras quando elas são amáveis e demonstram amizade. E muitas dessas manifestações de amizade e carinho são feitas através da linguagem corporal. Mas não é tudo. Há um grande número de signos que utilizamos quando estamos falando. E seus significados variam de acordo com as circunstâncias. É verdade, por outro lado, que se presta mais atenção ao que os outros estão dizendo quando utilizam a linguagem corporal. E, também, somos levados a controlar melhor nossos signos corporais diante de outras pessoas. Em outras palavras: nossa experiência em comunicação foi adquirida através do aprendizado. E podemos aprender mais. Neste caso é bom ter uma idéia clara do que estamos falando.

A linguagem corporal inclui cinco elementos principais, a saber:

I — Gestos: é a maneira como usamos nossos braços e nossas mãos. É comum ver uma pessoa atravessar uma sala cheia de gente para atrair a atenção e, depois, acenar para alguém. Usamos gestos para expressar idéias, tais como peso e tamanho dos objetos que estamos descrevendo. Há, ainda, mais e mais signos dessa espécie, como estalar os dedos para pedir atenção ou expressar confiança. Para algumas pessoas os gestos são parte de suas atividades.* Temos até uma linguagem completa constituída de gestos: é o caso da linguagem das mãos e dedos dos surdos-mudos.

II — Expressão: é o que demonstramos através da face, é a expressão do rosto, muito importante na comunicação frente a frente. Isto, usualmente, diz muito respeito aos modos e emoções. Estes são signos ou sinais que as pessoas procuram detectar quando se encontram pela primeira vez. É a forma de medi-las, de pesá-las. Somos capazes de descobrir várias sutilezas num sorriso ou, ainda, num simples olhar. Se alguém olha firmemente para você durante muito tempo, isto pode significar que essa pessoa está, de uma forma ou de outra, interessada em você. E se duas pessoas se olham fixamente durante muito tempo, isto significa, positivamente, que mantêm certas relações. Podemos distinguir um levantar de sobrancelhas como surpresa, receio ou agradecimento quando encontramos um amigo. Enfim, há uma série de olhares quando estamos codificando ou decodificando signos corporais.

III — Postura do corpo: a maneira como movemos nossos corpos. Uma posição relaxada expressa confiança na pessoa com a qual estamos falando. Numa entrevista formal você se sentará direito e mostrará um olhar de interesse. Outro exemplo: se é uma confrontação, os corpos tomam posição frente a frente, juntos, olhando-se diretamente, enfim, temos um sinal de mútua agressão. Manter os corpos ligeiramente afastados, numa conversação, demonstra boa educação. Assinala que as intenções são amistosas ou neutras.

IV — O espaço e a proximidade do corpo: a proximidade, em pé ou sentados, diante dos outros. Primeiro, todos necessitam de um certo espaço em torno de si, a fim de se sentirem confortáveis. Fa-

---

* O exemplo mais comum, para o brasileiro, seria o próprio guarda de trânsito ordenando maior rapidez na velocidade ou mandando parar um veículo, indicando-lhe o estacionamento. O autor, no original, faz referência a algo comum na Inglaterra, mas pouco conhecido no Brasil: o gesto do apostador na corrida de cavalos, assinalando apostas e resultados. (N.T.)

tores como sexo e idade podem fazer alguma diferença nesta questão. Mas, geralmente, os adultos não gostam de abraços e apertos, pelo menos enquanto as pessoas não se conhecem bem. Por aí se pode, também, medir o grau de intimidade entre duas pessoas, olhando-se o espaço que as mesmas mantêm entre seus corpos. É possível estar em bons termos com alguém que "mergulha" em nosso espaço corporal, desde que a amizade o permita. Mas é claro que isto deve ser feito com cuidado, para não aborrecer a outra pessoa. Quando se fala em proximidade corporal, as pessoas tendem a qualificar o *status* de acordo com a proximidade mantida. Enquanto pode ser correta a proximidade entre amigos e namorados, o patrão poderá ver a mesma coisa como uma "familiaridade embaraçosa". O significado da proximidade corporal varia de cultura para cultura, tal como acontece com outros signos não-verbais.

V — Toque: sobre o que tocamos, quando, onde e como. Isto nos diz muito sobre *status,* relacionamento e grau de amizade. As mulheres tocam-se mais com outras mulheres, assim como crianças tocam-se mais do que adultos. Mas, obviamente, há toda uma série de situações com regras especiais sobre isto, tais como as que dizem respeito aos namorados. É bastante notório que os ingleses são as pessoas que menos gostam de ser tocadas. Isto traz sérios problemas em nossas relações com outras culturas.* O toque recíproco de corpos varia, pois, de cultura para cultura. É claro e evidente que o toque — como parte de regras sociais a serem observadas — nos ajuda a conviver melhor com os outros, inclusive com aqueles que compartilham da nossa própria cultura. Usualmente, quando somos tocados por outra pessoa, mesmo brevemente, nos sentimos mais amigos. Os vendedores sabem disso muito bem e exploram a situação.

b) Paralinguagem

Trata da interpretação do significado das palavras durante uma conversação. Descreve signos não-verbais que acompanham a fala. Há signos que estão separados das palavras. Há reações e emoções às vezes imediatas. Podemos assobiar ou ofegar, surpresos. Há pessoas que, quando falam, intercalam as palavras com sons guturais (ah, uh) que podem significar muita coisa. Podemos gritar com energia ou gemer de sofrimento. Há signos que são representados ao mesmo tempo em que as palavras são pronunciadas. Há signos com determinado grau, força e volume. Não falamos tal como robôs num tom

---

* O leitor já deve ter visto, por exemplo, que os homens russos se beijam na boca, fato inadmissível, em termos normais, na cultura brasileira. (N.T.)

contínuo e monótono. Quando a voz se eleva numa sentença final, por exemplo, isto nos diz que uma questão foi posta na ordem do dia. Tente, agora, analisar a seguinte frase e você compreenderá o que estamos dizendo: "Encontre-me às 8 horas desta noite". Há muitos sentidos na entonação da frase. Pode ser uma ordem; pode ser uma resposta. Outro exemplo de paralinguagem: podemos deduzir que uma pessoa está com raiva quando ela começa a falar ruidosamente, aos gritos. Podemos dizer que é impossível ser sarcástico ou falar ironicamente sem ajuda desse signo especial e particular que é a paralinguagem. A paralinguagem pode sugerir algo sobre o estado da pessoa, sua mente e suas emoções. Quando afirmamos que uma pessoa é calma, excitada ou nervosa, é porque a pronúncia de suas palavras nos diz isso. Se queremos nos apresentar bem numa entrevista, procuramos aparentar calma e usamos tons que expressem essa confiança. Ao mesmo tempo, procuramos não falar de maneira monótona, porque isto pode sugerir que estamos aborrecidos.

c) Roupas

O terceiro ponto da comunicação não-verbal diz respeito à forma de se vestir — roupas, jóias, pintura, maquilagem.

Tudo isto é algo que revela muito sobre a personalidade, situação, *status* e trabalho das pessoas. Por exemplo, atores de novelas de televisão ou propaganda usam certas espécies de roupas que os tornam facilmente identificáveis. Um tipo extrovertido certamente terá cabelos soltos, coloridos, vestindo roupas brilhantes. Donas de casa são apresentadas vestindo aventais, o que as caracteriza. Corretores da Bolsa, na Inglaterra, vestem casacos escuros e calças listradas. Pessoas importantes são vistas em carros de luxo, vestindo roupas de alto preço.

Você pode fazer sua própria análise do que veste, por exemplo, a Polícia Feminina, um padre, uma enfermeira, um professor, um médico e assim por diante.

Vestes assinalam também a identidade das pessoas e de certos grupos. Quando agrupamos pessoas por atividades, como os soldados, ou mesmo uma subcultura, como os *punks,* a primeira coisa que identifica tais grupos são as roupas.

Comentário

A comunicação não-verbal tem numerosas características e funções. Algumas funções ocorrem quando ela é utilizada junto com a linguagem. Por exemplo, quando aquele que fala eleva a mão para reforçar, com o gesto, aquilo que está dizendo. Ou, ainda, de forma mais elaborada quando a pessoa que fala abre a mão e gesticula, fazendo a descrição de uma criança ou o tamanho de alguma coisa. Às vezes a comunicação não-verbal tem a função até de modificar o que se está dizendo. É possível sorrir enquanto se diz alguma coisa. O sorriso pode significar que as palavras não correspondem à verdade.

A comunicação não-verbal é, também, um código primário de comunicação, mais do que a linguagem escrita. Ela também compartilha seus signos com o segundo código. Por exemplo, um produtor de televisão tem signos com os quais mantém contato e se comunica com o apresentador do programa.

A comunicação não-verbal também é controlada por convenções (regras) na medida em que ela é utilizada. Essas convenções não são tão exatas como a gramática e suas regras, que controlam a utilização da linguagem. Por exemplo, olha-se para alguém com um sorriso ou, ainda, aperta-se a mão de alguém também sorrindo. É um gesto de amizade.

Alguns rituais de comportamento na comunicação não-verbal são também comuns. Uma torcida se manifesta cantando e ondeando bandeiras num campo de futebol. Alguns rituais são bem conhecidos do público como, por exemplo, num serviço religioso. Outros são menos óbvios, não se inserindo nos hábitos diários. Veja se você pode dar alguns exemplos de comunicação não-verbal em sua casa, na escola ou no trabalho.

Os papéis desempenhados na comunicação não-verbal podem ser involuntários ou intencionais. Sinais como o rubor da face (o rosto corado ante uma observação) são considerados reflexos que não se pode controlar. É um fato comprovado que é difícil controlar alguns signos não-verbais. Isto, entretanto, em certa medida pode ser feito. Os políticos, em geral, são hábeis em tais controles quando aparecem em público. É uma questão muito interessante saber se certos sinais são intencionais ou não. Em muitos casos aprendemos a usar esses signos inconscientemente. Eles não são produzidos acidentalmente. Então, temos de admitir que eles encerram alguma intenção a comunicar. Talvez possamos nos tornar mais conscientes de nossas próprias intenções.

A comunicação não-verbal é algo específico de determinadas nações e culturas. Cultura ou subcultura são crenças fortes e valores comuns a determinados povos ou, mesmo, a parcelas de uma população. Certas religiões têm sua arte que poderíamos chamar de seu modo de vida próprio. Culturas podem, inclusive, atravessar fronteiras, como é o caso do povo judeu. Certas culturas podem prosperar isoladas dentro de um país, como é o caso da cultura hindu, na Grã-Bretanha.

A televisão e as viagens contribuíram para fazer com que culturas e mesmo palavras atravessassem fronteiras. Muitas vezes as pessoas são levadas a pensar que os gestos que acompanham tais palavras significam a mesma coisa em todos os lugares. Alguns sinais são, contudo, utilizados especificamente por povos diferentes, como é o caso de erguer as sobrancelhas para expressar surpresa. Outros signos, porém, não viajam tão bem: há gestos que têm interpretação diferente para homens do Ocidente ou do Oriente. Alguns não gostam de falar muito próximos uns dos outros. Mas alguns acham que isto é sinal de boa educação. Quando um árabe está falando, alguém pode se pôr a dançar, o que será considerado um gesto de concordância alegre e delicada.

Justamente porque vivemos uma idade de viagens internacionais rápidas, devemos refletir muito sobre nossa comunicação não-verbal — mais do que sobre as palavras que pronunciamos. A comunicação não-verbal é uma combinação complexa de signos que transmitimos, mesmo quando não estamos falando. Gostemos ou não, isto é verdade. A comunicação não-verbal mostra nossa percepção dos outros (veja seção 4 deste capítulo). Uma significativa parte do que percebemos nos outros provém da comunicação não-verbal. Ela nos ajuda a construir e manter boas relações, porque nos diz muito acerca de nossas atitudes a respeito dos outros, influenciando a natureza de nossas relações. Um relacionamento positivo depende de atitudes positivas. E essas atitudes somente podem ser bem compreendidas através da comunicação não-verbal usada de forma apropriada.

A comunicação não-verbal nos dá, também, uma idéia de *feedback* (veja seção 3 deste capítulo). Mostramos esses signos sucintamente e deles temos o senso do que significam de forma bastante rápida, mesmo quando estamos falando ou ouvindo. Não é fácil perceber tudo ao mesmo tempo. É inútil ouvir um disco e conversar. Pode-se notar, apenas, o que as pessoas estão sinalizando umas para as outras. Por exemplo, numa entrevista podemos observar várias unidades de integração. Em primeiro lugar, temos o aperto de mão como procedimento social, quando duas pessoas se cumprimentam. Depois, há um período inicial de integração,* quando questões triviais são apresentadas: o tempo, a saúde, notícias de familiares etc. Na verdade, as duas pessoas estão se avaliando reciprocamente, auscultando a personalidade de cada uma e suas respectivas atitudes. Após, há um período de julgamento, no qual se confirmam, ou

---

* Uma espécie de "aquecimento". (N.T.)

não, as primeiras impressões. Os aspectos não-verbais são decisivos nesse momento. Eles pesam na avaliação e terminam influenciando o curso da entrevista.

1.2 — A fala

Afirmamos que há muito mais numa conversação do que simplesmente pronunciar palavras e ouvi-las. O exato significado do que se diz dependerá, em particular, do uso da paralinguagem. E, é claro, de outras manifestações não-verbais que acompanham as palavras. Um punho cerrado pode dar ênfase especial ao que estamos dizendo. E, de outro lado, um sorriso jocoso pode, aparentemente, acompanhar algo marcante: isso pode contradizer o que se está dizendo e colocar as palavras em oposição a seu significado literal. *Palavras são signos em forma de som.* Temos a tendência a ver as palavras como algo natural e verdadeiro, como se elas fossem apenas um fato da vida. Em nossa última história, Hazel descobriu certamente que isto não é verdade, especialmente quando ela se deu conta de que não podia produzir os sons exatos para se fazer entender pelo policial. As palavras são feitas de pequenas unidades de sons, chamados fonemas. Combinamos esses fonemas para produzir palavras e a palavra é o resultado de um longo processo de aprendizado. A palavra "cão" poderia ser outra qualquer. Poderia ser *bart*. E se todos pensassem no mesmo animal quando ouvissem a palavra *bart*, ela seria tão útil quanto a palavra "cão". Mas, como em outros casos de que já falamos, necessitamos mais do que o som das palavras para exprimir um significado. Para muitas pessoas há várias palavras que têm o mesmo som, mas significam outra coisa. Somente *no contexto* da sentença é que conseguimos perceber o significado das palavras.*

A fala é um código de signos regulados por convenções.

Muitas outras formas de comunicação, tais como a não-verbal, a pictórica (filmes, desenhos e fotografias) são também códigos. As regras para a utilização desses códigos é que se chamam de convenções. As palavras são pronunciadas numa certa ordem, chamada sintaxe, e combinadas também numa certa maneira, o que se chama gramática. O que qualificamos de linguagem — seja inglês ou português — é um código primário de comunicação. Aprendemos esses signos e convenções bem cedo porque isto satisfaz nossa necessidade

---

* O autor dá alguns exemplos em inglês de palavras com grafia diferente mas som praticamente igual. Já nos referimos a isto, em palavras tais como "descriminar" e "discriminar". (N.T.)

humana de falar. Nós também aprendemos algo no código secundário e suas convenções porque também ele tem um uso especial. Por exemplo, um controlador de tráfego aéreo e os pilotos possuem seu próprio código, universalmente em inglês, com palavras especiais e, também, em ordem especial. Aqueles que não aprenderam esse código certamente nada entenderão.

Os dialetos são, também, um exemplo de códigos. Eles representam as diferenças regionais em relação ao padrão nacional da língua.* As diferenças dialetais estão nas palavras e no modo de usálas.**

Em muitos países as populações usam a língua nacional oficial, e também o dialeto local. Mesmo assim, insistimos em que o acento ou tom (sotaque), não deve ser confundido com dialeto. O acento é parte do sistema de paralinguagem. Acentos e sotaques dizem mais da cultura local, do modo de ser, da tradição, sem ruptura da própria linguagem nacional padrão.*** Acentos, sotaques e também alguns erros de pronúncia caracterizam certas classes sociais.

A fala tem seus registros. Temos a habilidade de escolher, para nossa fala, duas espécies de códigos, qualificados de "alto" e "baixo". Em toda língua há sempre dois ou mais registros. Geralmente, a distinção feita é entre a linguagem normal e a "gíria". Muitas vezes até parece "snob" a forma "corretíssima" de se falar a língua materna.**** O registro superior ou alto é, apenas, a fala correta e cuidadosa da língua, com um vocabulário mais largo e frases gramaticalmente corretas. Isto se nota, facilmente, em ocasiões formais, como num discurso ou num tribunal prestando testemunho. Certas palavras, mais técnicas, no uso diário tornar-seiam ridículas.***** O ponto que queremos destacar é que se usa o código em nível alto quando se necessita de precisão ou lógica. Não se pode dizer a um estudante de química simplesmente: "ponha um pouco deste líquido amarelo naquela coisa marrom". O resultado pode ser uma explosão.

---

* No Brasil não se pode chamar de dialeto os diferentes sotaques dos nordestinos e sulistas, especialmente catarinenses e gaúchos. O dialeto é algo mais complexo e completo como linguagem. (N.T.)
** No Brasil, também isto pode ser visto, embora, frisamos, sem constituir um dialeto. No nordeste "trem" é bagagem; no sul é um transporte sobre trilhos. (N.T.)
*** No Brasil, por mais estranho que pareça a um sulista o sotaque nor¹estino — e viceversa — eles sempre se farão entender completamente. (N.T.)
**** São os tipos que sempre falam "certinhos" e qualificados, entre nós, como pedantes. (N.T.)
***** Um policial, num relatório, vai se referir ao carro como "viatura", o que seria ridículo numa conversação informal. (N.T.)

Tomemos outro exemplo: será bom e normal utilizar um registro de nível baixo para falar sobre um filme de treinamento que vimos e faz parte do nosso trabalho, junto a um estagiário. Mas não podemos utilizar o mesmo nível de código se estamos fazendo um relatório, sobre o mesmo filme, destinado a um diretor. Provavelmente utilizaremos o código em nível alto, seja pela necessidade de precisão, seja pela aparência que o relatório deve ter.

A fala usa idioma e coloquialismos. Não é necessário uma aula de português para que sejamos capazes de utilizar a comunicação falada de modo mais eficaz. Mas, evidentemente, será útil ter roteiros e indicações para os caminhos mais comuns do uso da linguagem. Coloquialismos são as características do dia-a-dia, da fala casual e despreocupada. Eles aparecem em registro baixo. Um exemplo claro em português: "tô", por estou; "tá", por está — e assim por diante.

O idioma se refere tanto à gíria que utilizamos no dia-a-dia como a fala gramaticalmente acurada. Isto, evidentemente, torna a língua local difícil para um estrangeiro.

A fala é parte da cultura. Desenvolvemos uma espécie de língua de acordo com a nossa cultura, nossas crenças e nossas idéias, incluindo, obviamente, os objetos que nos são familiares. Por isso mesmo o trabalho de tradução é algo difícil e pesado. Um francês não tem dos objetos a mesma idéia que tem um inglês. Usos e costumes fazem parte da linguagem. A palavra "aborrecido", em francês, pode ter um significado. Em inglês, outro. Os esquimós, por exemplo, têm várias palavras para descrever a neve. Isso tem sua razão de ser. É que a neve, na verdade, tem diferentes estágios. Distingüi-los é decisivo para a sobrevivência dos esquimós. Eles dependem dessas diferentes espécies de neve. Para nós, porém, a neve é uma só. Muitos povos nem mesmo sabem o que ela significa.

O estudo da comunicação é o estudo dos significados que produzimos através de signos e como a cultura afeta esse processo. O que uma pessoa diz depende muito de sua cultura, de sua herança cultural. Há muitas variações culturais naquilo que chamamos "a cultura de um povo". Basta que se veja o problema das minorias raciais. Um paquistanês, falando a um inglês, dirá muito de suas qualificações, porque isto é importante em sua cultura. Sua intenção é mostrar-se diferente. Um inglês verá isto como algo irrelevante e sentirá até desprezo pelo que, para ele, é mera jactância. Diferentes pessoas, de diferentes países, manifestam também diferentes substratos culturais. As pessoas falam muito das diferenças entre os habitantes do norte e do sul da Inglaterra. Quais são essas diferenças? Manifestam-se elas através do uso da linguagem?

Comentário

A fala tem usos particulares. É verdade que várias formas de comunicação podem ser usadas como meios para satisfazer uma porção de necessidades. Mas também é verdade que determinadas formas são melhores que outras. As fotografias são ótimas para representar aspectos visuais do mundo. A esse respeito, a palavra falada não é tão boa, embora muitos estudantes sejam sempre solicitados a redigir descrições detalhadas a esse respeito. A linguagem falada é muito boa para descrever idéias, opiniões e argumentos — coisas que chamamos de abstratas. Enfim, aquilo que está no mundo da mente, em oposição ao que é físico e material. A linguagem falada é rápida, imediata e flexível. É uma forma de comunicação que todo o mundo utiliza. Qualquer um tem esta habilidade e ela não exige nenhuma ajuda tecnológica — nem mesmo uma caneta. Nossos relacionamentos dependem da fala, porque fizemos dela um instrumento para descrever e discutir o que sentimos. As ciências dependem da fala, porque também fizemos dela um instrumento para explanação e raciocínio. As palavras nos ajudam a expressar o pensamento sobre coisas que ainda não aconteceram. Podemos discutir algo que está acontecendo e que não acontecerá mais. Todos os aspectos de nosso trabalho e de nossa vida social dependem do uso de palavras. O mais importante de tudo é que elas nos permitem raciocinar. Com isto não estamos desvalorizando outras formas e códigos, mas se fizermos uma lista de coisas e fatos através dos quais usamos palavras para nos comunicar, é fácil verificar o quanto elas são importantes no processo da comunicação.

2 — FAZENDO CONTATO

A história de Steve

O telefone tocou outra vez e Steve levantou-o do gancho:
— Alô! Aqui é da agência Perry Travel. Em que posso servi-lo?
Houve um riso do outro lado da linha...
— Madeleine... algo errado?
— Nada! E você não deve falar tão baixinho...
— OK. Desculpe. Mas, você sabe, eles não gostam de conversas particulares durante as horas de trabalho.
— Suponha que é algo importante. Suponha que eu esteja grávida...
— Mas você não está!

66

— *Bem, eu não estou falando disso a você agora...*

— *Ora, Mady, seja compreensiva. Eu estou esperando um chamado importante do aeroporto.*

— *Certo... bem... eu pensei que deveria dizer a você... Consegui finalmente falar com mamãe... Ela chegará aqui no sábado. Eu pensei em dizer a você que não devemos deixá-la dirigir sozinha no sábado.*

Steve respirou profundamente. Ele gostava muito de jogar golfe no sábado e havia marcado uma partida com alguns amigos, justamente esta manhã. Eles vinham preparando esse jogo há várias semanas. Agora, teria de arranjar uma desculpa.

— *Mady, há um pequeno problema...*

— *Steve, com você não há pequenos problemas. Mas se você está planejando fazer-me uma viúva do golfe outra vez, nada feito.*

— *Sim, mas nós dois não havíamos marcado nada fixo esta manhã quando saí de casa e, além do mais, é só terça-feira.*

Houve um súbito "clique" do outro lado da linha. Madeleine havia desligado o telefone. Steve limpou as unhas distraidamente. Agora, o que fazer? Ele havia preparado tudo para esse sábado com os amigos. Isto o tornaria muito popular entre eles. Mas, por outro lado, havia Madeleine. E ele tinha concordado em ir visitar a mãe dela. Steve rosnou e Miss *Hobbs deu-lhe uma olhada. Ele sorriu. Não era nada bom. O golfe se foi... já era... não se podia ganhar sempre. Não poderia aborrecer Madeleine. Esposas antes dos amigos, ou... algo semelhante a isso. O problema, agora, era como desculpar-se diante deles. Steve começou a fazer uma lista de possíveis desculpas, anotando em seu caderno. Nisto o telefone tocou:*

— *Aqui é Sabena, chamando do aeroporto. Você nos pediu informações a respeito de um vôo...*

Sobre a história de Steve

Ela nos mostra que a comunicação interpessoal diz respeito aos contatos com os outros, diretamente ou, ainda, utilizando-se de elementos tecnológicos, tal como o telefone, o qual ajuda na ligação de uma pessoa com outra. A esse propósito, estamos falando sobre meios de comunicação. A fala, como o telefone, é um instrumento de trabalho. Como utilizamos esse instrumento, é outro problema. Neste capítulo estamos tratando, justamente, dos vários meios através dos quais estabelecemos contato com os outros. O caso de Steve é um exemplo típico sobre seu relacionamento e, seguindo a mesma linha, sobre a situação desse relacionamento. Ele deve agir de maneira a minorar os problemas de sua vida pessoal.

Muito do que falamos diz respeito a outras pessoas. Há vários caminhos para falar, no contato com os outros. A forma de falar e utilizar os meios não-verbais de comunicação não é algo acidental. Aprendemos a conhecer os signos e significados. Steve estava planejando uma verdadeira peça de manipulação quando refletia sobre o que dizer aos amigos como desculpa por não poder acompanhá-los no jogo de golfe. Na verdade ele estava planejando uma estratégia de comunicação.

2.1 — Estratégias

A estratégia é, também, uma pequena peça de comunicação, que diz respeito ao comportamento ou à interação. Ela implica o uso deliberado de signos verbais e não-verbais para se alcançar o propósito desejado na comunicação.
Utilizamos essas estratégias a todo momento, mesmo que não percebamos isso. Uma das mais antigas e mais simples estratégias é o choro do bebê que tem fome. É um reflexo deliberado, pedindo alimento, ou atenção. A criança aprende a gerar os signos de comunicação deliberadamente.

Os vendedores mostram suas estratégias de comunicação, tendo em vista efetuar suas vendas. Com efeito, isto envolve aprender a compor signos verbais e não-verbais, com os quais se objetiva alcançar determinados efeitos.

Os vendedores sabem sorrir, pedir desculpas, visando envolver e colocar o cliente em seu espaço físico — o espaço corporal do vendedor e vice-versa. Referem-se ao estilo de vida do cliente, ou, ainda, à aprovação da casa, concordam (ou fingem concordar) com tudo o que ele diz. Dão detalhes do produto que viria a atender suas supostas necessidades. Tudo isto mostra que a comunicação deve ser devidamente controlada e usada para alcançar um determinado efeito. E o resultado disso é o uso de uma ou várias estratégias de comunicação.

Claro, nem todas as estratégias são persuasivas. Deve-se considerar o que as pessoas pensam quando usam estratégias, por exemplo, para encorajar uma criança em sua redação ou para confortar uma esposa quando seu marido acidentou-se no trânsito.

Utilizamos estratégias comuns todos os dias e sob várias formas. A estratégia não precisa ser uma longa peça de interação. Um cumprimento de "bom dia" pode ser bem curto. Mas o que acontece é que estes signos não-verbais e as palavras utilizadas demonstram que as pessoas envolvidas se reconhecem umas às outras, sentem-se amigas e confirmam a natureza do seu relacionamento.

Algumas estratégias, como um cumprimento, podem constituir um hábito. E se a mesma estratégia é usada repetidas vezes, continuamente, ela se torna um ritual. Algumas estratégias são utilizadas mais conscientemente do que outras. Obviamente, se não estamos familiarizados com uma dada situação, então devemos pensar mais conscienciosamente sobre qual estratégia nos será mais útil. Mas, quando um tipo de estratégia é experimentado uma vez, então é mais fácil pensar em suas variações. Por exemplo: os estudantes têm um verdadeiro estoque de desculpas para justificar seus atrasos na chegada à escola — desde o ônibus que não veio até o folclórico caso do gato que ficou doente em cima da mochila de livros... Mas, basicamente, a estratégia é a mesma: ela inclui elementos tais como respiração ofegante, ar de sinceridade, olhar atento e direto, desculpas verbais.

Há muitas espécies de estratégias que utilizamos no dia-a-dia. Seria ocioso enumerá-las. É interessante olhar, novamente, o Capítulo 1 e ver o que mencionamos sobre comunicação como fruto das necessidades do ser humano. Outros meios de comunicação foram mencionados nesse capítulo. Temos estratégias para persuadir, para aprovar ou desaprovar, para pedir desculpas ou, ainda, para evitar algumas pessoas ou problemas.

Finalmente, um dos meios mais comuns de estratégia verifica-se quando estamos conversando. Pode-se dizer que isto constitui a base das conversações do dia-a-dia. Evidentemente, as conversações não se realizam sem que haja uma chance para isto. Nós nos comunicamos porque assim o queremos. Usamos estratégias como forma de comunicação. As mais comuns são a maneira de começar ou terminar uma conversação ou, ainda, mudar a direção de um assunto.

Todas essas estratégias podem acontecer rapidamente. Mas, mesmo assim, elas alcançam seu propósito. Por exemplo, no caso de se interromper quem está falando, podemos usar uma tossidela para chamar sua atenção ou, ainda, um pequeno movimento dos dedos para dizer que estamos prontos a falar. Podemos, ainda, sacudir, vigorosamente, nossa cabeça, o que pode até provocar um incidente...

2.2 — Auto-apresentação

Nós, como pessoas, apresentamos diferentes personalidades para os outros. Isto ocorre de acordo com a situação em que nos encontramos.

A forma com a qual nos apresentamos aos outros em diferentes situações e diferentes momentos foi abordada no livro de Erving Goffmann. Ele nos mostra de maneira interessante e agradável como as pessoas representam de forma diferente quando estão falando em público ou em particular. Ele utiliza inúmeros termos e formas para explicar suas idéias. Mas tudo pode se resumir numa única sentença: *no palco da vida representamos determinados personagens.*

A idéia é que, na verdade, estamos fazendo uma espécie de show, especialmente em situações públicas. Se uma mulher está abastecendo o tanque do seu carro e descobre que não tem dinheiro para pagar, ela, certamente, vai demonstrar seu embaraço, sua confusão. Neste caso, o local e a situação transformam-se em palco. E esse palco, é claro, faz a diferença para a representação. Imagine outra situação: seu carro não quer pegar. Você está no estacionamento de um aeroporto. Então, você simplesmente sai do carro e procura ajuda. Mas, ao contrário, se isto acontece numa estrada, sua reação é outra. É bem provável que você bata a porta do carro com força e diga alguns palavrões. Você está expressando seus sentimentos diante de um contexto. O palco, o cenário envolvem a situação e alteram o propósito do que se vai dizer. Num outro caso, ao receber alguém para uma entrevista, você terá sua mesa bem arrumada, com papéis ordenados, algo que dê a impressão de que você está bem informado e muitos até usam óculos para demonstrar um certo ar de intelectualidade. Outro exemplo: um jovem convidando a namorada para jantar em seu apartamento. Ele certamente vai arrumá-lo direitinho, vai colocar flores na mesa, escolher discos apropriados. De fato, ele "veste" o palco para esta representação. Ele verifica as necessidades e o propósito da comunicação.

Adotamos o personagem necessário à nossa representação. Diferentes representações em diferentes situações exigem diferentes personagens. Um recepcionista de hotel assume uma personalidade no seu trabalho, que é diferente daquela que assume com sua namorada quando está almoçando com ela. Cada personagem, nestes casos, é definida pela situação e pelo contexto. O personagem é parte de nossa vida junto a outras pessoas. Ele se compõe daquilo que vamos comunicar. E define, também, o que estamos comunicando. Escolher — subconscientemente — o uso desta ou daquela personalidade é uma decisão que diz respeito ao estilo de comunicação, tal como falar e como utilizar os signos não-verbais.

A habilidade para passar de uma personalidade a outra, escolhendo a mais apropriada, é uma parte importante para tornar efetiva a comunicação. Muitas pessoas acreditam que temos uma personalidade fixa, ou, então, que é algo desonesto adaptar nosso comportamento a diferentes situações. Nada disso. Necessitamos mudar a cada momento e a cada situação. Seria absurdo e insensato apresentar sempre a mesma face, a mesma personagem, por exemplo, com um colega numa reunião de trabalho e visitando a mesma pessoa no hospital, após um acidente.

O uso de uma determinada personalidade se torna mais claro quando estamos falando em público, especialmente se isto envolve trabalho ou divertimento. Certamente as pessoas têm uma personalidade básica. Concordamos, então, que ela aparece, por exemplo, quando apresentamos alguém à nossa família ou a amigos. Podemos ver como essa pessoa faz contato com outras, especialmente em situações particulares. Um médico, examinando um paciente, certamente tem um contato próximo e pessoal com ele. Mas a comunicação, nesse caso, obedece a regras que ambos conhecem e seguem. Elas são apropriadas a esta situação. Ou, então, o caso de visitas a parentes. Talvez aqui tenhamos uma situação particular e pública, tanto para tratar com tios e tias como com outros.

A idéia do personagem está ligada à idéia do papel representado. Papéis existem nos grupos. Eles se referem a personalidade, comportamento e posição no grupo. As pessoas desempenham papéis como membros de um grupo — a família, amigos ou o trabalho. Alguns desses papéis são reconhecidos por títulos, tais como chefe, supervisor, diretor etc. O personagem "trabalha" o seu papel. O supervisor de um grupo de religiosos certamente comunicará algo apropriado a esse papel. Os membros do grupo adotarão, também, a personalidade adequada ao desempenho do papel que deles se espera. O que eles comunicam, por sua vez, afeta o personagem.

O papel desempenhado é um ato de apresentação. Ele é o próprio ato de comunicação. Isto nos sugere que há sempre um uso intencional da fala e da comunicação não-verbal. A representação nos leva a fazer contato com outras pessoas. Ela, certamente, envolverá algumas estratégias de comunicação, conforme já nos referimos.

Há vários exemplos profissionais que são óbvios a esse respeito. Por exemplo, tente observar um *show* de televisão. Veja como eles, os participantes, se comportam. Note a diferença de alguém do público quando posto diante das câmeras. Ele estará excitado e de tal forma embaraçado que terminará provocando risos. Isto é parte da sua representação. Mas, agora, considere a figura dos pais falando a uma criança. É também uma representação. Veja como eles se dirigem às crianças, pedindo silêncio e atenção. Veja tudo o que é feito, envolvendo um misto de aprovação e desaprovação, explicação e até ameaças. Claro, os detalhes mais sutis da representação são compostos de signos. Verbalmente, vemos frases tais como: "não faça isto!" Ou: "eu não vou trazê-lo mais aqui". Não esqueça, porém, a parte não-verbal desta comunicação: os olhos, as sobrancelhas, a postura do corpo, as mãos, os dedos em riste. Isto tudo é a representação. É assim que o contato é feito.

2.3 — A comunicação na prática

A prática de se comunicar é uma habilidade que desenvolvemos para usar meios de comunicação efetivos, de acordo com nossas necessidades.

É preciso enfatizar que "efetivo" não quer dizer o mesmo que escolher um caminho próprio. Especialmente quando se fala sobre comunicação interpessoal. A idéia de "efetivo" aqui inclui a consideração e o entendimento da outra pessoa, a pessoa com quem estamos falando.*

A prática da comunicação envolve mais do que a habilidade mecânica para utilizar os meios de comunicação. Ser um literato e ter habilidade para escrever uma carta solicitando um emprego é um nível de experiência prática, certamente útil. Isto envolve um determinado grau de competência. Mas ser apto a escrever uma carta solicitando trabalho de forma agradável e atrativa já requer uma experiência maior e mais profunda. De forma mais imediata diremos que a prática da comunicação é baseada no uso da fala e dos signos não-verbais, porque o contato face a face, frente a frente, é a característica maior da comunicação interpessoal.

Fazendo contato com outros

Fazer contatos com os outros é, em si, uma prática. O que já foi dito sobre estratégias e auto-apresentação nos dá uma idéia dessa prática.

É uma habilidade prática ser capaz de utilizar estratégias de comunicação.

É uma habilidade prática saber apresentar-se.

Outra prática do ato de fazer contato refere-se à percepção. Esse aspecto veremos no item 4 deste capítulo. A percepção refere-se à observação e avaliação da outra pessoa enquanto estamos nos comunicando com ela. Isto é uma experiência prática.

Temos a habilidade de observar as pessoas mais ou menos cuidadosamente. Podemos aprender a fazer essas coisas muito bem para sermos mais efetivos em nossa comunicação com os outros. A mes-

---

* Embora, em inglês, os autores usem outros termos, na verdade eles se referem ao fato de que a comunicação não deve ser algo apenas adstrito ao *transmissor,* mas deve envolver o *receptor.* Se o *receptor* não entender a mensagem, a comunicação não se efetiva. (N.T.)

ma coisa se aplica para observar a nós mesmos no processo da comunicação. Isto diz respeito à percepção de nós mesmos. Podemos aprender a fazer isto muito bem e bem mais eficientemente quando nos comunicamos. Por exemplo, no processo de uma discussão, como relatamos no Capítulo 4.

Perceber a nós mesmos e aos outros de forma eficaz — eis uma habilidade.

Desta habilidade decorre outra. Quando tratamos com uma pessoa é importante sermos capazes de nos colocar em seu lugar. Isto envolve o entendimento e a compreensão dos pontos de vista da outra pessoa, de seu lugar e da situação que desfruta. Esse entendimento e a habilidade de se "viver" o ponto de vista da outra pessoa, chama-se empatia.

A empatia é uma habilidade.

Esta habilidade, também relacionada com o ato de perceber outras pessoas, envolve o ato de resposta. A resposta é baseada na avaliação da outra pessoa, como a "medimos" e "pesamos". Isto equivale a dizer que devemos ter a habilidade de notar os diferentes aspectos da outra pessoa, seu comportamento, sua posição e julgar tudo corretamente. Mas, outro fator importante é o que fazer com aquilo que percebemos. Quando nos comunicamos com alguém, procedemos a uma avaliação de suas reações a fim de responder. Esta resposta é o *feedback.* Falaremos mais sobre isto ainda nesta seção. Mas, pelo momento, o importante é entender que o termo inclui não apenas a classificação das reações da outra pessoa, mas também nossa resposta a essas reações. Ao notar tais reações ajustamos nossos meios de comunicação. Assim estamos fazendo algo positivo. Nossa resposta pode assumir vários aspectos. Por exemplo, se alguém está falando sobre seu trabalho e a pessoa mostra sinais de aborrecimento, então nós respondemos mudando de assunto ou tentando descobrir o que está errado em nossa conduta ou conversação.

Tudo isto depende do que está em jogo, o que nos envolve e qual é a situação concreta.

Nota-se o *feedback* e responde-se da melhor maneira possível em tal circunstância. Gestos, atitudes, reações de toda a espécie constituem o *feedback.*

É uma habilidade de ser capaz de dar uma resposta positiva ao feedback.

Uma coisa que nos ajuda na interação com outras pessoas é sentir sua aprovação. Isto não significa que se deva concordar com tudo que ela esteja dizendo. Mas, sim, que — basicamente — gosta-se da pessoa e estamos preparados para dar-lhe ouvidos de forma cordial.

Claro, todas as palavras têm duas mãos. As pessoas gostam de ser apreciadas.*

Mais uma vez, comunicação é a habilidade de ser capaz de mostrar isso. Se alguém nos chega com um problema pessoal — tal como uma discussão com um amigo — não haverá muita comunicação se ele sentir que você não quer ouvi-lo ou não está interessado no assunto. Mais uma vez, você não precisa aprovar a discussão, mas apenas reconhecer o problema e falar sobre ele. E, dando outro exemplo, não é necessário aprovar um trabalho determinado. O importante, no caso, é apenas comunicar-se. Fazer isto — e fazê-lo bem — é uma habilidade.

É uma habilidade ser capaz de transmitir signos que serão identificados pelos outros.

Estamos nos referindo ao papel de ouvir. Ouvir é algo que fazemos quando percebemos os outros. Nós não apenas vemos e percebemos a linguagem de seus corpos e vestimentas. Também ouvimos suas palavras e sua paralinguagem. Mas ouvir é uma coisa. Escutar, entendendo, é outra. Num caso estamos conscientemente escutando o que a outra pessoa está dizendo. Normalmente, ouvimos apenas aquilo que queremos ouvir. "Filtramos" o que estão dizendo e ouvindo só o que nos interessa. Nem sempre damos uma resposta sobre o que estamos ouvindo, para mostrar que realmente ouvimos o que foi dito e estamos tomando parte ativa na comunicação. Tenta-se ouvir construtivamente, pegando as partes mais importantes do assunto, colocando o que foi dito em certa ordem, tentando entender o significado do que a pessoa está transmitindo e o seu propósito. Criticar o que se ouve envolve checar a lógica e o sentido do que se ouviu, inclusive interrompendo a pessoa que está falando e solicitando que a mesma justifique ou explique o que está dizendo. Isto significa o corte de possíveis distrações, por exemplo, sobre o que está acontecendo lá fora ou, ainda, sobre a cor da roupa de quem fala... Significa deixar de lado preconceitos e não considerar certas palavras ou tópicos que rejeitamos *a priori* e, enfim, acompanhar o discurso. Isto exige um esforço. Receber a comunicação é tão importante como transmiti-la. Faz parte do contato com as outras pessoas. Se você não ouve não pode fazer contato com os outros.

---

* Alguns autores chegam a utilizar o termo "troca de *feedback*" para designar a "resposta da resposta". (N.T.)

A habilidade a que estamos nos referindo requer o uso ativo da mente e da inteligência, tanto como a produção da linguagem verbal e não-verbal. Afirmamos que a produção da linguagem, a habilidade de usar os meios de comunicação, pode ser também qualificada como uma prática, uma perícia.

Tratamos, também, da fala e da linguagem não-verbal e como ambas são utilizadas nos contatos com os outros. Essas duas formas de comunicação servem, basicamente, para os contatos pessoais, frente a frente. É verdade que outras formas de comunicação, baseadas em elementos tecnológicos, também colocam as pessoas em contato umas com as outras. É o caso do telefone, o qual estende o poder da voz através de grandes distâncias. Temos, ainda, a possibilidade de escrever palavras para contatar com outras pessoas: uma carta é outra forma de comunicação, largamente utilizada no contato entre as pessoas. Devemos lembrar, novamente, que escrever não é nada mais nada menos do que um sistema de signos feitos sobre uma superfície qualquer. O arranjo e a ordenação desses signos, os quais chamamos de letras e palavras, dependem de regras que aprendemos. As convenções desta forma de comunicação chamam-se regras gramaticais.

A grande vantagem desta forma de comunicação é a sua permanência: ela fica, armazena, guarda a mensagem. E, além disso, não exige alta tecnologia para que alguém seja capaz de marcar as letras, de escrevê-las. E uma vez que a mensagem é armazenada, codificada nas marcas (letras) numa superfície (provavelmente num papel, como atualmente), ela pode ser levada de um lado para outro, guardada por um largo período de tempo e utilizada quando se quiser, possivelmente várias vezes.

Grande parte disso é relatado em outros livros que se referem à escrita. A eficácia da mensagem escrita depende do que nos propomos e a quem nos dirigimos. Muitas pessoas pensam que alto nível de registro da linguagem, com frases elaboradas e longas sentenças, é um sinal de quem escreve bem. Raramente é assim. Gostamos de uma escrita criativa que nos dê satisfação. De fato, para muitas pessoas, escrever — tanto na vida social como no trabalho — não é nada agradável. É algo trabalhoso. Comunicação é transmitir a mensagem através do melhor meio possível. Usualmente isto significa falar claramente, de forma simples e indo direto ao assunto.

Certamente, há várias formas de escrita — memorandos, relatórios, cartas e assim por diante. E elas todas têm suas convenções e formas de apresentação. Tudo isto deve ser levado em conta. Uma carta escrita por uma empresa para outra empresa solicitando informações é um exemplo. Há sensíveis convenções para isto — desde o endereçamento a quem se dirige a carta até quem a assina. O "prezado senhor", iniciando a carta, e o "atenciosas saudações" ao finalizá-la, são partes dessas convenções, tal como um aperto de mão quando encontramos alguém. Conhecer essas convenções é útil para que se realize a comunicação e se alcance o propósito desejado. Um dos aspectos da comunicação através da escrita é aquele que nós, comumente, chamamos de estilo. Também a palavra "tom" é utilizada para indicar um caminho particular de dizer as coisas. Atualmente é comum afirmar-se que podemos dizer as mesmas coisas de diferentes maneiras. Isto nem sempre é verdade. O que se pode fazer é dar maior ênfase a este ou àquele aspecto. Por exemplo, se alguém escreve uma carta pedindo desculpas por não poder ir a um encontro ou reunião, o centro da mensagem é que a pessoa não pode comparecer. Mas há uma série de arranjos em torno dessa mensagem: ela pode mostrar o sentimento da pessoa que escreve, seus pedidos de desculpas ou até mesmo o aspecto neutro da carta. A tudo isto nós chamamos de estilo e tom.

Primeiro, a questão do registro está contida na mensagem. Há uma diferença entre dizer: "estou muito pesaroso" ou, simplesmente: "desculpe-me". Temos aqui a questão do que adicionar ao núcleo da mensagem propriamente dita. A carta poderá ser mais convincente se ela incluir uma explicação razoável e os motivos determinantes da ausência. Finalmente, temos a questão da escolha exata e apropriada das palavras e frases. Isto é mais do que um estilo. O fato é que as palavras têm sempre mais de um significado. E a combinação de palavras/signos numa sentença pode sugerir especial significado quando postas juntas. "Eu espero ver você logo" não é a mesma coisa que "eu espero ardentemente encontrar-me com você tão logo seja possível".

O estilo na escrita é mais do que uma questão de voz. Leia as palavras em voz alta — você ou alguém — e descubra que espécie de voz está sendo utilizada. Então você estará em condições de descrever o estilo. É uma boa regra, quando se escreve uma peça de comunicação, checar o estilo, lendo-a em voz alta. Será que você disse realmente o que queria dizer? Será isto correto para a pessoa que vai ler sua carta? Você usou corretamente as normas e convenções estabelecidas para o caso? Soa direito quando lida? Se tudo isto é afirmativo, então você criou uma peça de comunicação apropriada. Seja um ensaio para a faculdade ou uma carta de negócios, se satisfaz os critérios técnicos apropriados, então você se comunicou de forma eficaz. Você fez, realmente, contato com a outra pessoa.

Comentário: compartilhando relacionamentos

A comunicação interpessoal é, também, importante na medida em que ajuda a definir nossas relações com as outras pessoas. Ela pode manter e animar essas relações, ou quebrá-las. Os elementos de comunicação que descrevemos até aqui influem muito na maneira de fazer contatos e desenvolver relacionamentos. Os relacionamentos não se realizam apenas com a família, os amigos ou mesmo entre namorados. Temos várias espécies de relacionamentos com as pessoas que nos cercam, especialmente em nosso trabalho. Essas relações, às vezes, não são boas, por qualquer razão. A comunicação nos ajuda a resolver tal problema. Se queremos amar e ser amados, se queremos gostar das pessoas e queremos que elas gostem de nós, então se deve fazer algo a esse respeito. Nesse caso, nossa habilidade em utilizar a comunicação verbal e não-verbal é da maior importância. Não podemos evitar contatos com várias pessoas que nos cercam. Devemos fazer algo para que isso se torne amigável e positivo. Podemos trabalhar nesse sentido, desenvolvendo nossa capacidade para dar sinais de reconhecimento e aprovação em relação aos outros. Esperamos que eles façam a mesma coisa a nosso respeito. Quando começamos a falar com uma pessoa, começamos a estabelecer um tipo de relacionamento com ela. A natureza desse relacionamento depende, em boa parte, de nós mesmos. Não podemos evitar um fato: a comunicação nunca é um acontecimento que se limita apenas a um simples passar de informações que dizem respeito unicamente a duas pessoas. Não é um ato mecânico e simplista a utilização das palavras. Isso diz respeito a algo mais profundo: a razão pela qual utilizamos tais ou quais palavras e com que objetivo.

Daí por que as pessoas, até em relações meramente comerciais, sempre procuram algumas informações preliminares, mesmo ao telefone, para iniciar qualquer conversação; alguma pergunta sobre o tempo, como a pessoa está pensando, ou como vai a saúde de seus familiares. Devemos lembrar que a comunicação entre pessoas é algo, basicamente... sobre pessoas!

Comentário: algumas situações e a comunicação interpessoal

É possível categorizar a comunicação interpessoal e a situação na qual ela ocorre em termos de questões opostas: formal/informal; público/privado etc. etc., como veremos a seguir. Isto é útil, porque nos sugere os contrastes em meio aos quais a comunicação se realiza e também porque nos oferece caminhos para buscar os elementos através dos quais podemos discutir como fazer contato com os outros.

Formal/informal: Este ponto nos lembra a diferença entre comunicação planejada e a comunicação espontânea. E sugere, também, uma outra situação: pública e privada (ou particular), demonstrando o quanto devemos estar conscientes sobre o efeito que nossa comunicação provoca nas outras pessoas. Podemos avaliar bem a diferença entre ir ao cinema com um amigo ou assistir a uma *première* onde conviveremos com pessoas famosas.

Público/privado (particular): Mostra a diferença do contexto onde a comunicação se realiza. E também nos diz algo a respeito da diferença e da qualidade que os outros observam em nossa comunicação. Em público tendemos a restringir nosso papel não-verbal.* Não falamos muito de nós mesmos. Pode-se ver a diferença entre discutir política com a família e discutir a mesma coisa numa entrevista para a televisão.

Distanciado/íntimo: Mostra a diferença de relacionamento entre as pessoas que estão se comunicando. Se há uma certa distância entre nós e a pessoa com quem falamos; se ela não é de nossa intimidade, o uso da linguagem é formal. Se somos mais íntimos, abandonamos a formalidade, mostrando o que somos e como somos. Evidentemente, há uma clara diferença entre discutir um plano de suprimentos com o patrão e discutir planos de casamento com a noiva.

Ritual/aberto: Refere-se à diferença das condições em que a comunicação é utilizada. Diz respeito, também, à possível diferença no grau de familiaridade das pessoas envolvidas na comunicação. Os rituais confirmam os relacionamentos, as atitudes e os sentimentos de segurança. Mas eles, evidentemente, não abrem campo para um diálogo genuíno no qual a comunicação é utilizada para explorar sentimentos e idéias. É como a diferença entre um pesquisador de mercado entrevistando alguém para responder um questionário padrão e, de outra parte, tendo um encontro com uma mulher desconhecida. Há diferenças marcantes de posições.

Funcional/expressivo: Estabelece a diferença na qualidade e no propósito da linguagem utilizada. Duas espécies de situações fazem a diferença entre os participantes. Num caso, o trabalho prático a ser feito; no outro, a comunicação utilizada para debates e especulações. É a diferença que existe entre comprar um estepe para o carro e interpretar os resultados de uma experiência científica num laboratório. Uma tem sentido prático imediato; a outra está no reino da abstração.

---

* O corpo assume posição mais rígida e convencional. (N.T.)

3 — REGRAS PARA FAZER CONTATO

A história de Linda

— *Alô! Alô! Mamãe, é você? Sim, sou eu, Linda. Não, eu estou numa cabine pública de telefone. Não posso me alongar muito. Sim, estou bem. Não, não, o programa de treinamento foi muito bem. Está tudo bem... Muita coisa se refere ao trabalho. Foi muito prático e muito útil. Sim, estou contente comigo mesma. Mas, infelizmente, não tenho muito tempo livre. Não... não tenho ido a Coventry... Sim, eles têm nos transferido de Departamento para Departamento... Pelo menos, tenho tido a oportunidade de ver como trabalham em vários lugares. Não, é por isso que eu estou telefonando para você. Teremos de sair por alguns dias na próxima temporada de vendas. Talvez ir a York... Está bem. Infelizmente não poderei ir até em casa. Na realidade, nem sempre é bom andar viajando tanto. Eu terei uma chance de dar uma olhada naqueles lugares... Bem, eu sinto muito. Mas os longos feriados terminam agora. Você deve encarar esta realidade, mamãe. Talvez eu tenha meu primeiro trabalho permanente em York. E, falando de feriados, eu arranjei para sair com Kevin por algumas semanas, quando tivermos uma folga. Você conhece essas pessoas que vêm para cá... é isso mesmo... Não, espere um minuto, eu sinto muito, mas eu não conheço nada a esse respeito. Mamãe! Você não pode fazer isso. Você não sabe o que eu vou fazer nesses feriados. Eu sei que é muito boa a sua companhia... bem, eu desejaria estar aí para falar a respeito com você... Mas eu não tenho um argumento, uma desculpa, para sair... Não, eu não estou sendo pouco razoável... nem eu quero aborrecer papai... bem, talvez eu possa vê-lo pessoalmente, mas... eu sei que é difícil por telefone, mas eu não pretendo atravessar centenas de quilômetros apenas para discutir a respeito de minhas idéias. Certo, está certo. Você não deveria fazer suposições... Eu não estou sendo rude. Eu pareço rude? Exatamente. Eu estou sentada, calmamente, então pego o telefone num restaurante... O quê? Sim, um dos assistentes da gerência, atualmente... Não, eu não posso... Eu sinto muito, mas, definitivamente, não poderei passar as férias com vocês este ano... Mas, pare de falar nisto, mamãe... Sim, eu posso ver seu jeito agora mesmo... é como se eu estivesse aí vendo seu rosto...*

Sobre a história de Linda

Ela nos diz muito a respeito dos contatos frente a frente, face a face, na vida diária. Literalmente, mostra a importância da expressão facial. E, é claro, outros aspectos da conversação não-verbal. Vê-se que a mãe de Linda desejaria falar com ela face a face. Certamente ela nutria esperanças de que, falando pessoalmente com Linda, pudesse mudar seus planos a respeito das férias. O ponto nevrálgico é que isto nos mostra o que a outra pessoa está pensando, enquanto a gente fala. Isto nos sugere atitudes e a influência das palavras que utilizamos. Se ela olhasse para Linda, talvez pudesse descobrir se ela estava sendo sincera ou não. E isto, certamente, afetaria sua resposta. Ela falaria de forma diferente, vendo a filha pessoalmente. Os signos não-verbais podem ser controlados e regulados enquanto se desenvolve a conversação. Na conversação as pessoas estão continuamente trocando mensagens a respeito do que um e outro estão dizendo. Esse retorno, como já vimos, chama-se *feedback*.

3.1 — Feedback

A idéia do *feedback* foi explicada no Capítulo 1, quando tratamos dos modelos de comunicação. Essa idéia tem dois aspectos. Um deles é que as mensagens são enviadas através de canais verbais e não-verbais em resposta a mensagens de outras pessoas; a outra idéia é a que essas respostas são mensagens ajustadas ao contato e ao estilo da comunicação que se está produzindo como resultado do *feedback*. Isto é importante, porque se somos pobres em nossas respostas, então nossa comunicação vai se tornar, também, muito pobre. O *feedback* pode ser verbal ou não-verbal. Se uma pessoa convida outra para um passeio e ela responde que não pode, isto é um *feedback* verbal. O *feedback* não-verbal às vezes tem menos importância. Isto porque nem sempre ele é registrado especialmente em termos de afetar nossas emoções. Por exemplo, um simples sorriso (ou outro gesto) pode sugerir que gostamos de uma pessoa e aprovamos o que ela está fazendo. Este *feedback* vai encorajá-la a falar.

Em outro caso, podemos dar um *feedback* negativo para alguém. Podemos, inconscientemente, fechar nossa expressão, franzir o cenho enquanto uma pessoa fala. Isto sugere tensão entre as pessoas, ou até mesmo uma espécie de agressão e pode levar, em conseqüência, a uma resposta agressiva ou mesmo ao silêncio.

Os signos não-verbais são comumente utilizados de forma inconsciente, o que nos leva a pensar, novamente, em estratégias de comunicação. A estratégia pode ser utilizada de forma consciente ou inconsciente. E são os signos não-verbais que se mostram mais úteis para chegarmos àquilo que queremos dizer e fazer. Por exemplo, se verificamos que nossas palavras estão perdendo interesse, podemos retomar a comunicação em outro tom e reconquistar o interesse perdido.

Se estamos falando na televisão, isto se torna mais interessante e até mesmo excitante. Naturalmente, vamos usar gestos mais largos para descrever a ação que estamos relatando. Aprimoramos o tom de nossa voz. Olhamos melhor para a outra pessoa e até mesmo a tocamos de leve. Nossa estratégia será uma resposta à sua resposta — e assim sucessivamente.

Uma conversação é um processo contínuo de *feedback* das mensagens e ajustamento de cada pessoa que está envolvida no processo da comunicação. Em suma, e mais uma vez: as regras da comunicação são, entre outras coisas, um problema de prestar atenção na outra pessoa, inclusive levando em consideração o que ela necessita. Um bom comunicador é aquele que sabe observar e se tornar simpático.

Isto pode ser aplicado a muitas situações da vida. Quando uma criança está aprendendo a atar os cordões dos sapatos, se aprovamos seu esforço dizendo que está bem feito, isto vai encorajá-la a prosseguir.

Se, ao fim de uma conversação, a garota está esperando um convite especial do seu par, então ela sorri, faz certos gestos com a cabeça e conduz a conversa para encorajá-lo nesse sentido. Se um supervisor está tentando obter algo extra de sua equipe, então ele procura justificar tal atitude falando sobre o trabalho, demonstrando sinais de interesse e assim por diante.

O *feedback* regula nossos contatos com os outros. Ele nos ajuda a decidir se a conversação está indo bem ou não. Podemos ver a reação das outras pessoas e regular nossa própria reação.

Comentário

É possível fazer um sumário dos esquemas que apresentamos em um diagrama como o da Figura 4. As características das pessoas influenciam nossas percepções, nossa apresentação, o uso das palavras e das mensagens não-verbais, nosso *feedback* e nossa própria reação aos *feedbacks* recebidos.

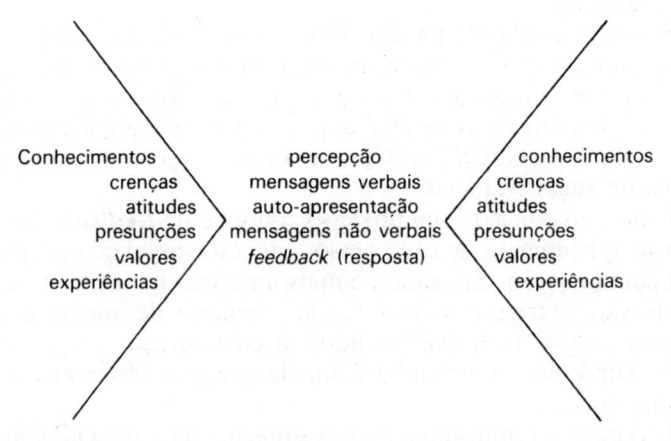

Figura 4 — Fatores presentes na comunicação interpessoal

Na próxima parte deste capítulo discutiremos aspectos da percepção nossa e das outras pessoas.

4 — PERCEPÇÃO: A NOSSA E A DOS OUTROS

A história de George

George Moorcroft trabalhava numa fábrica de instrumentos de precisão há 20 anos. Formou-se através de um aprendizado diligente na construção de protótipos para novos instrumentos. Era um homem cuidadoso e que tinha, por isso mesmo, um justificado orgulho de seu trabalho. Havia três outros homens com a mesma idade e experiência que dividiam com ele esse tipo de atividade. Eles haviam realizado muitas tarefas juntos, construindo miniaturas para sistemas de controle, tão precisos que poderiam apanhar um fio de cabelo e medir os efeitos de sua pressão em qualquer material.

George era um perfeccionista, levando uma vida pessoal muito bem regulada. Era um homem de hábitos precisos. De fato, a única coisa não precisa em sua vida referia-se justamente ao trabalho. Se o trabalho estava correndo perfeitamente bem, então, precisamente às 5,30 horas da tarde, ele deixava a oficina. Mas, se o trabalho não ia bem, então ele ficava horas e horas até terminar a tarefa e dar-se por satisfeito.

Mas o gerente da empresa conhecia bem a posição de George

e seus colegas. Sabia que eles não ficariam ali para sempre. E, por isso mesmo, começou a treinar um jovem para, eventualmente, substituí-los. George não ficou contente com a presença desse jovem quando veio a conhecê-lo. Já de cara não gostou de Alan, porque ele, na verdade, parecia não se comportar como um aprendiz. Certo, o velho sistema de aprendizado já havia desaparecido. Pior ainda, Alan tinha uma qualificação universitária, mas estava na companhia apenas há dois anos. George esquecera-se do tempo em que tinha a idade de Alan — 24 anos —, quando havia completado sua própria aprendizagem.

Quando George viu Alan a primeira vez, numa segunda-feira pela manhã, após tê-lo esperado algum tempo, decidiu logo o que fazer — e foi direto falar com Ron Dowling, gerente de novos projetos, para dizer-lhe de suas impressões:

— Eu quero dizer, começou George, que você me deu um cara que não sabe controlar suas próprias coisas. Nem sequer cuida de seu macacão... Ele mal sabe utilizar uma simples régua...

— Ah!, disse Ron, mas você não pode dizer que ele esteja fazendo um mau trabalho, George. Ele não necessita de macacão para fazer seu trabalho...

— Mas você sabe que este não é o problema. É um problema de atitude. O cara nem mesmo penteou os cabelos esta manhã! O que você pensa que eu deva fazer com isto?

— Eu não sei. Diga-me você.

— Pois eu direi. Ele não é cuidadoso. Não terá cuidado com seu trabalho se ele não cuida de si próprio. Além disso, ele toma intimidades. Começou logo por chamar-me pelo primeiro nome. Claro que este não é o problema. Mas também não é justo. São pequenas coisas. Ele não olha você diretamente nos olhos. Ele estava rindo à beira do balcão quando eu entrei. E, além do mais, não prestou atenção ao que eu estava dizendo.

— Mas você deixou ele trabalhando?

— Sim, claro. Eu deixei ele com um trabalho de calibração.

Ron Dowling, aparentemente, perdeu interesse no problema de George e voltou sua atenção para um pequeno componente de metal que estava em sua escrivaninha. Era algo complexo que também despertou o interesse de George:

— Uma bela peça. Não é nosso trabalho, é claro. Deve ser dos concorrentes. Como você conseguiu isto, Ron?

Ron Dowling olhou para George com um sorriso e disse:

— Alan Novat produziu isto, George.

Sobre a história de George

Ela nos diz que não devemos julgar as pessoas pela sua aparência. Muitas vezes procedemos assim. George tinha um ponto de vista sobre como deveria ser uma pessoa para fazer o trabalho que ele fazia. Esse ponto de vista era baseado em si mesmo, em sua experiência. Com isto ele pressupunha um comportamento para Alan, deduzindo que tipo de pessoa ele era e do que era capaz, baseando-se em poucos sinais. Na base desses sinais (ou signos) ele começou a julgar o que Alan era capaz ou incapaz de fazer. E, para chegar a tais julgamentos, George se deixou influenciar pelo ponto de vista dele sobre si próprio.

Quando falamos sobre percepção e comunicação interpessoal, falamos também sobre como avaliamos, em primeiro lugar, a nós mesmos e, em segundo lugar, as outras pessoas e quais os resultados dessa avaliação.

A percepção, na verdade, diz mais respeito à comunicação porque ela afeta o *que* vamos dizer e *como* vamos dizer. Percebemos os signos através dos nossos sentidos. Importante é o significado que damos a esses signos. No caso de Alan, a percepção foi errada.

Deve-se notar que a idéia da percepção está muito ligada à idéia do *feedback,* do qual estávamos, justamente, falando linhas acima. É através das mensagens do *feedback* que percebemos o que e como estamos falando com outras pessoas. Devemos notar, ainda, que os signos não-verbais são muito importantes para nossa percepção a respeito dos outros. Em cada caso devemos olhar os signos, seu significado e suas conseqüências. Percebemos as pessoas após o início de uma conversação. E, nessa oportunidade, podemos também perceber e observar a nós mesmos.

4.1 — Autopercepção

Isto é muito importante. A maneira como *nós nos vemos* vai afetar, e muito, a comunicação. Por exemplo, se uma pessoa se vê como calma e tímida, dificilmente será positiva e enérgica falando com outros. Tais pessoas, nestas condições, dificilmente iniciariam uma conversação. Seriam pouco eficientes falando em público. É claro que as pessoas não nascem quietas e tímidas. Não existe lei na natureza que nos diga isto. Todos podem aprender a se comunicar e ter uma visão mais positiva de si próprios. Concentrando mais atenção naquilo que se conhece melhor, é possível ter uma vista mais positiva do que nos cerca.

Há dois aspectos através dos quais percebemos a nós mesmos: a auto-imagem e a auto-estima.

Auto-imagem

A auto-imagem é aquilo que pensamos que somos. Isto sempre contém uma mistura de otimismo e pessimismo. Muitas vezes julgamos que uma pequena pinta ou mancha na pele da face seja maior e mais notada pelos outros do que realmente o é. Essa auto-imagem inclui uma noção do nosso próprio físico e também de nossa personalidade. Naturalmente, não nos vemos como os outros nos vêem. É fácil provar isto com um certo bom senso. Você já se olhou, mesmo rapidamente, ou, então, já ouviu sua própria voz numa gravação? Não se desespere. Isto pode ser um choque, mas aquilo que você viu e ouviu talvez não seja tão ruim assim...

Esta auto-imagem é desenvolvida através de nossas relações com os outros. As atitudes dos outros a nosso respeito afetam nossa auto-imagem. Por exemplo, uma criança numa classe atrasada da escola provavelmente terá uma auto-imagem ruim e negativa. Isto acontece porque a criança toma conhecimento da atitude negativa das outras pessoas a respeito das classes escolares mais atrasadas.

Muitas vezes um determinado aspecto da personalidade é mais importante. A espécie de caráter que pensamos possuir, habilidades que pensamos ter, obviamente são autoconceitos que afetam nossa convivência com os outros. Se nos vemos como bons em um determinado tipo de esporte, ou pensamos conhecer muito a respeito desse esporte, isso se reflete na maneira como falamos sobre tal assunto. Em termos gerais, uma pessoa pode falar sobre os aspectos positivos ou negativos de sua auto-imagem. As pessoas que se vêem de forma positiva são, igualmente, mais positivas no falar e no ouvir.

Temos, também, *uma auto-imagem ideal*. Esta é a imagem que gostaríamos de ter e com a qual desejaríamos que os outros nos vissem. Algumas pessoas tentam construir uma tal imagem. Pode ser interessante tentar ser uma boa pessoa. Mas também pode ser ruim tentar ser algo que não se pode ser ou alcançar. Falhar na luta para alcançar determinado ideal pode até ser destrutivo para nossa personalidade. Os pais muitas vezes esperam demais de seus filhos na escola. Certamente eles terão um sério problema se seus filhos eventualmente não passarem nos exames.

Auto-estima

Já nos referimos a isso. Estima é uma boa ou má opinião sobre algo, no caso, sobre nós mesmos. A imagem que temos de nossa pessoa constitui a estima que, por sua vez, afeta a nossa auto-imagem. Por exemplo, podemos nos sentir em más condições para passar nos exames e obter o certificado ou diploma. Mas não precisamos, por esse motivo, ter de nós uma baixa estima. Podemos nos considerar bons em outras tarefas. Ou, ainda, podemos não passar no exame de determinadas matérias. Isto apenas pode sugerir que não somos a pessoa mais indicada para tal. A estima é uma atitude mais ampla que nutrimos a nosso próprio respeito e não apenas em um caso isolado. Olhando para nós mesmos com mais objetividade, podemos concluir que é possível melhorar nossa auto-estima e, conseqüentemente, melhorar o uso da comunicação.

Podemos visualizar a auto-imagem na seguinte figura:

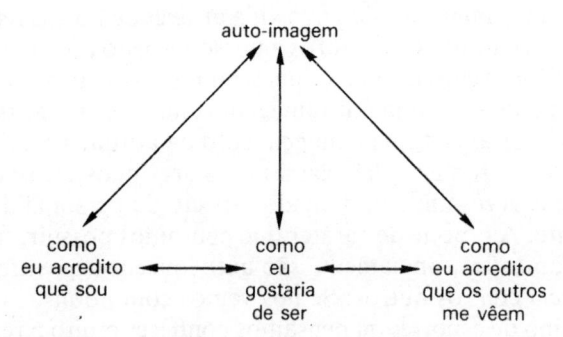

Figura 5 — Elementos da auto-imagem

4.2 — Percepção — como percebemos os outros

Podemos avaliar os outros olhando e ouvindo. Isto acontece, geralmente, quando encontramos alguém pela primeira vez. Nossos julgamentos são mais sobre o que os outros estão pensando e sentindo e são baseados em seus papéis não-verbais. Num certo sentido, a percepção pode ser descrita como uma série de conjeturas sobre a outra pessoa, partindo de um conhecimento prévio e da experiência que sobre ela tenhamos. Começamos "pesando" e julgando a pessoa logo à primeira vista. Infelizmente, não podemos ser ajudados na percepção dos outros. A questão real é quão acuradamente percebemos ou não percebemos as pessoas. Geralmente, não conseguimos fazê-lo assim, logo à primeira vista. De início, mal percebemos as coisas, mesmo que queiramos encontrá-las e notá-las. Muitos dos nossos contatos são breves. Então, é difícil fazer um julgamento preciso com base em informação tão limitada. Nesses casos devemos ser cuidadosos ao olhar e ouvir, deixando nossas mentes abertas. Nem sempre é assim. Às vezes, por mais incrível que pareça, somos inclinados a acreditar que uma pessoa é inteligente somente porque está usando óculos...*

Ao mesmo tempo, começamos a agir partindo dessa suposição, que pode ser errada. O que vamos dizer aos outros, e a forma de dizê-lo, é significativamente afetado pelo que percebemos dessa pessoa. Se julgamos que alguém é difícil e autoritário, então vamos dispensar-lhe um determinado tratamento, inclusive sendo negativos. Muitas vezes não vemos as pessoas como elas realmente são. Isto pode ser falha de nossa percepção. Mas, quando outras pessoas estão envolvidas, estamos continuamente monitorando seus signos não-verbais — coisas tais como o tom de voz, o riso etc. Enfim, procuramos ver o que ele realmente é e o que significa. Não se trata de examinar apenas o que ele diz através das palavras, mas sim, de analisar as coisas que significam algo a seu próprio respeito e, especialmente, o que está pensando, por sua vez, a nosso respeito.

Nós percebemos a personalidade dos outros

O que vale dizer: formamos uma opinião sobre determinada pessoa julgando que ela seja aquilo que dela pensamos. Há muitas discussões sobre questões a respeito da personalidade. A personalidade é única ou temos várias personalidades? Voltando atrás e revendo a idéia das várias personagens que apresentamos aos outros, conforme cada circunstância, a segunda idéia parece mais verdadeira. Mas em nenhum caso se pode concordar que, usualmente, se avalie outras personalidades em termos de conceitos tais como amizade ou hostilidade, dominação ou submissão. Construímos uma imagem da pessoa com a qual estamos tratando e, de acordo com nossa visão dessa personalidade e também de nossa autopercepção, decidimos como nos comunicar com ela. Por exemplo, se uma pessoa normalmente quieta e retraída entra numa conversação com alguém que percebe ser de confiança, ela provavelmente ouça mais do que fale. Nesses casos há, também, uma variedade de fatores, tais como contexto, o conhecimento, o objetivo da conversação, o que devemos considerar quando estamos falando e por que estamos falando.

Nós percebemos o estado emocional dos outros

Formamos uma opinião do estado emocional de cada um e a cada momento. E percebemos isso. É algo importante, porque afe-

---

* É uma idéia mais comum na Europa, segundo a qual o uso de óculos pressupõe atividade intelectual. No Brasil, muitos julgam que testa larga é fator de inteligência. (N.T.)

ta a maneira como vamos falar com essa pessoa. Em face dessa percepção, decidimos que estratégia empregar, escolhendo os signos mais apropriados. Usamos nossa experiência em comunicação. Devemos lembrar que esta nossa experiência possibilita perceber, acuradamente, como a situação se desenvolve. A outra pessoa pode pretender ser calma e contente, quando na realidade não o é. Notamos sinais, como piscar de olhos, a tensão na face, a postura do corpo, enfim, fatores que podem demonstrar que nem tudo está bem.

A situação emocional da outra pessoa é importante, porque afeta a maneira como ela se comunica conosco e, também, como vai receber nossa comunicação. Nós conhecemos isso. E é por isso que prestamos atenção para ver como a pessoa está se sentindo. Não seria muito apropriado questionar um empregado e mandar que confira seu trabalho em busca de alguns erros, quando você ouviu a notícia de que ele acaba de vencer uma competição e está muito satisfeito. Você pode estragar seu dia...

Avaliamos a atitude dos outros a nosso respeito

Ao avaliar a atitude dos outros, tentamos trabalhar segundo o que a outra pessoa sente a nosso respeito. Sabemos que ela forma uma opinião a nosso respeito, assim como nós formamos uma opinião a respeito dela. Tentamos descobrir qual é essa opinião. É comum ouvir a frase: "Não é o que ele diz, mas a sua atitude". Isto demonstra como a atitude é importante em nossas relações com os outros. Percebê-la é um processo no qual buscamos descobrir essa atitude. Precisamos avaliar suas posições em relação a nós antes de nos sentirmos confiantes para dizer algo. Enquanto se conversa, nesse processo, é possível que se cometam erros de avaliação. Sinais de um estado emocional podem ser tomados como sinais de uma atitude. Alguém que esteja cansado ou esgotado emocionalmente pode facilmente mostrar atitudes negativas.

Devemos ter em conta, também, nossas próprias atitudes e emoções para com os outros. Por exemplo: se estamos felizes e alegres com algo que conseguimos, esperamos dos outros atitudes amistosas em relação a nós. Nem sempre é o caso.

Se nos mostramos amigáveis em nossas atitudes em relação aos outros, então é possível que se forme uma boa corrente de comunicação. Haverá entendimento e participação.

Fazemos presunções sobre os atributos das outras pessoas

Ao contatar com outra pessoa, fazemos conjeturas sobre o que ela é, sobre seu estilo de vida. Fazemos isso tendo em conta, particularmente, sua aparência, aquilo que ela diz de si ao apresentar-se. Gostamos de colocar as outras pessoas num determinado papel ou atividade, de defini-las de várias maneiras, a fim de colocá-las num esquema. Conjeturamos até mesmo sobre sua idade, tendo em vista sua maneira de vestir, o modo de pentear os cabelos, seu rosto e assim por diante. Imaginamos em que ela está trabalhando pela sua maneira de vestir. Uniformes, por exemplo, definem o trabalho e a atividade de uma pessoa. Certamente, poderemos presumir o sexo de alguém pela sua roupa e até mesmo pelo penteado. É claro que algumas modas, atualmente, são unissex e podem nos confundir. Os jovens gostam de quebrar certas regras e convenções, o que traz algumas confusões. Nesses casos, certos signos deixam de ser fixos.

Podemos tentar fazer conjeturas até mesmo sobre o *status* social da pessoa através de suas diversas atitudes, percebendo sua categoria ou, ainda, seu trabalho. É claro que podemos presumir alguma coisa sobre uma pessoa se ela está vestindo roupas caríssimas e dirige um carro importado, uma Mercedes Benz ou um Rolls-Royce ou, então, quando vemos alguém chamá-lo por um título: doutor, senador, general ou outro qualquer.

Numa dada situação, também podemos presumir quem é uma pessoa. Por exemplo, uma mulher pode aparentar ter entre 18 e 40 anos e se ela estiver conduzindo um carrinho com uma criança, podemos presumir que ela é mãe. Ela, porém, pode ser uma tia, ou simplesmente uma babá. Mesmo assim, a primeira idéia que nos vem à cabeça é de que ela é a mãe da criança. Trata-se apenas de uma presunção.

Tudo isto nos mostra que a presunção não é apenas uma avaliação objetiva dos outros através de signos, mas é algo, também, com que visamos colocar as pessoas em determinadas categorias. Na verdade, precisamos definir o tipo de pessoa com quem vamos falar, para decidir qual o melhor caminho para nos comunicar com ela. Infelizmente somos demasiados rápidos para classificar as pessoas, porque também somos muito rápidos em decodificar e ler os signos que nos são apresentados.

4.3 — As bases da avaliação

A percepção é algo que diz respeito à "leitura" dos signos e à forma de compreender o seu significado. Nosso julgamento é baseado nesses signos e em nossa habilidade em percebê-los e sobre eles formar um juízo. O caminho para a formação desse juízo está baseado em nosso conhecimento e experiência anterior. "Ninguém sabe o que não conhece" — isto equivale a dizer que se você não conhece os signos que está vendo nem as regras que o ordenam, então não poderá entendê-los. Vendo a coisa por outro ângulo, isto explica por que as revistas estão sempre publicando e republicando artigos sobre o "que fazer quando tiver sua primeira namorada".

É importante dizer que nossa avaliação dos outros é baseada nas informações disponíveis. Ou seja, nosso julgamento baseia-se nos signos que estão sendo apresentados, sejam verbais ou não-verbais. Enfim, tudo é baseado na soma e no número de signos apresentados. É claro que estas informações baseiam-se, também, em nosso relacionamento com a outra pessoa e mesmo nas idéias e opiniões que ouvimos a seu respeito.

A percepção também é um processo contínuo. Quanto mais nos integramos com a outra pessoa, mais desenvolvemos a comunicação e mais exatos serão nossos julgamentos a seu respeito.

4.4 — Problemas com a percepção

Projetando nossos desejos nas outras pessoas

Geralmente vemos o que queremos ver nas outras pessoas. Por exemplo, se gostamos de uma pessoa e ela gosta de nós, então nos inclinamos a acreditar que ela tem os mesmos pontos de vista que nós temos. E isto não é, necessariamente, verdadeiro.

Fazendo presunções sobre os outros

Neste caso, certos sinais nos levam a determinadas presunções: se alguém está com uma raquete de tênis julgamos que se trata de um jogador de tênis. Acreditamos no que nossos olhos estão vendo. Aprendemos os prováveis significados de determinados signos e concluímos que a probabilidade é verdadeira através de um detalhe que nos parece marcante.

Classificamos certas pessoas conforme signos associados à sua categoria

Neste caso é sempre útil a experiência que permite colocar determinados "rótulos" para classificar certas idéias e pensamentos. Mas, por outro lado, é perigoso fazer isto apressadamente. Pelo simples fato de um homem ter um colarinho branco engomado em torno de seu pescoço, nem sempre isto significa que se trata de um padre ou pastor e, certamente, também não nos prova que ele tenha um temperamento amável e capaz de tudo perdoar. A pior espécie de classificação das pessoas é o chamado estereótipo. Isto acontece muito, especialmente nos meios de comunicação, quando certos sinais são adotados para identificar pessoas e situações de maneira simplista. É algo muito comum na televisão. Quando classificamos uma pessoa desta maneira, somos levados a crer que ela possui, também, os respectivos atributos e qualidades. Usualmente, os signos estereotipados baseiam-se em aparências. Um tipo determinado de chapéu, certos tipos de roupas* dão idéia da atividade exercida por essa pessoa. Sem dúvida, há uma espécie de característica própria em cada estilo de vida. Mas seria um erro generalizar tal conceito.

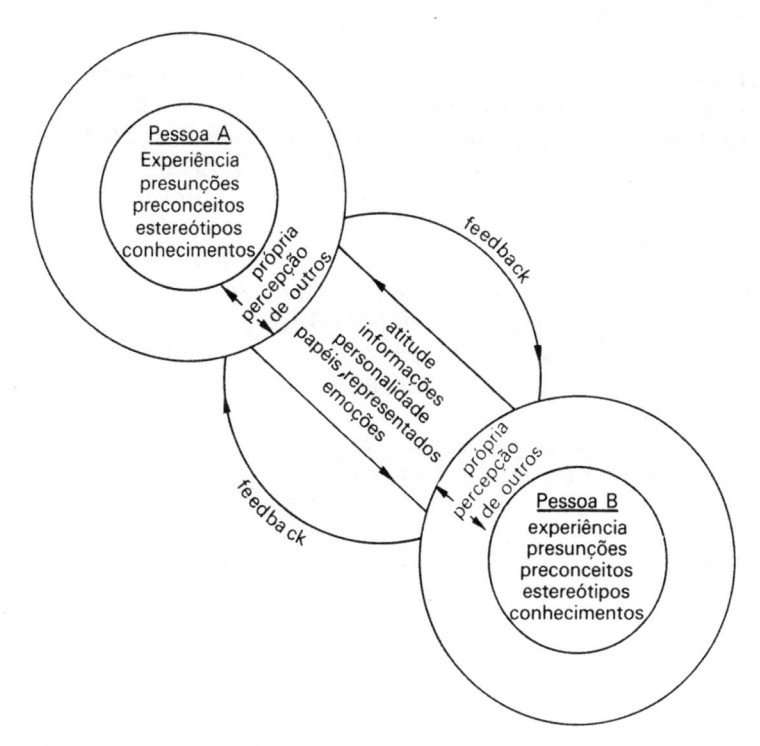

Figura 6 — Processo da percepção interpessoal

---

* Os ternos escuros e a pasta dos executivos, por exemplo. (N.T.)

Nossa tendência é tomar uma ou duas características da pessoa e, com elas, efetuar nossa avaliação e julgamento. Isto é chamado de "efeito auréola", ou seja, uma espécie de halo em torno da pessoa.* Por exemplo, num entrevista comercial podemos ser influenciados pelo fato de que a outra pessoa esteja vestindo roupas caras, o que nos faz presumir que ela seja rica e bem-sucedida.**

É melhor sempre conhecer bem uma pessoa antes de tirar conclusões. Nem sempre é possível conhecer uma pessoa pelas primeiras impressões. A Figura 6 ilustra os elementos básicos do processo da percepção.

5 — BARREIRAS NA COMUNICAÇÃO***
A história de Angela

Angela não gostava do seu turno de trabalho pela manhã cedo com os pacientes. Era muito pesado, especialmente considerando-se que esse turno era o fim de uma longa noite de trabalho. E também era pesado porque significava o começo do dia. E era especialmente pesado, ainda, cuidar de pessoas idosas. Muitos já estavam acordados às 6 da manhã. Não era uma boa coisa. Lá estava o velho sr. Cummings na cama, no fim do corredor. Para começar, ele era surdo. Usava uma velha concha acústica no ouvido, tentando escutar melhor. Certamente não poderia ouvir nada, embora Angela suspeitasse que ele fazia tudo isto deliberadamente. Depois de ele ter pronunciado seu costumeiro "O quê?", Angela voltava-se, rapidamente, para seu lado. Era quando ele, novamente, entrava em sua linha favorita de ação, dizendo: "Dê-me um beijo, amor". Numa semana o sr. Cummings ganhou mais beijos das enfermeiras do que qualquer médico em dois anos. Realmente, era muito engraçado. Mas muito irritante às seis horas da manhã. Com esse surdo nunca se sabia para onde ir ou como ajudá-lo. Claro, Angela mostrava-se agradável com ele. Não é

---

* Na Inglaterra a expressão é utilizada nos meios de comunicação: é o *halo effect*. Entre nós não existe tal expressão, que é referida simplesmente como "primeira impressão". A "primeira impressão" que nos causa uma pessoa, fato ou coisa. (N.T.)
** Novamente aqui é necessário ter cuidado. Nos países do chamado terceiro mundo, entre os quais o Brasil, nem sempre isto é verdade. Ao contrário: muitas pessoas procuram aparentar o que, na realidade, não são. E isto inclui o uso de roupas caras. (N.T.)
*** Os autores usam o termo "barreira". No Brasil, mais ligado às escolas norte-americanas, utiliza-se o termo "bloqueio". Preferimos conservar o termo dos autores, pois "barreira" é mais adequado ao contexto desta obra. "Barreira" seria algo mais leve, contornável, enquanto que "bloqueio" seria a impossibilidade total da comunicação, o que nem sempre ocorre na prática. (N.T.)

brincadeira, aos 72 anos, uma operação delicada para unir seus quadris artificialmente. Também não é nada engraçado olhar para alguém como o velho sr. Cummings... Muita gente tem a idéia de que os velhos vivem como pardais. Cummings é, ainda, um homem forte.

Quando Eric Cummings abriu os olhos já sabia que eram mais de seis horas. Ele sempre se levantava a essa hora. Era um hábito de muitos anos levantar-se e sair para a fábrica no horário certo. Essa estúpida dor em seu lado ainda continuava ali. Ele não desejaria levantar-se agora. Não há nada alegre nos dias atuais. Mas ele não gostava muito de pensar nisso, mesmo sabendo que o problema de seu quadril era um verdadeiro choque.

As enfermeiras são muito formais, continuou pensando. As garotas na fábrica eram diferentes. Sempre estavam brincando e nunca reclamavam de um ocasional abraço. Os tempos mudaram. Ele não gostava dessas mulheres liberadas. As enfermeiras levam tudo a sério. Elas nunca o chamam pelo primeiro nome. É sempre senhor isto, senhor aquilo. Ele sempre gostara de sentir-se bem junto a todos. Os médicos eram os piores. Eles andavam à volta, olhavam seus papéis. Discutiam sobre ele com as enfermeiras. E então, quando perguntava o que estava acontecendo, ele ouvia uma grande quantidade de palavras. Falando a esse respeito... o que era mesmo? Necessidade de urinar, ou algo semelhante... o que eles queriam dizer? É terrível estar cercado por todas essas pessoas...

Ilustração D — Barreiras para a comunicação

Eric sacode a cabeça com ar de desalento, arruma o aparelho para ouvir melhor e para que ele pare de zumbir. Tenta chamar, novamente, a enfermeira. Angela faz um gesto qualquer. É ele outra vez. Provavelmente quer um outro prato ou algo semelhante. Seus pés estão doendo e ela se senta um pouco, junto à parede. "Esse velho demônio", ela pensa. Provavelmente nada necessite neste momento. Quer apenas falar. E ela não se sente disposta a isto, especialmente depois de uma noite inteira de trabalho... Este é o problema com as pessoas velhas. Elas julgam que você não é humana e que não tem sua própria vida. Contudo, ela tinha seu trabalho para fazer...

Sobre a história de Angela

Ela nos mostra o que as pessoas pensam quando se comunicam. Se a comunicação interpessoal diz respeito ao entendimento e à compreensão entre as pessoas, então Angela e Eric não conseguem se entender. O problema é que existem muitos pensamentos e idéias no caminho entre duas pessoas, distorcendo muitas vezes o que realmente se quer dizer.

Há mais coisas na comunicação interpessoal do que a simples troca de mensagens sobre fatos concretos. Mesmo os problemas sobre as condições de saúde de Cummings nunca foram expressos pelos médicos de forma clara e compreensível.

Os fatores que se colocam entre as pessoas no processo da comunicação chamam-se barreiras. As palavras são "filtradas", porque raramente existem barreiras completas e totais no processo da comunicação. São problemas que costumamos chamar de "ruídos" ou "interferências", conforme dizem os velhos textos sobre comunicação. Na verdade, isso tem o mesmo sentido que obstrução. As barreiras mais importantes estão na mente de cada um. Por exemplo, fica claro que Angela e Cummings têm, a respeito um do outro, diferentes posições oriundas de suas próprias experiências. São valores diferentes, parte devido a suas idéias e parte devido a seu meio ambiente. Necessitaríamos reconhecer tais barreiras e filtrá-las até encontrar o verdadeiro significado da mensagem. Então será possível desenvolver e fazer progredir nossa comunicação com os outros.

5.1 — Percepção e filtros

Já discutimos as razões pelas quais uma percepção deficiente afeta a comunicação. Há um "filtro" na comunicação. Os problemas criados na comunicação são, também, problemas relacionados com esses "filtros".

Pode-se relacionar esse fenômeno com a idéia das "barreiras" psicológicas, porque o problema dos "filtros" está na cabeça de cada um. E é na mente que se codifica e decodifica os diferentes aspectos da comunicação. É onde ela tem lugar. Por isso são importantes as informações obtidas sobre a pessoa que eventualmente estamos vendo e ouvindo. "Filtramos" antes de dizer alguma coisa ou depois de ter ouvido algo. As bases desse "filtro" partem das presunções que fazemos a respeito da outra pessoa. Num certo sentido, é útil ter experiência e ser capaz de fazer uma avaliação inteligente sobre o caráter ou comportamento da outra pessoa. Nós queremos saber como tratar com ela. Mas, de outro lado, não significa ter muita experiência se nós, simplesmente, buscamos conclusões precipitadas. É importante aprender a perceber as coisas minuciosa e cuidadosamente. Considere o exemplo seguinte: geralmente os adultos falam sobre as crianças na frente delas, como se elas não estivessem ali. Mesmo assim quase sempre há um filtro nas palavras utilizadas pelos adultos que pretendem cortar da percepção das crianças parte do que está sendo dito. Outro exemplo interessante refere-se a acentos e sotaques. É bem conhecido o fato de certas pessoas pensarem que o uso de acentos e sotaques regionais diminui a credibilidade e a autoridade do que estão dizendo mais do que se estivessem falando no tom próprio da classe média. O povo coloca seus "filtros" e, nesse caso, o sotaque regional soa como coisa ruim. A própria BBC de Londres já demonstrou a existência desses filtros. A credibilidade provocada foi fraca entre os ouvintes que relutavam em acreditar no que estavam dizendo os locutores, apresentadores e correspondentes falando com sotaque. Esse é um exemplo útil porque ele nos sugere que a mídia, em boa parte, constrói nossas crenças e valores.

Essas crenças e valores nos chegam através de "filtros" — e através deles nós percebemos o mundo. Veremos mais a esse respeito no Capítulo 5.

5.2 — Barreiras mecânicas

A comunicação pode ser bloqueada* ou "filtrada" por fatores físicos. Barulho em torno de uma conversa pode criar um filtro no

---

* O termo aqui é utilizado pelos autores no sentido definitivo, de quebra total do processo da comunicação. (N.T.)

contexto da comunicação. Um problema físico, tal como a surdez, pode bloquear a recepção. Algo na produção da fala — gagueira, murmúrio, rouquidão, defeitos de articulação — pode impedir a comunicação. Também qualquer pane em aparelhos e equipamentos que envolvam sistemas de transmissão pode ser considerada como bloqueio mecânico.

5.3 — Barreiras semânticas

A comunicação pode ser "filtrada" pelo uso descuidado das palavras. A semântica diz respeito ao significado das palavras. Se as palavras não são usadas apropriadamente, elas não podem produzir os significados com os quais pretendemos que elas sejam entendidas. Isso traz de volta a idéia de códigos e convenções. Se quebramos as convenções e regras já consagradas, então cria-se uma barreira semântica.

Palavras inarticuladas, uma espécie de algaravia, podem nada significar para o receptor. Isso quebra as convenções estabelecidas para o uso de uma língua determinada. Claro, o significado depende inteiramente do código, suas convenções e outros fatores, tais como o contexto no qual esse código está sendo utilizado. Por exemplo, determinadas palavras podem ter um significado num grupo profissional. Isto é uma parte do código secundário de linguagem.*

Uma outra consideração importante é que tais barreiras têm sua utilidade. A comunicação é bloqueada quando não se pode captar o significado das palavras utilizadas, seja porque as regras e convenções foram quebradas, seja porque nós não conhecemos esse código e suas regras. Se alguém está falando em italiano e você não conhece italiano, então temos uma barreira semântica.

Como já afirmamos no primeiro capítulo, palavras são apenas signos aos quais ligamos determinados significados. O significado existe em nossa mente, não nas palavras propriamente ditas. Se não podemos colocar um significado num determinado signo, mesmo que se conheça esse signo, então estamos diante de uma barreira na comunicação.

5.4 — Barreiras psicológicas

A comunicação pode ser "filtrada" ou bloqueada por atitudes, crenças e valores. As atitudes constituem o ponto de vista particular

---

* Os autores dão exemplos técnicos de engenharia, tal como *drop out* para os especialistas em vídeo. Podemos aqui citar palavras mais em uso entre estudiosos do processo da comunicação, especialmente publicitários. É o caso de *layout* que poderia ser, simplesmente, "rascunho" ou, ainda, a palavra *marketing* — e assim por diante. (N.T.)

das pessoas, diante de situações e acontecimentos. Elas são baseados naquilo em que as pessoas acreditam.*

Esta é, sem dúvida, a causa mais comum das dificuldades na comunicação interpessoal. Os "filtros" formam o que vamos dizer antes de dizer e também afetam a maneira como interpretamos o que os outros dizem.

Desde que é inevitável que tenhamos opiniões formadas sobre diferentes problemas, uma série de seleções e interpretações no processo da comunicação é também inevitável. A questão é como funciona nossa consciência sobre as mensagens quando falamos ou estamos ouvindo outras pessoas. Não podemos apressar conclusões sobre o que outras pessoas querem dizer ou significar quando estão falando. Deveríamos pensar sobre o que estamos tentando dizer antes de começar a falar. Se não conseguimos nos comportar assim, então estaremos apenas presumindo coisas. Nem sempre percebemos a nós mesmos, e também aos outros, com bastante clareza. O efeito das barreiras mentais depende muito do que estamos falando, a quem estamos falando e qual é a nossa intenção. Obviamente, no momento em que fixamos algumas presunções — consideradas como preconceituosas —, então devemos tomar a situação com seriedade. Esses preconceitos muitas vezes ficam claros em nossa própria expressão facial. Atualmente há muita discussão sobre preconceitos raciais, especialmente em relação às pessoas de cor. Isto pode se notar em nossas atividades com elas ou, mesmo, numa entrevista, onde podemos deixar transparecer nossa opinião subconsciente de que pessoas de cor são incapazes. Esse não é o mais ruidoso exemplo de preconceitos que nos causam problemas. Vejamos o problema do "chauvinismo machista" que afastou durante muito tempo as mulheres da função de locutoras de rádio e televisão em seus noticiários. Este é um preconceito que nos mostra que quem controla as rádios e televisões não age corretamente. Há evidências de que as pessoas que ouvem tais programas consideram isto correto. Pensam da mesma forma. Recentemente dois franceses, proprietários de uma empresa britânica, demonstraram claramente seus preconceitos nacionalistas. De fato, eles viviam fazendo piadas sobre o *fog* londrino, mas se consideravam insultados quando alguém se referia às suas peculiaridades nacionais, tais como seus hábitos alimentares. Naturalmente, estas questões terminaram bem, pois todos souberam encontrar o verdadeiro ponto da questão. Foi possível, então, estabelecer um bom relacionamento com eles. Isto prova que uma comunicação criativa, como foi o caso, pode levar ao entendimento e banir presunções e preconceitos.

---

* Os autores utilizam muito a palavra "crença" no sentido não-religioso, mas de um posicionamento cultural. Aquilo em que, como fruto da nossa formação, acreditamos como certo para nossa maneira de viver. (N.T.)

Alguns livros de comunicação se referem à religião ou cultura como formas separadas de barreiras. Não pensamos assim, porque afinal de contas são as crenças e valores na mente das pessoas envolvidas que formam as barreiras. A cultura é, apenas, um fator numa dada situação. Novamente, a barreira é psicológica. Se um hindu sofre críticas porque usa um turbante e os australianos são gozados por causa de seus cangurus, isto, naturalmente, não é responsabilidade dos turbantes e cangurus. A barreira para uma comunicação livre e amigável está na mente da pessoa que, no caso acima, abusa dos turbantes e faz piadas com os cangurus. Mais uma vez é preciso insistir: o significado dos signos está na mente e não no próprio signo.

Comentário

É útil visualizar como esses três tipos de barreiras, ou filtros, afetam o processo da comunicação (vide Figura 7). As barreiras mecânicas, em particular, existem no contexto e no processo da codificação; as barreiras semânticas existem na formulação e na interpretação da mensagem; as barreiras psicológicas estão no processo emocional que envolve as pessoas.

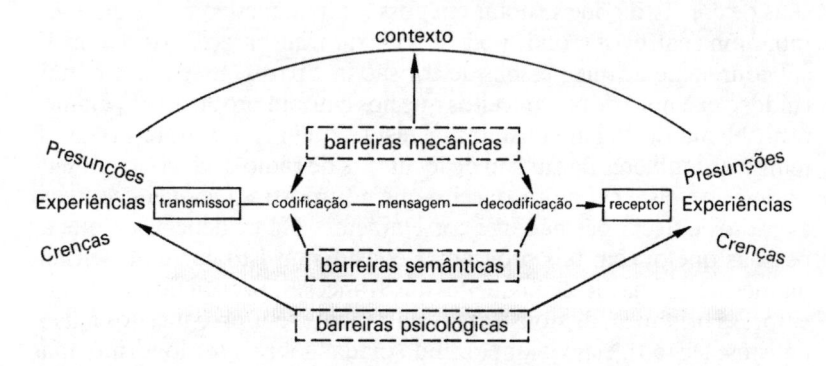

Figura 7 — Barreiras no processo da comunicação

RECAPITULANDO

O esquema a seguir destina-se a ajudá-lo a checar os vários pontos deste capítulo sobre "Comunicação Interpessoal".

Primeiro, afirmamos que a comunicação interpessoal trata da comunicação entre pessoas, usualmente frente a frente. É sobre o contato com os outros, sobre como fazê-lo e por que fazê-lo.

1 — *Meios de contato*

1.1 — A comunicação não-verbal é um canal que conduz mensagens de uma a outra pessoa. Isto inclui três códigos: linguagem do corpo; paralinguagem e, por fim, a maneira de vestir-se.

1.2 — A fala é outro meio de comunicação entre as pessoas. É, também, um código, composto de signos e que inclui códigos secundários. Os signos podem ser utilizados seletivamente, especialmente quando escolhemos um determinado registro. Signos verbais e não-verbais fazem parte de nossa cultura.

1.3 — O contato é feito para trocar mensagens e significados.

2 — *Fazendo contato*

Isto se refere à forma como usamos os meios de contato à nossa disposição.

2.1 — Utilizamos estratégias quando escolhemos as palavras e os signos não-verbais com o objetivo de alcançar algum propósito através da comunicação. Algumas estratégias são utilizadas repetidamente. Elas se tornam hábitos e até mesmo rituais.

2.2 — Quando tratamos com outra pessoa passamos a representar um determinado personagem. Atuamos como se estivéssemos num palco. Adotamos diferentes tipos de personagens para situações diferentes.

2.3 — Podemos aprender os sistemas de comunicação para tratar com outras pessoas. A fim de que isto se torne eficaz, devemos considerar as necessidades da outra pessoa, assim como as nossas próprias. Eis alguns exemplos:

ser capaz de utilizar estratégias eficazes;
ser capaz de nos apresentar de forma clara;
ser capaz de perceber a nós mesmos e aos outros;
ser capaz de estabelecer uma empatia com os outros;
ser capaz de responder positivamente ao *feedback* recebido;
ser capaz de mostrar nossa aprovação aos outros;
ser capaz de ouvir efetivamente os outros.

Experiência significa também ter competência para utilizar os meios de comunicação, como a escrita, entre outros. A experiência nos ajuda a criar e a manter várias espécies de relacionamentos.

3 — *Ajustando os contatos*

Nós ajustamos — num certo sentido, regulamos — nossos contatos com os outros, dando e recebendo respostas, ou *feedback*. Isto acontece, muitas vezes, através de signos não-verbais.

4 — Percepção: nossa e aos outros

A percepção refere-se aos signos que dizem algo a nosso respeito e a respeito dos outros.

4.1 — Existem dois elementos na percepção de nós mesmos que são importantes: a auto-imagem e a auto-estima. Aquilo que pensamos a nosso respeito certamente afetará nossa comunicação.

4.2 — Quando encontramos outra pessoa fazemos dela uma avaliação. Essa avaliação diz respeito a sua personalidade, ao seu estado emocional e a suas atitudes. Também presumimos algo sobre seus atributos: trabalho, sexo, *status*, papéis que desempenha, idade etc.

4.3 — Baseamos nossa percepção naquilo que vemos e naquilo que ouvimos, especialmente através dos signos não-verbais.

4.4 — Percebemos os outros ainda imperfeitamente, porque temos certos problemas, tais como:

projetamos nossos desejos na imagem que formamos dos outros;

classificamos os outros em determinadas categorias muito rapidamente e muito simploriamente;

presumimos coisas e posicionamentos muito facilmente;

somos inclinados a nos deixar influenciar pelas primeiras impressões.

5 — Barreiras na comunicação

Quando nos comunicamos com outras pessoas há vários fatores que "filtram" nossas mensagens ou, então, que fazem com que "filtremos" as mensagens recebidas.

5.1 — No processo da percepção a espécie mais comum de "filtro" acontece porque estabelecemos presunções pouco criteriosamente.

5.2 — Barreiras mecânicas são o resultado de obstruções físicas no processo da comunicação.

5.3 — Barreiras semânticas se originam de problemas relacionados com o significado dos signos;

5.4 — Barreiras psicológicas se originam de preconceitos que provocam uma "filtragem" na mensagem. Isto afeta a codificação da mensagem quando ela é enviada e a sua decodificação quando ela é recebida.

ATIVIDADES

1 — Veja a ilustração D — barreiras que impedem a comunicação.

Faça uma análise e uma lista das barreiras que você pode ver nessa ilustração: *barreiras mecânicas, semânticas e psicológicas.*

2 — *Para estudos individuais*

Examine os significados não-verbais num contato qualquer. Construa um esquema simples para classificar as seguintes categorias:

postura do corpo; proximidade do corpo; toque; gestos; olhar. Agora, de acordo com estes itens, descreva os possíveis usos dessas categorias numa comunicação não-verbal, conforme as situações seguintes:

a) expressar desaprovação de uma pessoa de meia-idade que está contra sua atuação numa "transa" qualquer;

b) aprovação dos atos de uma criança de cinco anos que está mostrando como brincar com algo que você ou ela fizeram. Se possível, compare esses exercícios. Veja seu esquema. Você pode se utilizar desses signos não-verbais e suas respectivas táticas de acordo com a pessoa com quem você está falando, seja menino ou menina?

3 — *Para estudo em grupo*

Examine as estratégias para fazer contato com os outros. Através da discussão sob a forma de representar, construa uma estratégia para preencher cada uma das tarefas descritas a seguir. Descreva os elementos de cada categoria, incluindo linguagem verbal, corporal, paralinguagem e seus signos.

a) construa uma desculpa aceitável para recusar um encontro com ele ou com ela;

b) ofereça um argumento a seu chefe justificando um aumento de gastos;

c) faça algo para persuadir uma pessoa relutante e tímida a vir com você para reunir-se a um grupo de amigos.

Em cada caso, você deve encontrar os meios necessários para definir fatores importantes na situação, antes de decidir a estratégia mais apropriada. Sinta-se livre para definir tudo isto por você mesmo, sem restrições. Se possível, compare suas respostas com as de outros grupos para ver se você concorda ou não com suas estratégias e como elas devem ser construídas.

4 — *Para duas ou três pessoas*

Examine os efeitos do feedback *em termos de sua natureza. E veja, também, como ajustar ou controlar os contatos com os outros.*

a) Inicie um jogo de cartas com seus companheiros. Observe, nas suas reações, o que lhe seja útil. O jogo deve ser um desses nos quais a idéia básica é manter em segredo suas cartas. Agora, jogue em dois sentidos. Num deles, a pessoa deve evitar qualquer comentário, expressão ou gesto. No outro caso, a pessoa reage livremente ante os azares e vantagens do jogo. Após algumas partidas, verifique se não há alguma relação entre o resultado do jogo e a posição e expressões não-verbais dos participantes.

b) Primeiro entreviste um parceiro que não seja de suas relações de amizade, sobre seus gostos e seus interesses nos momentos de folga. Nesse caso, trabalhe com uma lista prévia de questões. Não se desvie disso nem reaja ante as respostas. Tenha uma outra pessoa como observador. Grave a conversa, se isto for possível. Depois, entreviste o observador, como seu segundo parceiro. Ao mesmo tempo, faça uma relação das reações favoráveis e de seu interesse em tudo o que foi dito. Peça a ele que destaque alguns pontos da entrevista. Novamente tenha um observador e grave tudo.

Compare, então, as gravações e observações para ver quais as diferenças entre elas e, sobretudo, entre as informações que foram dadas. Pergunte, também, aos participantes como eles se sentiram durante as entrevistas. Se as reações forem diferentes, trabalhe no sentido de descobrir por quê.

5 — *Atividade para um grupo*
Esta atividade visa estudar o processo da percepção e revelar a nossa avaliação dos outros.

Convide um estrangeiro para participar de seu grupo e fale por cerca de 10 minutos sobre seu trabalho.

Previamente distribua uma grade — vide Figura 8 — com questionário para que o grupo possa seguir os caminhos da reunião, fazendo comentários com o visitante. O papel/grade deve ser preenchido após cinco minutos de discussão e novamente anotado quando o trabalho for encerrado. Essa grade destina-se a avaliar a pessoa em termos de atitude e personalidade, marcando isto numa escala de pontos, como se pode ver na Figura 8.

| | 6 | 5 | 4 | 3 | 2 | 1 | |
	bom	razoável	mau	mau	razoável	bom	
hostil							amigável
dominador							submisso
extrovertido							introvertido
antipático							simpático

Figura 8 — Grade para avaliação de personalidade.

Ao final do exercício veja os pontos e compare os resultados. Verifique se há diferença ou mudança entre a primeira e a segunda avaliação. Se há diferenças, procure estudá-las em termos de verificar o que você aprendeu sobre percepção.

6 — *Para estudo individual ou em grupos*
Para demonstrar que espécie de presunções você faz sobre as pessoas e como isso pode "filtrar" a comunicação.
Escreva e anote pontos sobre as pessoas com as ocupações abaixo. Inclua detalhes sobre a maneira de vestir, estilo de falar e modo de vida de cada um:

Guarda de trânsito Gerente de banco
Vigário paroquial Supervisor de fábrica
Jóquei Assistente social

Compare suas notas e as notas dos outros sobre essas profissões e veja as diferenças existentes. Você encontrará muita coisa sobre o que se presumir, como são compartilhados seus pontos de vista pelo grupo e até quando eles são válidos. Se for possível, entreviste pessoas que exerçam essas atividades.

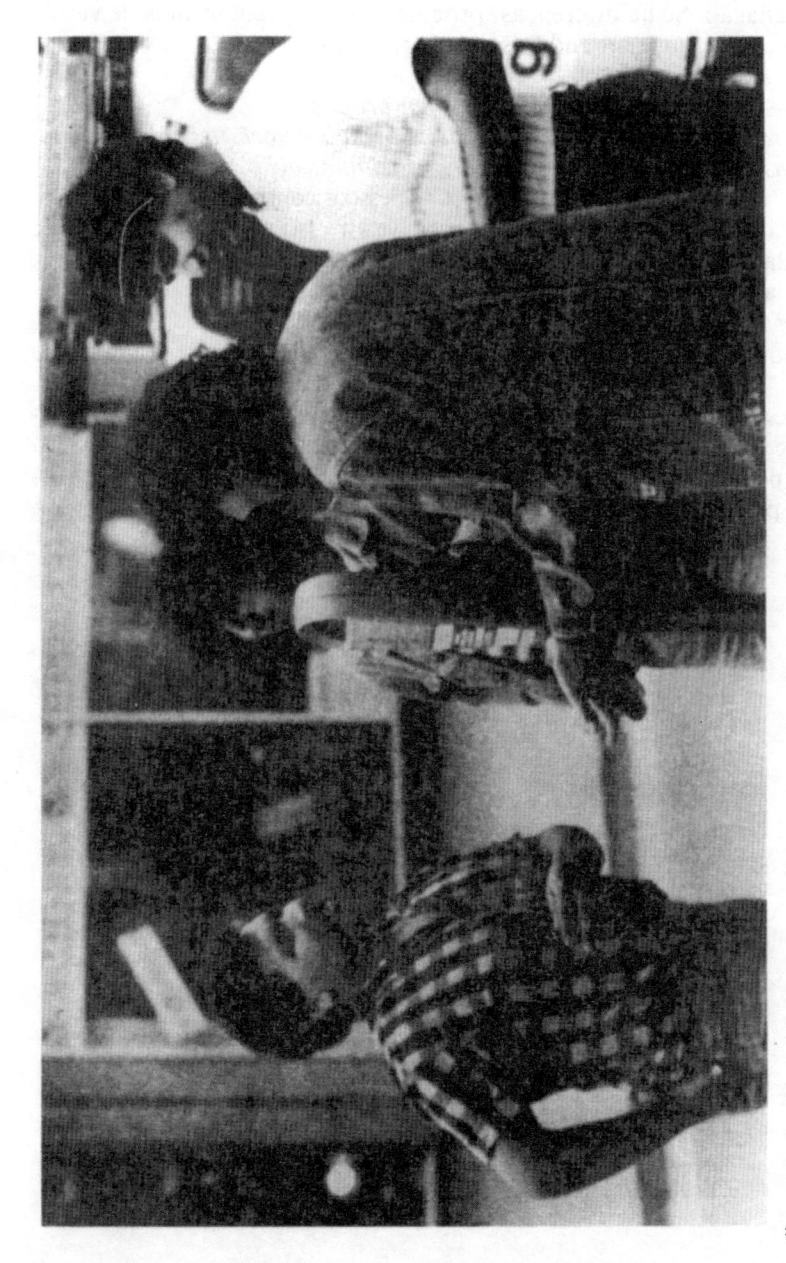

Ilustração E - Formando Grupos

3 — COMUNICAÇÃO EM GRUPOS

"Um grupo é consideravelmente maior do que a soma de suas partes." (Judy Gahagan, *Interpersonal and group behaviour*, 1975.)

> Este capítulo trata dos aspectos da comunicação nos grupos e entre grupos. Ele nos dá idéia das razões pelas quais as pessoas se reúnem em grupos e como as pessoas neles aprendem. Esse conhecimento ajuda a nos expressar melhor na vida social.

1 — O QUE É UM GRUPO?

O dia de Roger

É sempre a mesma coisa, pensou Roger, enquanto se deixava ficar na cama, flutuando nesse momento entre o alarme do despertador e o instante em que sua mãe o chamaria para que tomasse banho. Do momento em que saísse de seu quarto não teria mais que cinco minutos para ele mesmo, até que rastejasse novamente para a cama ao chegar, à noite.

No café da manhã, seu pai — como sempre — folheava e lia o jornal, enquanto mantinha múltiplas conversações com a mãe, a avó, a irmã menor e o próprio Roger. Quanto a Roger, ele queria ficar quieto, sentado à mesa, comendo sua torrada e tomando café, esperando nessa reunião familiar ter uma idéia de como seria o seu dia. E as novidades incluíam não apenas o que os jornais e rádios noticiavam, mas também o que cada um na família pretendia fazer ou queria fazer. Poderia a mãe persuadir o pai a sair mais cedo de casa e deixá-la na aula de ioga? Poderia Janet conseguir que a mãe lhe desse o dinheiro necessário para comprar o jeans que ela vira ontem numa loja? Poderia alguém ouvir a avó enquanto ela dizia que em seu tempo as moças jamais vestiriam jeans? Como poderia Roger, por sua vez, convencer o pai e a mãe de que seus deveres em casa estavam em dia e ele, então, poderia ir à discoteca da escola? Será que eles lhe dariam o dinheiro para ir? Eles nunca pareciam aceitar e concordar com aquilo que ele queria fazer nesses dias... No caminho para o colégio era um alívio encontrar seus colegas e amigos no ponto de parada do ônibus. Tracy e Mick tinham os mesmos problemas. Todas as manhãs era a mesma coisa. Tracy havia começado a fumar na escola e seus pais descobriram. E desde então tinha havido muitas discussões desagradáveis. Os pais de Roger haviam permitido que ele fumasse, mas somente em casa, claro, se ele assim o quisesse.

Quando o ônibus finalmente chegou, eles viram que era o mesmo de sempre. Cheio. Apenas lugares em pé. As mesmas pessoas, nos mesmos bancos. Muitas evitavam, cuidadosamente, olhar umas para as outras. Justamente porque sempre tomavam o mesmo ônibus, isto não significava que deveriam falar umas com as outras.

Na escola, Roger, Mick e Tracy raramente se viam. Eles cursavam classes diferentes. Roger conhecera várias pessoas e elas formavam um grupo do mesmo curso. Isto era muito bom e agradável. Na hora do lanche eles iam para a quadra de esportes e ali passavam o tempo jogando. Alguns colegas de classe ficavam no laboratório trabalhando, mas você não encontraria Roger fazendo isto. Além do mais, ele não necessitava fazer tal esforço, pois tudo com ele ia muito bem. No fim do dia Dave e Dereck convidaram Roger para ir "Ao George" antes da discoteca. Eles encontraram outros que concordaram com o programa. "Eu não estou certo de que possa fazer isto", respondeu Roger. Mas ele não disse que a razão disto era que seu pai não lhe havia dado dinheiro para que ele pudesse ir ao encontro e atender o convite dos colegas.

Sobre a história de Roger

Uma breve olhada em Roger e nas pessoas que o cercam diariamente nos mostra o dia típico de um jovem. Você pensa que é assim? Afinal, você sabe que nossos dias são feitos de uma série de encontros com diferentes grupos de pessoas.

Alguns desses grupos são razoavelmente estáveis e duradouros — tal como a família. Outros nem mesmo têm qualquer contato, como as pessoas num ônibus. Encontramos muitas pessoas nessa situação, nos trens, nos ônibus, nos cafés e restaurantes. Eles não formam, necessariamente, um grupo. Na verdade, eles compartilham um certo propósito, mas não fazem qualquer contato entre si. Não mantêm qualquer relacionamento. Os colegas de Roger, ao contrário, têm interesses comuns e formam um grupo de amigos. Esse grupo realiza atividades em conjunto, como a prática de esportes no período do lanche ou recreio. Evidentemente, eles se diferenciam dos outros grupos que não têm qualquer contato entre seus integrantes.

1.1 — Os grupos a que pertencemos

Cada um de nós, evidentemente, pertence a uma variedade de grupos. Você pode fazer uma lista dos grupos dos quais você participa por sua vontade própria. Por exemplo: clube de jovens, clube de música etc. Há, também, os grupos de que você participa, mas que você não escolheu por vontade própria: sua família ou sua escola. Há diferentes espécies de grupos com diferentes características e propósitos. Eles atendem a diferentes necessidades. Essas necessidades podem ser transitórias ou ocasionais. Por exemplo: uma festa. Ou, então, podem ter caráter permanente: um clube.

É interessante estudar as razões pelas quais nos reunimos e formamos grupos.

A própria palavra "grupo" pode ter diferentes significados e associações. *É útil descrever diferentes tipos de grupos de acordo com suas funções e qualificações.* Já apontamos o fato de que alguns grupos são de curta duração, enquanto que outros são mais estáveis e permanentes. Alguns são formais, outros informais. Alguns são pequenos, reunindo 4 ou 5 pessoas; outros são grandes, até com centenas de pessoas. Uns são locais, outros até internacionais. As pessoas num grupo têm interesses e propósitos comuns, o que faz com que atuem juntas.

Se bem que os indivíduos num grupo dividam interesses comuns, nem sempre essas pessoas compartilham tudo o que diz respeito a esses propósitos. Tendo concordado nos objetivos, podem divergir na maneira de alcançá-los. Podem até discordar quanto à forma que o grupo deve tomar ou de que maneira organizar-se. Alguns membros do grupo podem pretender que todos sejam iguais; outros, todavia, podem desejar que exista entre eles um líder, um chefe a quem seguir. Quando as pessoas se reúnem, usualmente surge uma luta pelo poder.

Relacionamentos e modelos de comunicação devem se desenvolver para que o grupo funcione a contento. Se não houver interação entre os indivíduos, o grupo não será formado. Um colégio ou universidade é uma coleção de indivíduos. Raramente eles formam um grupo, mas quase sempre se dividem em vários subgrupos.

O grupo familiar

O primeiro grupo que reúne pessoas é o grupo familiar. As crianças não podem escolher a família em que vão nascer e dependem dos que a cercam para sustentá-las física e emocionalmente. Os grupos domésticos, mesmo na forma da família tradicional, sejam pequenos ou reunindo muitos adultos e crianças, servem para garantir a segurança e um clima no qual as pessoas podem se desenvolver e crescer. Uma parte vital disso é aprender o uso da linguagem e da comunicação humana.

O primeiro relacionamento é formado pelos nossos laços de sangue — e esta frase indica a importância dos primeiros contatos. Nossas necessidades para crescer como indivíduos apóiam-se nas pessoas que nos cercam e formam nosso primeiro grupo.

Grupos informais de amizade

Esses grupos satisfazem importantes necessidades de seus integrantes. Todos sabem e reconhecem que as crianças se desenvolvem brincando com outras crianças e também com adultos. Pessoas de todas as idades se beneficiam no contato recíproco. Uma atmosfera na qual as pessoas se sintam livres para comunicar-se com as outras transforma-se num grupo seguro e amigável.

Tais grupos são comumente chamados de grupos fraternais porque na verdade neles todos são iguais. Esses grupos são muito comuns entre adolescentes, quando eles necessitam reunir-se com pessoas de que gostam e que são iguais a eles. Estamos sempre procurando redefinir nossa individualidade, olhando nossos conceitos, examinando o que gostamos e o que queremos no futuro. Procuramos olhar para os outros, procurando ver neles algo igual a nós. Na medida em que mudamos de atitude e comportamento também mudamos nossos grupos. Nossas relações com a família muitas vezes suportam o peso de nossas experiências e permitem essas modificações.

Grupos organizados formalmente

Este é um elemento comum a todas as sociedades. Ele inclui a escola e os grupos de colegas, organizações voluntárias, religiosas, esportivas, literárias, musicais, teatrais. Muitos participam dessas organizações por vocação e gosto. Outros, porque elas dão um certo *status*. Os participantes desses grupos ajudam-se mutuamente a desenvolver suas aptidões individuais. Eles possibilitam relacionamentos com outras pessoas e com a sociedade em que vivemos. Esse processo de desenvolvimento é chamado de sociabilidade. Esta palavra serve para descrever nosso progresso em nos tornar participantes ativos da sociedade na qual nascemos. Participar de muitos grupos é necessário para desenvolver uma pessoa no sentido de se comunicar e conviver com as outras.

As funções de um grupo organizado para o trabalho pode ser produzir bens ou serviços, garantindo lucros. Além desses objetivos, um grupo organizado de seres humanos inevitavelmente terá outras funções, como desenvolver boas relações, ajudando a formar a própria imagem de cada um e sua identidade pessoal, contribuindo para desenvolver talentos potenciais.

1.2 — A natureza dos grupos

Até agora temos tentado despertar idéias sobre você mesmo e os diferentes grupos que o cercam.

O resto deste capítulo vai se concentrar nos caminhos em que os grupos trilham e o comportamento dos indivíduos dentro deles. Antes de entrar nesse caminho, contudo, devemos fazer alguns comentários sobre *as qualidades que definem um grupo*:

a) pertencer a um grupo pressupõe a existência de uma série de *relacionamentos* entre os indivíduos; deve existir alguma forma de comunicação entre eles e o grupo desenvolve uma certa coesão no sentido de que todos permaneçam juntos. Nem todos os membros do grupo gostam uns dos outros e nem sempre é fácil a cooperação. As tensões existentes certamente não serão suficientes para dissolver o grupo;

b) os membros do grupo devem *compartilhar objetivos, propósitos ou interesses comuns,* e reconhecê-los como tais. A multidão enchendo uma parada de ônibus compartilha o objetivo de tomar a condução, mas eles não interagem e, portanto, não formam um grupo;

c) os membros do grupo aceitam o sistema de *valores e normas de comportamento comuns*. Alguns desses grupos que já mencionamos — como, por exemplo, os escoteiros — indicam em suas normas a obediência a determinadas regras além do uso de uniforme. Claro que, nestes casos, a pressão do grupo sobre o indivíduo é óbvia;

d) membros de um grupo desenvolvem *regras de comportamento* para determinadas situações. Essas regras podem ser demonstradas, por exemplo, num comitê quando uma pessoa é escolhida para presidi-lo e outra para o trabalho de secretariar reuniões. Num grupo específico de pessoas, um pode ficar em silêncio, outro pode contar piadas e outro, ainda, dar um pequeno *show* fora do programa e assim por diante. Essas mesmas pessoas, numa outra reunião, podem adotar comportamento pessoal bem diferente.

Com o grupo familiar, bem como outros grupos existentes de forma estável, nossos papéis podem se modificar. Durante nossa vida a mesma pessoa será um bebê, depois uma criança independente, adolescente, jovem e, afinal, um adulto que pode, inclusive, assumir responsabilidades pelos outros membros da família.

e) a aceitação de *normas de comportamento do grupo não significa que todos nesse grupo sigam o mesmo caminho.* A estabilidade do grupo certamente depende da aceitação pelas pessoas de diferentes papéis e, muitas vezes, pode ser claramente identificado quem lidera e quem é seguidor;

f) os membros de um grupo têm, às vezes, *identidade* que pode ser representada através de suas vestes e de seu comportamento.

2 — POR QUE AS PESSOAS FORMAM GRUPOS?

A história de Margery

A idéia original da construção da estrada para o oeste surgiu na década de 30. Quando Margery e Nigel compraram sua casa, em Combeville, todos disseram que não havia qualquer chance de essa estrada ser construída. O plano estava morto.

Foi com surpresa, para não dizer com horror, que eles leram no jornal A Gazeta que o Ministério dos Transportes havia retomado os planos originais. A auto-estrada seria construída através daqueles campos e passaria na frente dos portões de seu jardim. Ninguém na aldeia acreditava que aquilo fosse necessário. Certamente, havia um tráfego pesado no verão, mas isto jamais se compararia a uma auto-estrada destruindo a bela vista através de quilômetros e quilômetros — e para sempre.

"Oh! Deus! o que podemos fazer?", perguntava Margery. "Não podemos deixar de fazer qualquer coisa para pôr fim a esse projeto. Ou, pelo menos, mudar a rota dessa estrada." Imediatamente, es-

creveu para *A Gazeta*. *Ela iria organizar a população da aldeia para opor-se ao plano do ministério. E se procurasse amigos, se telefonasse para Delia, Nicolas e Caroline? Ela estava segura de que todos assinariam uma petição. E o que fariam o Conselho da Aldeia, o Procurador do Estado e Sir Edward, que os representava na Câmara? Se ela conseguisse reunir todos numa assembléia talvez pudesse erguer um grupo de protesto, forçar um inquérito público. Por fim, talvez fosse possível adiar o projeto e, então...*

Sobre a história de Margery

Construir uma estrada próxima de suas casas certamente aborreceria muita gente. Mas você próprio e sozinho não pode fazer muita coisa. Essa pequena história nos mostra um curso de ação que se pode seguir. Organizando um grupo local de pressão e mobilizando uma oposição aos planos, propondo alternativas, talvez seja possível mudar as intenções do governo.

Para ter alguma esperança de sucesso, Margery recorre aos seus conhecidos em toda a região. Ela pensa juntar um vasto leque de pessoas de diferentes origens, diferentes idéias e diferentes recursos. Ela deve persuadi-los a reconhecer seu interesse comum e resistir à construção da auto-estrada. Assim formarão um grupo. Pessoas que, normalmente, não teriam o que dizer umas às outras, ou mesmo manter qualquer espécie de contato, deverão ser persuadidas a unir-se pela causa comum. Não precisam gostar umas das outras. Não têm intenção de fazer algo por um longo período. Mas elas deverão estar preparadas para trabalhar juntas numa idéia comum.

2.1 — Razões para formar e reunir grupos

Há duas razões para que as pessoas formem grupos:
a) conquistar um objetivo comum ou resistir a uma ameaça comum;
b) ter o sentimento de aliança comum e manter a segurança de todos.

a) Conquistar um objetivo comum ou resistir a uma ameaça comum

Você próprio pode não ser capaz de exercer grande influência, mas se conseguir persuadir outros a juntarem-se a você, então a influência do grupo pode ser maior do que esforços separados de mui-

tos indivíduos. Existem inúmeros exemplos de pressões de grupos formados para conseguir decisões ou, então, mudá-las. Você já pensou em algum grupo — local ou nacional — de pressão? Pode ser a respeito de qualquer problema, inclusive sobre direitos de um setor determinado da sociedade. Para que o grupo se torne efetivamente atuante são necessários alguns requisitos, tais como:
Que tipo de relacionamento pode ser construído?
Pode esse grupo realmente defender seus objetivos e propósitos?
Alguém pode dar cobertura a esses objetivos?
Alguém atualmente pode fazer o trabalho mais pesado?

Pode tal grupo trabalhar informalmente ou ele necessita de uma certa estrutura, envolvendo presidente, secretário, tesoureiro, representação pública?

Um grupo de pessoas, formado para alcançar determinada tarefa, assume, no mínimo, o interesse comum de seus membros. Mas, geralmente, há muitas diferenças entre seus membros individuais, o que torna seu relacionamento e sua comunicação difíceis. Em tais circunstâncias os membros do grupo normalmente procuram uma estrutura formal com a qual todos concordam. Todos devem concordar com os objetivos e intenções. As responsabilidades devem ser distribuídas. O grupo deve apresentar um *front* unido.

O centro e o coração de tudo é a necessidade de o grupo resolver seu problema. Um indivíduo pode pesar muito, colocar-se em evidência, formular alternativas para o curso da ação e, então, selecionar os caminhos mais aplicáveis. Contudo, para o grupo prosseguir no problema/solução é um processo menos fácil.

Uma pessoa dominadora pode exercer excessiva influência, ora se opondo à maioria, ora buscando outros caminhos mais fáceis, ora comandando a discussão.

A experiência em comunicação, já relatada no Capítulo 2 — usando comunicação não-verbal; ouvindo cuidadosamente; tomando notas das barreiras à comunicação — tudo isto é necessário para influenciar o grupo no sentido de que ele tenha um ponto de vista apropriado e atinja o universo dos seus integrantes.

Concentramos nosso exemplo em um "grupo de pressão". Mas essas idéias são também apropriadas para o trabalho em comitê, para o trabalho em tarefas específicas e, naturalmente, para a totalidade de organizações e associações.

As pessoas em todos esses tipos de grupos têm somente um pensamento em comum. Elas não se reúnem "naturalmente", como resultado de origens semelhantes ou, ainda, interesses espontâneos através dos quais seus membros vogam juntos sem uma intenção consciente do que estão fazendo.

b) Ter um sentimento de pertença e segurança

Neste caso não há nenhuma tarefa em particular que se deseje realizar, mas as pessoas simplesmente gostam de ser parte de um grupo. Gostam de se vestir e comportar-se como os outros para demonstrar sua mútua identidade. São pessoas que pensam da mesma maneira, como os *punks* ou os "românticos saudosistas". São, obviamente, grupos de pessoas que têm algo em comum. O mesmo comentário pode ser feito a respeito de executivos que adotam e aceitam padrões de comportamento e modo de se vestir no trabalho e na vida social. Simplesmente vestindo certa espécie de gravata ou um distintivo especial, demonstra-se pertencer a um grupo solidário. Muitos grupos formam-se acidentalmente, simplesmente a partir de pessoas com gostos iguais. As propostas de tais grupos não são formalmente estabelecidas, mas seus membros gostam de estar juntos e admiram os contatos sociais que o grupo proporciona. A imagem do tradicional *pub* inglês satisfaz as necessidades dessa espécie de grupo.*

Muitas pessoas reconhecem em si e nos outros o desejo de ser "sociável". Ser capaz de falar e misturar-se com os outros identifica essa espécie de pessoas. *Criamos nossa própria identidade* fazendo parte *de grupos*. Definimos nossa personalidade através de uma lista de declarações, dizendo "eu sou..." e nomeando nossas qualificações. Nós nos sentimos seguros sabendo que compartilhamos valores, atitudes e crenças com os outros, quando declaramos: "eu sou um jogador de futebol; eu jogo tênis; eu sou estudante; eu moro no bairro tal". Tudo isso nos dá um *sentimento de segurança*. Mostra que somos alguém. Muitas vezes a segurança do grupo manifesta-se na oposição a outros grupos aos quais pertencem outras pessoas.

Essas declarações sobre nós mesmos levam os outros a reagir de diferentes modos: alguns favoravelmente, outros desfavoravelmente. Para cada um de nós eles podem propiciar uma importante referência do que somos e como nos vemos. Para a criança a referência grupal será, preliminarmente, a família. Mas, ao amadurecer, escolhe outros grupos e com eles se alinha. As pessoas se preparam para usufruir de uma liberdade individual e aceitar algumas imposições de normas e comportamentos, porque isto traz vantagens. Uma das vantagens é a facilidade de estabelecer comunicação mais fácil com os membros do grupo a que pertencemos.

A oposição a isto é, por exemplo, a pessoa que compartilha as normas de um clube como o Rotary e não encontra facilidade em comunicar-se e compartilhar as normas com alguém que pertença a

---

* No Brasil conhecemos isto através dos companheiros do mesmo bar. (N.T.)

grupos revoltados com a situação presente. E vice-versa. As atitudes, valores, crenças e percepções de cada um afetam a interpretação do que a pessoa diz e faz. Membros de grupos são verdadeiramente muito voltados para como as pessoas se vêem umas às outras. Podemos participar de vários grupos, mas, na verdade, não existe concordância universal sobre o pensamento desses grupos. Uma pessoa pode vestir um uniforme com muito orgulho, enquanto outra pessoa pode ver nisso um "símbolo da própria morte".

Comentário

Neste livro temos procurado fazer com que o processo da comunicação seja algo mais consciente. De acordo com esta opinião aprendemos que os referenciais dos grupos a que pertencemos podem nos ajudar a ver exatamente por que nos ligamos a eles. Tendemos a nos unir a pessoas que aceitem nossa existência como ela é e nos ofereçam projetos a desenvolver. Tendemos a rejeitar idéias provindas de pessoas que contradigam ou desafiem aquilo em que acreditamos.

Rotular as pessoas com grupos de identificação pode criar problemas na comunicação. A história de Angela nos demonstra isto claramente, ilustrando as barreiras que esta rotulação pode criar, colocando as pessoas dentro de determinados estereótipos. Esses estereótipos resultam de nossas reações em relação ao grupo a que pertença tal pessoa. Devemos ser capazes de perceber o que os membros de determinado grupo fazem em relação a nós e como eles nos vêem. No final deste capítulo trataremos da forma como as pessoas se comunicam em grupos.

3 — COMO AS PESSOAS SE COMPORTAM EM GRUPOS?

A história de Derek

Derek estava trabalhando na Atlantic Double-Glazing há três anos. Era uma boa empresa para se trabalhar. Depois de ter estado fora algum tempo, ele se sentia feliz por ter conseguido esse trabalho, vendendo janelas. Claro, às vezes ele se sentia farto de andar de porta em porta tentando persuadir as pessoas a ouvi-lo. Ele sabia que muitas pessoas não podiam dispor de economias para trocar de janelas. Ele estava cansado com as reuniões mensais de vendas quando o gerente sempre parecia ter novos expedientes para exigir maiores metas de venda. Ele estava aborrecido com o salário que ganhava e com a necessidade de vender mais e mais para conquistar bônus e prêmios. Alguns outros no grupo de vendedores pareciam fazer constantemente boas vendas, mas ele não. Talvez sua região fosse a pior. Quando começou sua carreira de vendedor tinha esperanças de crescer e chegar a gerente de vendas, ou talvez ser promovido para outras praças. Haveria menos discussões difíceis por aí. Ele agora pensava que não deveria ter pego esse trabalho: continuaria sendo um simples e pobre vendedor por toda a sua vida. Claro, haveria sempre outras carreiras. Na época em que Derek deixara a escola ele, na realidade, queria ser um profissional de futebol. Seria muito bom também. Chegou a treinar um pouco. Sua mãe não queria isto. Julgava que se ele fosse um profissional de futebol teria muitas tentações em seu caminho e, além disso, não era um trabalho seguro. Ele chegou, mesmo, a jogar como semiprofissional por 12 anos. Ainda gostava de futebol e o conhecia muito bem. Mas se tivesse chegado até os profissionais, agora já estaria fora de campo, aposentado. Na última temporada ele foi o capitão de seu time e jogou muito bem na seleção local, estando muito próximo de chegar às finais do campeonato. Mas, justamente nas finais, ele foi batido. Mesmo assim, os jovens do clube olhavam para ele como um líder. Às quartas-feiras à noite e aos sábados, à tarde, ele treinava — era o ponto alto de sua semana. Verdadeiramente, ele não poderia perder a paz por 90 minutos, como usualmente fazia. Mas todos reconheciam sua experiência. Agora, ele era o velho homem do clube. Doreen julgava que ele deveria fazer algo no fim desta temporada. Disse que ela e as crianças nunca o tinham visto jogando. O que havia com as manhãs de trabalho e treinamento? Na verdade, aos sábados ele estava demasiado cansado para fazer qualquer coisa. Ele tinha, ainda, um pouco de futebol com ele...

Sobre a história de Derek

Como capitão do time local de futebol, Derek é respeitado e vive seu papel de líder e exemplo. Para ele é mais fácil conviver com seus colegas de clube do que na empresa ou no bar. Ele perde seus contatos. No trabalho, Derek é um dos que também correm. Sua natural confiança e personalidade, o fato de que muitas e muitas pessoas o conhecerem, ajudaram-no a se tornar um vendedor. Mas ele, na verdade, jamais se sentiu como um homem de vendas, especialmente quando pressionado para fazer as vendas subirem.

Ele ama sua mulher e suas crianças, mas reconhece que não dá a eles muita atenção ou um pouco do tempo que lhe pertence. Ele não está certo de ser um bom pai.

Ilustração F - Papéis que adotamos

3.1 — Papéis representados

Adotamos determinados papéis em nossas vidas, os quais nos ajudam nas relações com as outras pessoas. *Esses papéis constituem o caminho adequado para certas situações.* Desde muito tempo aprendemos a representar esses papéis de acordo com *scripts* não escritos, provindos dos pais, irmãos, irmãs, professores, amigos e por aí afora. Claro que há momentos em que não desejamos representar nenhum papel para os outros. Queremos fazê-lo para nós mesmos. *Aceitamos, em maior ou menor extensão, os objetivos e expectativas de comportamento de um grupo a que pertencemos.* Sempre há tensões entre nossos desejos individuais e as pressões dos grupos a que pertencemos. Convivemos com muitos grupos em nossa vida. Reunimos ou formamos grupos para servir as nossas necessidades. Em virtude disso devemos estar preparados para sacrificar uma parcela da nossa liberdade individual de ação em função do todo.

Figura 9 — Tipos de papéis representados em diferentes grupos

Fica claro na história de Derek que ele representa três grandes papéis em sua vida diária. Eles têm lugar no trabalho, na família e no clube esportivo. A Figura 9 mostra como Derek é o centro desses papéis, alguns dos quais ele vê e de outros ele é participante.

Para um comunicador é útil identificar os papéis que nós representamos. Grande parte de nossa educação e de nossa sociabilidade consiste em aprender o que é considerado como exemplo de um comportamento apropriado em diferentes situações. A maioria do tempo de nossas vidas gastamos com grupos de pessoas e aprendemos como nos comportar nesses grupos. Se vamos a um concerto assistir à Orquestra Sinfônica do teatro principal da cidade, todos esperam que nos sentemos quietos para ouvir a música. Mas, se vamos a um espetáculo de música popular, de *rock,* ninguém espera que nos sentemos quietos para ouvir em silêncio. Em outro tipo de espetáculo popular, as pessoas esperam que também cantemos e até dancemos, conforme a tradição do local. Em cada caso somos parte de uma audiência e aceitamos os papéis a nós destinados.

Este conceito do papel que se representa é difícil de definir em termos de comunicação. Mas é útil na explanação que estamos fazendo para se compreender como e por que as pessoas se comportam desta ou daquela maneira. Se estamos representando diferentes papéis, fazendo uma série de dramatizações, então, quem somos realmente? Qual o "eu"? Qual o meu "real e verdadeiro" personagem nesses diferentes papéis?

Para conciliar esta aparente contradição é importante dizer que "papel" é, apenas, uma expectativa de modelo de comportamento, pois cada pessoa tem consigo sua própria personalidade, atitudes e experiências.

Por exemplo, se tomamos dois comitês organizados formalmente, em ambos teremos um presidente e um secretário, com funções idênticas e bem definidas. Contudo, cada pessoa que desempenha esses papéis o faz de maneira diferente, sem deixar de cumprir tarefas especificamente semelhantes. Uma pessoa, por exemplo, pode afirmar sua autoridade de dirigente. A outra pode deixar que o comitê discuta livremente os problemas.

Outro exemplo pode ser observado nas crianças. Especialmente na idade pré-escolar, entre 3 e 5 anos, as crianças tentam representar seus papéis. Essa representação inclui o pai e a mãe e, ainda, pessoas que elas tenham visto: um motorista, um policial, um vendedor ou outros. É através dessas representações que as crianças desenvolvem suas identidades e a própria forma dos papéis que no futuro representarão.

Para conduzir múltiplos relacionamentos que exigem comunicação com outras pessoas, assumimos comportamentos já esperados. Tendemos a predizer esse comportamento conforme os papéis a serem representados. A relação a seguir mostra papéis que são representados, consciente ou inconscientemente.

Papéis profissionais

Se alguém se intitula fazendeiro, professor ou assistente social, você certamente terá deles certas expectativas. Um paciente permitirá a um médico ou enfermeira que faça com ele o que somente permitiria a pessoa de muita intimidade. A enfermeira ou o médico, no hospital, vestem uniformes que assinalam o papel que eles representam e isto diminui sua individualidade humana e sua personalidade, incluindo-os num papel específico já esperado por todos.

A idade

Diferentes espécies de comportamento são considerados apropriados a determinadas etapas da vida. Uma criança pode ter acessos de fúria. Mas uma pessoa de 40 anos, com a mesma atitude, será vista de forma diferente.

Sexo

Embora as diferenças nos estereótipos sexuais sejam, atualmente, discutíveis, ainda permanecem certas expectativas sobre o comportamento do homem e da mulher. Se você vê um homem chorando, sua reação será diferente da que você teria se fosse uma mulher?

Classes sociais

Também esse papel tem mudado muito. Mas, para a percepção de muitas pessoas, concordemos com elas ou não, a verdade é que ainda permanece muita coisa na expectativa do povo em relação ao comportamento das classes altas, médias ou baixas, de ricos e pobres. Para muitas pessoas, os rótulos de burguês, operário ou nobre podem ter diferentes significados, de acordo com a percepção e o tom com que a pessoa pronuncie essas palavras.

Essas quatro categorias de papéis — profissão, idade, sexo e classe social — podem ser úteis para compreender o significado do comportamento de outras pessoas, pois eles não são fixos e somos livres para escolher o caminho e a maneira de representar nossos papéis. Não podemos mudar nosso sexo ou nossa idade, mas podemos mudar a expectativa de comportamento de uma mulher de 50 anos de idade. Qual é a sua expectativa a respeito de uma mulher de 50 anos que é advogada e vem da classe média? Que espécie de pessoa você espera que ela seja? Você pode tentar descrever suas expectativas de como ela se parece, a pessoa que ela é no conjunto, como ela ocupa seu tempo, e sua maneira de comportar-se.

Olhe, novamente, as fotografias da ilustração F: os papéis que adotamos. Quais os tipos de papéis adequados para essa mulher? Homens e crianças esperam dela o mesmo modelo de comportamento?

Essas fotografias refletem papéis tradicionais. Que situações você fotografaria se quisesse desafiar esses papéis estereotipados e quais as alternativas?

Comentário

Muitos livros de comunicação escritos em anos recentes incluem estas idéias sobre papéis representados. Isto é aceito como meio útil para tratar com uma pessoa, individualmente, discutir com ele ou ela seus problemas, inclusive com membros de muitos e diferentes grupos. O que desejamos dizer com ênfase é que devemos ver o desenvolvimento dos vários estilos de comunicação e não nos deter num só modelo de comportamento. Aceitamos as regras segundo as quais o estilo de uma carta a um amigo não é igual a um trabalho escrito para o professor ou um relatório de trabalho destinado ao gerente de nossa empresa. Também aceitamos o conceito de que a forma com a qual comunicamos nossos sentimentos no seio da família não é apropriada para nos expressarmos na escola ou no trabalho.

3.2 — Normas

Quando entramos num grupo devemos nos preparar para aceitar as normas que esse grupo desenvolveu. Tais normais podem ser regras formais, como as leis numa sociedade determinada ou os regulamentos de uma escola. São normas impostas muito claramente. Elas podem até não ser escritas, podem ser informais. Por exemplo, num grupo reunido num café, é natural que as pessoas façam barulho, brinquem, contem piadas, interrompam uns aos outros. Cada pessoa é tratada como igual à outra. Contudo, estas mesmas pessoas, transferidas para um jantar em casa, viverão outra situação, na qual apenas um falará de cada vez, sem maiores interrupções. A conversação é conduzida em voz baixa, delicadamente. Estas normas foram desenvolvidas pelos próprios grupos e não são impostas externamente.

O desenvolvimento destas normas, usualmente, é o resultado de um processo de formação do próprio grupo. Isso já foi exposto por B. W. Tuckman e repetido por Michael Argyle, segundo os quais os grupos usualmente atravessam vários estágios de desenvolvimento, a saber:

(a) *Formação*: Ansiedade, dependência do líder (se existe um); os membros se reúnem em função das tarefas, as regras são estabelecidas segundo a natureza de cada situação;

(*b*) *Rebelião*: Conflitos entre indivíduos e subgrupos; rebeliões contra o líder; resistência às regras e às tarefas;

(*c*) *Normatização*: Desenvolvimento da estrutura do grupo; estabelecimento de normas de convivência social; os conflitos são resolvidos; desenvolve-se a coesão;

(*d*) *Cooperação*: Problemas interpessoais são solucionados; o grupo adota soluções construtivas para os problemas; as energias são canalizadas para a realização das tarefas.

O terceiro estágio do desenvolvimento é significativo. É o ponto em que os indivíduos preparam-se para que as tarefas do grupo tenham precedência sobre seus interesses pessoais. Esta solidariedade é desejável na medida em que as tarefas são resolvidas e o grupo ingressa num processo social normal, dando suporte e sustentação ao relacionamento interno. Se um estranho entra para o grupo sentirá a pressão para que observe as normas. Um estudo famoso a esse respeito foi feito por um pesquisador americano chamado Asch. Ele formou grupos de pessoas numa sala, as quais, previamente, concordaram em ludibriar pessoas de fora que eram introduzidas nessa sala. Aos estranhos eram apresentadas várias linhas, tais como se vê na Figura 10.

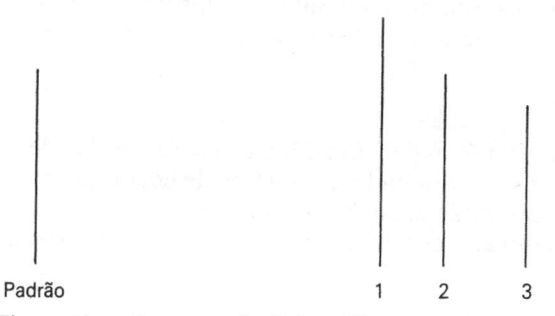

Padrão   1   2   3

Figura 10 — Comparando linhas diferentes sob a pressão de um grupo

Os membros do grupo davam uma resposta óbvia, mas errada, segundo a qual a linha padrão da gravura era do mesmo comprimento das linhas de números 1, 2 e 3. As pessoas de fora viam-se em face de um conflito entre o que diziam seus olhos e o que a maioria do grupo afirmava. No que deveriam acreditar? Naquilo que pensavam que seus olhos estavam vendo ou naquilo que o grupo estava dizendo? O resultado foi que 37 por cento dos visitantes se conformaram com o julgamento do grupo. Em outras palavras, um número significativo de estranhos estava predisposto a aceitar as pressões do grupo, apesar de suas próprias observações e julgamentos.

Você pode tentar uma versão dessa experiência com seus amigos. O grupo deve estar preparado para atuar em conjunto. Cada grupo demonstra que divisões, subdivisões ou julgamentos individuais se submetem em favor da conformidade do conjunto. Se não for assim, isto pode acarretar prejuízos ou mesmo perigos. George Orwell, em seu romance *1984*, apresentou mecanismos através dos quais um grupo dominava outro, apesar de suas percepções e conhecimentos. Nesse romance toda a sociedade internacional é mantida conforme a versão oficial dos fatos e mesmo da história mais recente, que constantemente era reescrita de acordo com o ponto de vista oficial.

3.3 — Líderes

Outro aspecto do comportamento da sociedade humana que abordamos nesta seção diz respeito ao papel das lideranças. No livro de Orwell vê-se que o líder principal é totalmente dominador, controlando tudo e sendo absolutamente autocrático.

Existem, entretanto, outros tipos de liderança. Nas sociedades que se apresentam como democráticas, o estilo autocrático, conquanto adotado em família, grupos de amigos ou trabalho, não é visto com bons olhos. Nos grupos que esperam ser democráticos as decisões não são impostas por um dos membros. Os quatro maiores estilos de liderança em grupo são: autocrático, liberal, democrático e coletivo.

Autocrático

Aqui uma pessoa impõe as decisões. Muitas vezes a hostilidade e a falta de concordância são o resultado que tal tipo de liderança provoca. Contudo, em grupos onde se estabelecem tais regras hierárquicas, inclusive com a uniformidade de tarefas, tal estilo é aceito como norma.

Liberal*

Neste grupo nenhuma pessoa ou subgrupo tem responsabilidade pelas decisões. Em conseqüência disso pouca coisa se alcança e, não raro, sobrevém a confusão.

Democrático

Neste grupo as iniciativas são bem-vindas e nenhuma pessoa assume papel dominante. Usualmente, esses grupos são mais unidos

---

* Os autores usam a expressão *laissez-faire*, que traduzimos por liberal, já que é o termo mais próprio, entre nós, para expressar o "deixar que as coisas andem" — o mercado, a natureza, a sociedade. Tudo se acomoda com o tempo. (N.T.)

no esforço comum e seus membros consideram-se, eles mesmos, como parte do todo, sendo comum a utilização do vocábulo "nós", isto é, as decisões são compartilhadas por todos. Eles elegem um líder e, muitas vezes, esse papel é rotativo.

Coletivo

Esse grupo procura evitar o conceito de liderança e opera como um time de iguais. Cada participante tem o mesmo *status* e o mesmo poder. Ações e decisões exigem a concordância e o apoio de todos. Por isso é necessário muita discussão e uma comunicação persuasiva. Os "coletivos" são lentos para decidir e agir, mas eles criam um grupo verdadeiramente sólido.

Você pode aplicar essas categorias a grupos de seu conhecimento? Você pertence a alguma organização que se possa classificar nos quatro pontos acima? O estilo autocrático é comumente visto como o mais eficiente. As decisões são tomadas rapidamente e postas em prática também rapidamente. A relativa perda de liberdade pessoal e a satisfação individual devem ser aceitas como algo benéfico para o grupo.

No Capítulo 4 diremos mais alguma coisa sobre o trabalho de grupos.

Para concluir o Capítulo 3, apresentaremos alguns exemplos específicos de como a comunicação opera em pequenos grupos.

4 — COMUNICAÇÃO EM GRUPOS

A história de Mary

Mary leu a carta do advogado, Jack Smith, que havia sido líder do Clube Juvenil há vinte anos e, agora, deixara, em seu testamento, 500 libras para o Clube.

Como presidente, Mary tinha suas próprias idéias sobre o que o Clube mais necessitava. Ela já tinha falado a outros líderes sobre suas idéias. Mas a decisão a respeito das 500 libras ficara a cargo de um Comitê. Depois de um pequeno silêncio e evidente prazer com que esta boa notícia foi recebida, os membros do Comitê começaram a expor seus pontos de vista.

Mary queria, mesmo, dar a eles uma chance de dizer tudo o que estavam pensando.

"Só há uma coisa que nós realmente necessitamos — disse Jo — e esta é a chance que temos de fazer isto. O Clube está, realmen-

te, um trapo e o bar é odioso. Com 500 libras podemos redecorá-lo e instalar um bar apropriado.''

''Oh! Não! Nós já fizemos planos para a decoração com voluntários que trabalharão nos fins de semana'', disse Nick. ''Com esse dinheiro nós podemos comprar cadeiras e uma televisão para a sala.''

''Sim, eu concordo'', disse George. ''A decoração e o bar nós mesmos poderemos fazer. Mas nós não podemos fazer uma mobília ou construir uma televisão. Isto é o que devemos fazer.''

''Para que precisamos de uma televisão?! Podemos ver televisão em nossas casas! Não vimos aqui para ver televisão'', argumentou Mandy. ''Eu calculo que poderíamos comprar uma mesa de snooker e, ainda, uma mesa para pingue-pongue. A que temos está muito velha.''

''Bem, agora eu devo dizer o que penso'', ouviu-se a voz ácida de Mary.

Sobre a história de Mary

Este breve relato de uma reunião num Comitê mostra como um grupo trata de suas tarefas e toma decisões. Cada um de seus membros tem uma opinião sobre o que deve ser feito. Para se predizer o que acontecerá e quais as necessidades do Clube, precisaríamos conhecer sua atual situação, tal como finanças, móveis, a sede e o pensamento dos associados, modelos de atividades e suas intenções. Precisaríamos conhecer mais ainda sobre a identidade dos membros do Clube, sua posição e também quem tem habilidade suficiente para persuadir os outros a aceitar seus pontos de vista.

Os debates nessa reunião do Comitê giram em torno de uma comunicação real, onde é preciso avaliar informações, manipular as relações entre os associados, persuadir uns e outros, a fim de levar o grupo a uma concordância na decisão a ser tomada.

A opinião de alguns dos membros desse Comitê terá maior peso, de acordo com a posição que eles ocupam. A capacidade de elaborar uma comunicação efetiva e convincente terá um papel decisivo.

4.1 — Observando a comunicação no grupo

Esperamos que após a leitura deste capítulo você tenha uma noção bem clara de que os grupos humanos existem em dois níveis:

a) o objetivo, com tarefas ou propósitos que os mantêm juntos;

b) o aspecto social, o processo da comunicação que torna possível ao grupo trabalhar como tal.

Na história de Mary indicamos apenas as palavras que cada pessoa pronunciou para decidir como empregar as 500 libras. Vendo em vídeo essa reunião, poderíamos observar os aspectos não-verbais da discussão: o tom da voz, os meneios da cabeça, a expressão facial, os gestos e a postura do corpo. Esses signos não-verbais indicariam que espécie de *feedback* cada orador estaria dando e que atitude cada um poderia tomar. Seria possível deduzir as respostas que cada um daria, mesmo não intencionalmente. Sem falar, cada membro do Comitê poderia ver a reação de cada um pelas suas expressões. Talvez alguns membros do Comitê não tivessem qualquer interesse no que os outros estavam falando, limitando-se a pensar em suas próprias idéias.

É possível observar a comunicação nos grupos, o que é chamado *dinâmica de grupo*, em dois sentidos: participação e interação.

4.2 — Participação e interação

Podemos observar a participação e a interação das pessoas nos grupos vendo quem fala mais, quem fala menos e quem fala a quem.

Participação num grupo

É possível verificar os níveis de participação desenhando um círculo para medir o tempo que cada pessoa fala, conforme se vê na Figura 11.

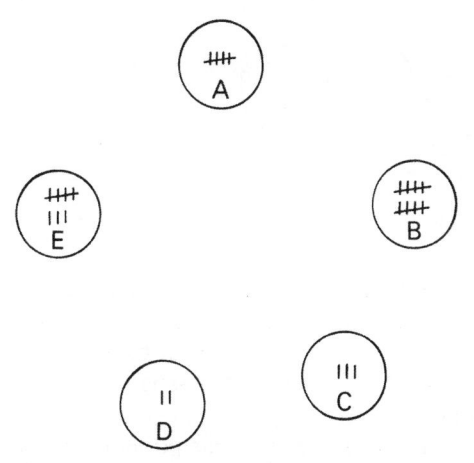

Figura 11 — Esquema simples para registrar quantas vezes cada pessoa falou.

Por exemplo, num grupo de cinco pessoas, rotuladas de A-E, registra-se a participação de cada pessoa, conforme se vê na Figura 11. Nessa figura podemos ver que a pessoa "A" falou 5 vezes e a pessoa "B" 10 vezes e assim por diante.

Interação num grupo

O registro sobre a interação entre as pessoas no grupo pode ser feito da mesma forma, através de círculos para cada pessoa, indicando quem fala para quem, com setas ligando uma pessoa a quem ela se dirige. Esse diagrama é chamado de "sociograma". Por exemplo, a discussão que anotamos na Figura 11 e, agora, na Figura 12, indicará o processo de interação.

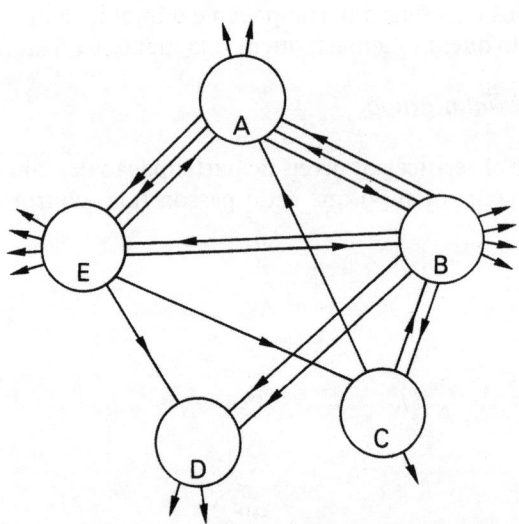

Figura 12 — Interação no grupo: quem fala a quem.

A Figura 12 mostra que a pessoa "A" falou para todo o grupo duas vezes; falou para a pessoa "B" uma vez e para a pessoa "E" duas vezes. A pessoa "B", por exemplo, falou ao grupo em geral quatro vezes; falou duas vezes à pessoa "A" e uma vez à pessoa "C", uma vez à pessoa "D" e uma à pessoa "E".

Os modelos de fala e interação entre as pessoas podem ser gravados ou anotados. Se alguém observa a discussão num grupo e trata de gravá-la, verificará que algumas pessoas constituem o centro da discussão, enquanto que outras praticamente permanecem alheias.

4.3 — Comunicação em grupo: tarefas, relacionamentos, necessidades individuais

Logo, ao desenhar círculos para indicar os membros de um grupo, podemos destacar os níveis de participação e interação. Essa espécie de diagrama, contudo, não indica qual o conteúdo dessas comunicações. Para se conseguir isso são necessários outros métodos de classificação. Podemos desenhar uma grade como se vê na Figura 13, a qual registra várias posições dos membros do grupo, tais como: o que eles são, sua contribuição nas tarefas comuns, a contri-

Tipos de comunicação em grupo	PESSOAS				
	A	B	C	D	E
TAREFAS					
1 Informando					
2 Perguntando/procurando informações					
3 Organizando idéias					
4 Esclarecendo idéias					
5 Sintetizando idéias					
6 Avaliando					
7 Decidindo					
Relacionamento					
8 Encorajando					
9 Harmonizando					
10 Dividindo o controle					
11 Ouvindo					
12 Aliviando tensões/compromissos					
Necessidades individuais					
13 Bloqueios					
14 Chamando a atenção					
15 Dominando					
16 Não se envolvendo					

Figura 13 — Grade para anotar as observações num grupo de comunicação, de acordo com a contribuição de cada um para as tarefas, para manter o relacionamento e atender às necessidades individuais.

buição para manter o bom relacionamento no grupo e, ainda, aquilo que diz respeito ao centro de suas necessidades. Usando essa grade para diferentes tipos de comunicação — as tarefas do grupo, contribuições de cada um, o trabalho individual — poderemos construir um quadro demonstrativo da contribuição de cada pessoa na discussão que estamos observando.

Nesta folha de análise não entramos em detalhes sobre as várias pessoas, mas sugerimos que você utilize o mesmo tipo de papel para observar uma discussão de grupo.

Você pode, é claro, modificar o cabeçalho dessa grade adaptando-a para diferentes tarefas, relacionamentos e comportamentos individuais. O esquema que apresentamos mostra alguns elementos dos tipos e formas de contribuições que as pessoas normalmente dão numa discussão de grupo.

Para muitos autores a experiência da observação de uma reunião de grupos revela que a comunicação é bastante diferente daquilo que imaginamos que seja.*

Participando de uma Discussão de Grupo, posso sentir que dei uma boa contribuição, dando informações, resumindo discussões, encorajando propostas de outras pessoas, ouvindo e aliviando tensões. Contudo, um outro observador pode não concluir a mesma coisa. Um estranho pode ter idéia bem diferente de minha participação no grupo. Recomendamos que você tente fazer algumas experiências nesse sentido com grupos de suas relações. Você pode, por exemplo, colocar observadores trabalhando com esse grupo, seguindo indicações que apresentamos no fim deste capítulo.

4.4 — Tornando-se um membro efetivo do grupo

Passamos nossas vidas pertencendo a vários grupos. Nos últimos trinta anos apareceram muitos livros sobre pesquisas a respeito do comportamento e da comunicação de grupos. Neste capítulo tentamos dar um sumário de algumas dessas pesquisas. Em vários pontos deste livro usamos a frase "comunicação eficaz". Isto significa capacidade para expressar nossas idéias, entender outras pessoas e construir relacionamentos satisfatórios, seja em pares, em pequenos grupos ou, ainda, em grandes grupos sociais.

Este capítulo demonstra alguns aspectos da psicologia social no

---

* No Brasil os publicitários utilizam muito as discussões de grupo (*group discussion*). Nelas são colocados determinados problemas, levando-se os debates às últimas conseqüências. Através de espelhos os interessados podem observar, sem serem vistos, todas as reações dos presentes. (N.T.)

sentido de entender como o processo da comunicação ocorre nos grupos. Pertencer a grupos é uma necessidade humana. Com eles nós nos definimos, para nós e para os outros, para o nosso grupo e o nosso círculo de relações. Muitas vezes não avaliamos bem nossos preconceitos e estereótipos na percepção dos outros.

Para se tornar, efetivamente, membro de um grupo é útil considerar os seguintes pontos:
* o que motiva as pessoas a se reunirem em grupos;
* a expectativa dos papéis a representar nos grupos;
* o relacionamento entre os membros do grupo;
* a experiência sobre comunicações verbais e não-verbais;
* entender como os grupos desenvolvem, entre vários indivíduos, uma coesão através de suas próprias normas de comportamento;
* entender a identidade do grupo de acordo com seus membros e a qualificação das pessoas e seus papéis.

RECAPITULANDO

O esquema a seguir vai ajudar o leitor a checar os pontos deste capítulo — "Comunicação em Grupos"

1 — O que é um grupo?
1.1 — É uma reunião de pessoas que dividem os mesmos interesses e intenções. Cada qual pertence a muitos e diferentes grupos, tais como:
* a família;
* os amigos;
* grupos organizados ou de trabalho.

1.2 — Os grupos dependem do relacionamento entre seus integrantes:
* ter interesses comuns;
* normas de comportamento;
* desenvolver os papéis que seus membros devem representar.

2 — Por que as pessoas se agrupam?
2.1 — Há duas razões para a formação de grupos:
* alcançar determinados objetivos;
* desenvolver contatos sociais e formar a identidade pessoal.

3 — Como as pessoas se comportam em grupos?
3.1 — Cada um representa diferentes papéis, de acordo com as expectativas do grupo e sua personalidade individual. Os papéis que representamos são influenciados pela profissão, idade, sexo, classe social e *status*;

3.2 — Seguimos as normas de comportamento impostas pelo grupo;
3.3 — Adotamos diferentes estilos para alcançar nossas intenções.

4 — Comunicação em grupos
4.1 — Observar a comunicação no grupo para realizar suas tarefas e manter o relacionamento entre seus membros;
4.2 — Participação e interação nos modelos propostos;
4.3 — Funções individuais para alcançar os propósitos do grupo;
4.4 — Entendendo a nós mesmos e o nosso relacionamento com os outros no grupo ao qual pertencemos.

ATIVIDADES

1 — Para um grupo
Ilustrar a dinâmica de grupo através de exercícios e representação de papéis.
Releia a história de Mary. Com um grupo de pessoas reproduza a reunião do Comitê que estava discutindo a aplicação das 500 libras herdadas. Alguém deve ser o dirigente para abrir e conduzir a discussão; outro deve ser o secretário, para anotar as discussões; no mínimo três outros serão necessários como membros do Comitê.

2 — Para estudo individual
Observe um grupo formal em ação.
Vá a uma reunião pública, por exemplo, à Câmara Municipal ou Assembléia Legislativa ou a uma sessão do Tribunal do Júri. Observe os modelos de comunicação: o discurso, a fala, a comunicação não-verbal, os papéis representados pelas pessoas e examine como as decisões são tomadas. Você pode usar as ilustrações das Figuras 11, 12 e 13 para registrar os modelos de comunicação.

3 — Ainda para estudo individual
Observe a comunicação não-verbal num grupo.
Veja uma discussão na televisão, mas sem o som. Deixe apenas as imagens. Observe a interação das pessoas e a comunicação não-verbal. Se for possível, grave em videocassete uma reunião de seu grupo. Depois, observe e analise.

4 — Para estudo individual ou em pares
Analise os grupos de acordo com suas intenções, relacionamentos e lideranças.
a) Faça uma lista de todos os grupos a que você pertence, começando pela própria família. Por que você pertence a esse ou àquele

grupo? Você se orientou pelas tarefas existentes ou apenas para contatos sociais? Qual o modelo de liderança existente no grupo? Qual o nível de conformidade e concordância que se espera nesse grupo? *b)* Siga o modelo de diagrama do papel de Derek na Figura 9; prepare um similar para você mesmo. Indique as espécies de papéis que você acredita ter adotado junto à família, ao trabalho e a grupos sociais.

5 — Para estudo em grupos
Para praticar uma integração: identifique no grupo conceitos de papéis e conflitos/resolução.

Situação: Seis passageiros são seqüestrados num avião, no aeroporto de Roma, por dois homens do Oriente Médio. Outros passageiros foram soltos. Os dois homens ameaçam matar os reféns e explodir o avião. Eles querem um milhão de dólares, mais a publicação de um manifesto revolucionário na maioria dos jornais. Os passageiros querem ser libertados a todo custo. Há dois negociadores do governo, os quais estão determinados a impedir que o avião parta e, ao mesmo tempo, se recusam a atender as exigências dos seqüestradores. Os seqüestradores mostram-se nervosos. Eles estão armados com dinamite, granadas e revólveres. O avião está cercado pela polícia. Faz calor. Não há água suficiente, nem comida.

As pessoas: Um dos passageiros é uma mãe com seu filho de 5 anos. Há, também, um casal de meia-idade em férias. Outro é um médico, viajando para uma conferência internacional de medicina. Há um adido militar, viajando para assumir seu posto. Há, ainda, uma atriz americana.
Nesta situação os "atores" devem representar todos os detalhes que caracterizam seus personagens. Não esqueça os dois seqüestradores e os dois representantes do governo.

Atividade: Obviamente, o ponto básico da simulação é resolver o problema. Cada um dos três subgrupos terá algum tempo para escolher suas atitudes e ações. Os raptores empregam seu tempo com os passageiros, procurando ameaçá-los para que pressionem os negociadores. Os passageiros, por sua vez, permanecem confusos dentro do avião. Os negociadores intervêm de quando em quando, mantendo-se longe do aparelho. Eles tentam argumentar, procurando fazer com que os seqüestradores saiam para fora do avião. Por outro lado, você decide sobre detalhes e o *background* das atividades. Dê à situação um tempo para que ela se desenvolva. Veja como os passageiros se organizam e reagem. Observe como seu relacionamento com os seqüestradores se desenvolve. Veja quais os caminhos seguidos e o seu fim.

4 — A COMUNICAÇÃO NAS ORGANIZAÇÕES

"Nascemos em organizações, somos educados por organizações, passamos a maior parte de nossas vidas trabalhando em organizações. Até a maior parte do nosso tempo de lazer vivemos pagando, nos divertindo ou orando em organizações." (Amitai Etzioni, *Modern Organizations*, 1964.)

Este capítulo examina uma espécie particular de grupo social — as organizações. Vamos analisar os métodos formais e informais de comunicação utilizados pelas pessoas nas organizações. Nosso foco serão as pessoas e seu relacionamento no trabalho.

1 — COMO AS ORGANIZAÇÕES OPERAM?

A história de Jane

Era uma tradição na classe da professora Jane Taylor ir ao teatro, em Londres, ao final do verão. Este ano não seria uma exceção.

Jane Taylor consultou o chefe do seu Departamento para ter certeza de que ela e Tom Bates poderiam ficar um dia fora da Universidade. Ela sempre revisava as datas, tendo em conta exames, competições esportivas, visitas e mesmo aulas extras. Na medida em que ela evitava essas datas, seu chefe de Departamento ficava satisfeito com a saída da classe.

Tom Bates, outro professor de inglês, também concordou em ir com Jane e seu grupo.

Com a aprovação do chefe de seu Departamento, Jane foi ver o Diretor Geral para comunicar-lhe seu propósito de levar sua classe

133

a Londres, para assistir a uma peça de teatro, como fazia, habitualmente, no fim de cada verão. O Diretor encorajou essa visita e verificou em seu diário as datas que deveriam ser evitadas. Deu sua permissão e concordou em pagar os custos com os fundos da Universidade. Tendo o OK dos chefes, Jane examinou algumas revistas, jornais e outras publicações com detalhes sobre "o que fazer em Londres". Ela resolveu discutir isto com seus alunos na aula. "Vocês gostariam de ir a Londres ao fim deste semestre para visitar alguma galeria de arte pela manhã e à tarde assistir uma peça de teatro?" A classe estava esperando por isso, porque sabia que Jane Taylor assim procedia todos os anos. Ela discutiu a possível peça que eles deveriam ver e terminaram concordando que deveriam ir ao Teatro Nacional, conforme Jane havia sugerido. Ela tratou, ainda, de considerar uma segunda opção para o caso de não haver mais ingressos.

Naquela manhã Jane telefonou ao Teatro Nacional a fim de consultá-los se eles teriam 32 lugares para matinê em uma das possíveis datas que ela apresentou. Ficou aliviada sabendo que havia lugares nas datas mais convenientes. A pessoa do Teatro informou-a que ela deveria enviar o dinheiro três dias antes da data escolhida. O chefe do seu Departamento concordou em liberar o cheque relativo a essa importância.

Jane disse aos alunos para trazerem duas libras como depósito para as despesas do fim de semana. O restante seria pago quando fosse possível.

Pela manhã, após a aula, ela foi até a estação de trens reservar as passagens para a viagem. Ela conseguiu um abatimento nos preços e a reserva dos lugares. No dia seguinte, arranjaria com a direção o dinheiro para pagar as passagens.

Em casa Jane datilografou uma carta para seus pais, dando detalhes da viagem. Copiou a carta, para mostrá-la aos alunos no dia seguinte, como exemplo.

Ela, agora, já tinha o dinheiro. Confirmou e pagou as passagens de trem e fez alguns trabalhos preparatórios para a visita à galeria e a ida ao teatro com seus alunos. Informou tudo à equipe da Universidade. Ela estava alegre porque poderia sair brevemente.

Sobre a história de Jane

Organizar um grupo para visitar Londres por um dia é tarefa fácil. Mesmo assim, Jane teve de conduzir vários processos de comunicação envolvendo pessoas da Universidade e de fora: falou com seu colega, negociou com o chefe do seu Departamento e a diretoria, escolheu a peça com seus alunos, telefonou ao teatro, reservou as entradas, visitou o agente de viagens, escreveu uma carta completa e em boa forma, fazendo circular detalhes de sua viagem entre seus colegas; fez enviar o cheque ao teatro e assim por diante.

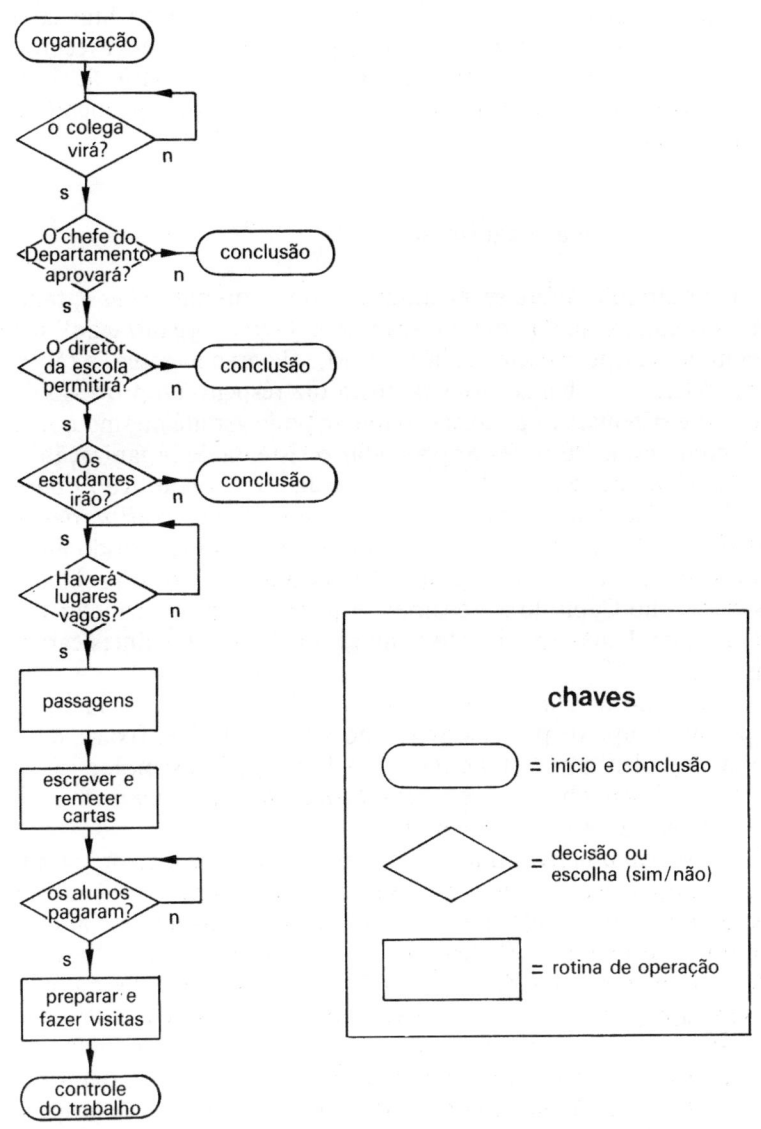

Figura 14 — Fluxograma do trabalho de organização de uma visita a Londres, segundo as atividades de Jane.

Felizmente para Jane os arranjos, para esta visita, correram muito calmamente. Não houve obstáculos nem oposição. Às vezes as pessoas não são assim tão cooperativas. Considere um grupo de pessoas e chame-as para uma cuidadosa organização a fim de estar seguro de que tudo acontecerá como você deseja. Se algo não é bem-feito, pode haver problemas. É possível visualizar os passos de Jane com um diagrama. Para analisar a seqüência de tarefas que ela executou é útil criar uma espécie de fluxograma, mostrando a série de decisões e ações que foram necessárias. Veja, para isto, novamente, a Figura nº 14.

1.1 — O que é uma organização?

Este capítulo refere-se à comunicação nas organizações e, também, à organização da comunicação. A palavra "organização" diz respeito a um tipo especial de instituição, tal como a escola, a fábrica, o escritório, o banco. Mas também diz respeito ao processo de elaborar e sistematizar as coisas, o que se pode ver até mesmo numa frase como esta: "É necessário estudar o sistema de organização".

No título deste capítulo usamos a palavra "organização" *para significar uma reunião de pessoas que se juntam para realizar determinadas tarefas e com determinadas intenções*. Neste sentido a organização é uma espécie de grupo. Quando discutimos o problema dos grupos no Capítulo 3, focamos pequenos grupos, formalmente organizados. Uma organização é um grupo com as seguintes características:

— ele é *deliberadamente estabelecido*, num determinado momento, por um grupo de pessoas, sendo possível, inclusive, fixar a data de sua organização; "estabelecido em 1922", por exemplo;

— ele desenvolve uma *estrutura formal de relacionamento* e interdependência entre seus membros;

— ele *fixa objetivos* que os membros da organização procuram alcançar, por exemplo: uma empresa que produz bens e serviços com fins lucrativos ou, ainda, uma escola que visa a ensinar aos alunos determinadas matérias. Podem existir objetivos não claros, "escondidos" numa determinada organização e que são diferentes daquilo que ela "apregoa". É o caso, por exemplo, de certos sistemas de saúde que são ineficientes em termos de serviços prestados à população, mas muito eficientes em termos de lucros para seus proprietários;

— ele *divide o que deve ser feito* entre os indivíduos e grupos. Há, então, sistemas e subsistemas. Por exemplo: num serviço industrial algumas pessoas têm a tarefa de colocar tubulações, outras de instalar determinados aparelhos, outras buscam os equipamentos necessários à indústria (setor de compras), outras vendem os serviços, fazem o faturamento, cuidam dos impostos, contas a pagar e a receber — e assim por diante. Isto tudo requer uma *coordenação que assegure a unidade de esforços* no sentido de que as tarefas sejam realizadas e os objetivos alcançados. *É preciso gerir os recursos*, tanto físicos (equipamentos, materiais, dinheiro) como humanos (trabalhadores, idéias, experiências). Alcançar eficiência e a utilização plena dos recursos é outra característica das organizações. Por exemplo, se duas pessoas estão tentando fazer progredir uma pequena empresa que fabrica *softwares* para computadores, quanto tempo e dinheiro eles devem gastar em propaganda visando vender seus produtos e, então, ter recursos para reproduzir novos programas?

— finalmente, *uma comunicação eficaz entre os indivíduos e grupos* é essencial para coordenar as várias atividades, processos e recursos visando cumprir os propósitos da organização. A comunicação se realiza em dois sentidos: dentro da organização e entre a organização e outras similares. Por exemplo: uma fábrica deve comprar suprimentos e, ao mesmo tempo, vender seus produtos. Ela mantém contato com os fornecedores e com seus fregueses. Além disso, também se comunica com várias entidades que providenciam seguros, empregados, saúde, propaganda.

Nosso propósito é nos concentrar nesses pontos. Isto não pode ser feito sem alguma atenção a outros aspectos da organização. Acreditamos que a habilidade para organizar uma grande empresa multinacional ou uma simples microempresa de duas ou três pessoas depende de um sistema eficaz de comunicação entre as pessoas.

Para ser simples, a comunicação, como parte integrante da organização, pode ser ilustrada através da distribuição das tarefas: duas pessoas trabalhando juntas podem levantar um objeto que uma só não poderia. Mas, ao erguer esse objeto, as duas pessoas estabelecem uma relação de comunicação, concordando com o objetivo proposto (onde vamos colocar?), dividem o tempo de trabalho (vamos até o fim), coordenam e administram o processo (erga quando eu disser "vamos").

Isto não diz respeito apenas a pequenas organizações, mas também às atividades em larga escala. Tratamos com organizações todos os dias, utilizando palavras para designá-las, tais como escolas, bancos, igrejas, fábricas, armazéns e assim por diante.

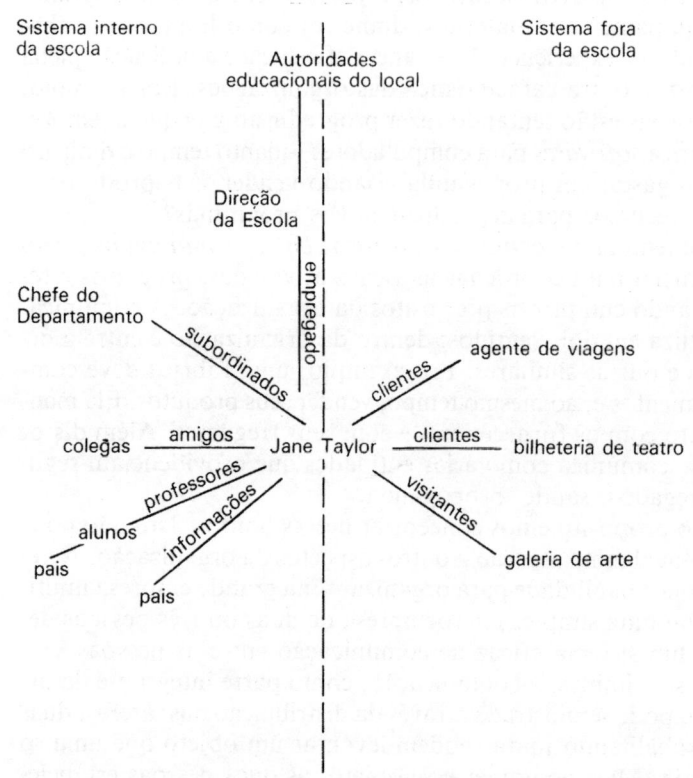

Figura 15 — Centro de Comunicações — relacionamentos e contatos quando a professora organiza sua visita a Londres com os alunos.

1.2 — Relacionamentos e estruturas nas organizações

Na história de Jane encontramos uma professora cumprindo parte de seu papel na organização para a qual trabalha. Isso exigiu que ela tomasse decisões, envolvendo-se com várias pessoas. Podemos colocar Jane no centro das atividades que envolvem vários papéis, conforme se pode ver na Figura 15.

Nessa ilustração colocamos Jane no centro, mas isto, obviamente, não reflete a estrutura organizacional da Universidade. A organização tradicional é representada pela conhecida pirâmide que mostra as linhas de autoridade e responsabilidade. A direção da escola tem autoridade, baseada em determinados termos. Por sua vez, ela é responsável diante de outras autoridades que envolvem, inclusive, instituições fora da escola. A autoridade local do sistema educacional fornece a maioria dos recursos, que incluem vários itens, desde salários até os serviços de manutenção. Muitas escolas têm seus próprios recursos.*

Mantidas pelos poderes públicos, o governo designa inspetores para fiscalizar as Escolas.** Governantes, políticos locais, pessoas com interesses diretos ou indiretos na educação, pais de alunos e professores são também responsáveis pelo trabalho na Escola.

O Diretor, assim como os dirigentes de outras Escolas, mantêm contato permanente com diversas instituições, como editores, fornecedores, associações profissionais, sindicatos, associações de pais e mestres — e assim por diante.

A equipe é responsável perante a direção, tendo uma série de intermediários, numa corrente de responsabilidades. Na história, Jane foi ver seu chefe de Departamento para discutir sua ida a Londres. Num estabelecimento que operasse estritamente segundo a hierarquia piramidal, o chefe recorreria ao seu superior. Mas, se fosse uma grande escola, o chefe poderia dizer que era totalmente desnecessário solicitar sua permissão, pois se cada professor fizesse isto, seria impossível atender a todos. Caberia a Jane resolver o problema. O chefe poderia, ainda, delegar autoridade para alguém resolver tais problemas.

Outra dimensão que pode ser usada para mostrar a estrutura da mesma Escola seria, não a divisão por matérias lecionadas, ou seja, pelo trabalho propriamente dito, mas por anos letivos.

Na organização por matérias, o chefe do Departamento de Matemática seria o responsável por todas as cadeiras dessa matéria, e assim por diante.

Apresentamos alguns exemplos de organização escolar porque julgamos que a maioria dos leitores esteja familiarizada, de uma forma ou de outra, com alguma estrutura de ensino em seus vários níveis — do primeiro grau até a universidade.***

---

* Na Inglaterra e nos Estados Unidos são muito comuns as fundações mantenedoras. No Brasil a referência mais próxima é o ensino particular. (N.T.)
** A tradução exata do termo utilizado pelos autores seria Universidade. Preferimos a palavra "Escola" por considerá-la, na língua portuguesa, mais abrangente, já que os esquemas, entre nós, se aplicam a todos os níveis. (N.T.)
*** Os autores discorrem largamente sobre essas estruturas, que resumimos, pois no Brasil elas são unificadas sob a sufocante centralização do Ministério da Educação. Não há liberdade de ensino em nosso país. (N.T.)

Em termos de estrutura de centro de relacionamentos, outras organizações podem ser representadas da mesma forma. As divisões de trabalho em unidades e subsistemas, obviamente, variam de acordo com o tamanho da organização, as tarefas e os objetivos. A organização de uma fábrica necessitará encontrar meios de tratar com tarefas tais como pesquisas, desenvolvimento de novos produtos, suprimentos, produção de bens, *marketing*, propaganda, vendas, distribuição, finanças e contabilidade, recrutamento de pessoal, treinamento, coordenação e administração.
A Figura n.º 16 mostra como uma empresa pode ser estruturada.

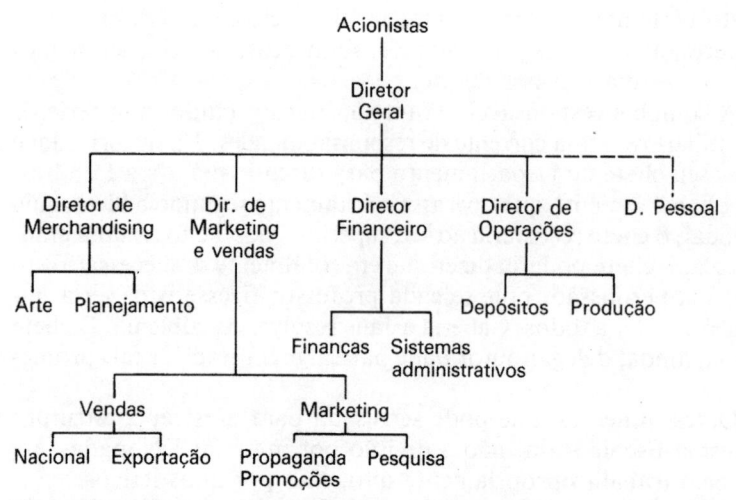

Figura 16 — Organograma mostrando a direção de uma empresa que fabrica e vende seus produtos.

Através de uma estrutura hierarquizada podemos focar um determinado departamento, tal como o Departamento de Marketing. Para mostrar como esse Departamento está estruturado e como ele se relaciona com os outros departamentos da empresa, poderemos utilizar um diagrama, mais ou menos como o diagrama que utilizamos para demonstrar os relacionamentos da professora Jane Taylor. Esse diagrama, em forma de teia, mostra os entrelaçamentos e relacionamentos no trabalho, além das linhas de responsabilidade na pirâmide organizacional.
Há linhas de comunicação não apenas para cima e para baixo, mas também para os lados e diagonalmente. As pessoas geralmente

falam mais livremente sobre seu trabalho — e até sobre elas mesmas —, sentindo-se mais à vontade para iniciar contatos com aqueles que percebem ter o mesmo *status*. São, porém, mais cautelosas ao tratar com pessoas superiores na hierarquia funcional. Outro ponto a destacar é que há centros de relacionamento e contatos sociais que podem se estender, cortando as linhas de *status* em momentos tais como o almoço, o encontro na igreja, o clube esportivo. Nesses casos pessoas de todos os níveis podem manter contato e se comunicar pessoalmente. Muitas empresas são criticadas por manterem setores separados nos restaurantes e outros benefícios para os empregados. O desenvolvimento das normas do grupo, discutidas no Capítulo 3, constituem uma forte influência no sentido de abrir ou limitar a comunicação: em muitas empresas, se você se torna conhecido como "amigo do patrão", as pessoas tomarão muito cuidado ao falar-lhe qualquer coisa.

As organizações desenvolvem suas próprias normas, como qualquer outro grupo de pessoas. Um empregado que é transferido de um setor para outro, dentro da mesma empresa, ficará surpreso com a diferença de conduta no relacionamento entre os colegas.

Finalmente, é preciso dizer que existem muitas alternativas na organização estrutural das empresas. Uma alternativa é a estrutura cooperativa, na qual todos trabalham juntos sem noção de poder superior. Especialmente nas pequenas entidades, isto é possível. As pessoas realizam suas tarefas sem uma rígida especialização de funções — o serviço pode ser dividido rotativamente e a comunicação é aberta e igual.

1.3 — Rede de comunicação

Uma organização mantém seu centro de comunicações e desenvolve seus contatos entre as pessoas. Na rede de diagramas apresentados, desenhamos um centro de comunicação, mostrando os canais através dos quais as mensagens fluem. Por exemplo, na Figura 12 apresentamos um grupo de 5 pessoas falando e, entre elas, os canais de comunicação estavam abertos: todos podiam falar com todos.

Se tomarmos o mesmo número de pessoas (rotulados de A, B, C, D, E) e imaginarmos que elas representam departamentos ou unidades de um grande sistema, podemos descrever outro centro figurado, no qual nem todos os canais estão abertos. Um centro pode ser algo em que uma pessoa, ou uma unidade, tenha posição-chave no canal ou na fonte de informações.

Há várias figuras de centro para esse caso que reúne cinco elementos — pessoas ou unidades.

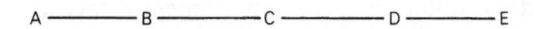

Figura 17 — Centro em linha reta

A figura nº 17 mostra um centro contraído, confinado, em que "C" tem uma posição importante porque a mensagem converge de todos os lados para esse ponto. Num sistema hierárquico fechado e rígido de comando, a estrutura do Centro de Comunicações será semelhante a este gráfico. Se "A" é o chefe, então ele deverá ocupar posição na ponta das várias linhas que representam as pessoas e o processo da comunicação.

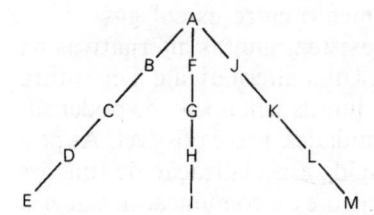

Figura 18 — Centro em forma de pirâmide

Raramente um centro permanece tão contraído e restrito, porque, como vimos anteriormente, existe muita comunicação lateral e mesmo diagonal. Contudo, a Figura 18 reflete um diretor à testa do escritório ("A") dando e recebendo informações de várias áreas.

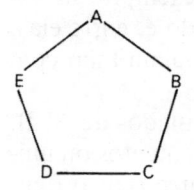

Figura 19 — Centro em forma de relações em círculo

No Centro de Comunicações em círculo nenhuma pessoa ou unidade ocupa uma posição dominante, mas cada um se comunica com dois outros.

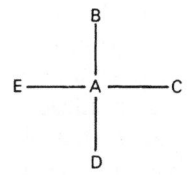

Figura 20 — Centro dirigido. Forma autoritária

Centro de Comunicações dirigido. No Centro Dirigido, em forma de cruz (fig. 20), "A" é, claramente, a figura dominante e melhor situada para coordenar todo o sistema. Essa posição no Centro do Sistema de Comunicações faz com que todos dependam de "A".

Figura 21 — Centro em forma de "Y"

Centro em forma de "Y". Na forma de "Y", "A" ocupa uma posição-chave como filtro e foco para a comunicação. A figura desse centro reflete a maneira como a informação flui entre o diretor ("A"), canalizando-a para seu colaborador ("B") e outros diretores ("C") para os gerentes da empresa ("D") e supervisores ("E").

Nesses esquemas de possíveis centros de comunicação não indicamos se o fluxo da informação se processa em uma ou duas mãos. Ele pode se verificar em ambos os sentidos, tendo uma via só ou duas, dependendo da situação. Sugerimos que você tente aplicar esses modelos de Centros de Comunicação a uma situação conhecida.

Com um grupo de cinco pessoas você pode fazer experiências, enviando mensagens orais de acordo com diferentes modelos de centros, verificando o efeito das mensagens e o comportamento das pessoas. E se, durante as férias, você mesmo e mais quatro amigos, morando em cidades diferentes, se encontrassem para um almoço, que espécie de Centro você representaria no trabalho de comunicação?

Comentário

Cada modelo de centro de comunicação pode ser aplicado a muitas situações, não só em organizações, mas também em grupos sociais. Por exemplo, numa situação familiar tensa, uma pessoa pode não falar com as outras. Então o modelo de centro de comunicação pode ser o "Y" ou a Cruz, onde uma pessoa se transforma em mediadora. Negociações difíceis podem ser conduzidas da mesma forma. Assim disso, tais centros mostram que o controle dos canais de comunicação confere poder. No Capítilo 5 mostraremos como os meios de comunicação agem sendo uma espécie de guardiães, filtrando, selecionando e reelaborando as informações que eles recebem. No modelo "Y" podemos visualizar como o editor ("A") recebe informações de fontes ("B" e "C") e as canaliza para a audiência ("D") que, por sua vez, discute com grupos de amigos ("E").

À primeira vista, parece que os canais abertos de informações são os mais desejáveis. Mas, para o propósito de enviar simples informações e não perder tempo, o modelo dirigido parece ser o mais adequado.

Praticamente, que modelo você usaria nas seguintes tarefas:

a) Um diretor de *marketing* tem quatro gerentes pelos quais é responsável e deseja discutir com eles a estratégia de *marketing* para o próximo ano. Qual o modelo de centro de comunicações mais apropriado? Se o diretor é "A" ele deve utilizar o modelo "Y", linha reta, círculo, dirigido ou aberto?

b) O mesmo diretor de *marketing* deve decidir sobre a data mais conveniente para a reunião anual de vendas. Qual o centro de comunicações mais apropriado?

Não existe simplesmente apenas uma resposta correta, mas sugerimos que, no primeiro caso, o diretor procure uma troca aberta de idéias, onde todos possam falar e ouvir uns aos outros. Quando o diretor, a quem cabe resolver sobre a data da reunião, estiver em posição de tomar a decisão, ele deve fazer isto. Mas quando ele necessita decidir a data e seus gerentes estão distribuídos por vários pontos do país, seria interessante utilizar como centro de comunicações o esquema dirigido, em forma de cruz: ele obterá, assim, separadamente, sugestões sobre a data mais conveniente, decide qual a melhor para todos, toma a decisão e informa aos participantes.

1.4 — Canais informais de comunicação

Abordamos aqui os problemas da comunicação nas organizações a partir de um ponto de vista teórico e abstrato.

Agora, voltaremos nossa atenção para outras formas, através das quais as pessoas se comunicam de maneira objetiva. Numa organização, as estruturas são cuidadosamente planejadas, incluindo os centros de comunicação.

Regras e políticas são estabelecidas para manter o pessoal informado do que está acontecendo, seja através de reuniões regulares, notas ou memorandos. Há, também, sistemas para comunicação com outros escritórios, inclusive com detalhes sobre quem tem a responsabilidade para assinar ordens e cartas expedidas. Muitas organizações reconhecem a necessidade de tal política de comunicação para manter as pessoas informadas.

Contudo, não é possível prever e controlar os centros informais e pessoais de comunicação que se desenvolvem numa organização. Esses sistemas de comunicação informal, até certo ponto ocultos, fazem parte importante da vida humana enquanto organização. Falando estritamente sobre o envolvimento nos meios alternativos de comunicação, podemos citar um exemplo bastante forte e expressivo: é o que acontece nos presídios, onde um sistema subterrâneo de comunicações é muito ativo. Num ambiente mais aberto, o envolvimento na comunicação pode ser menos importante, mas sempre há meios de se aprender mais sobre a empresa, saber o que pensam os supervisores e chefes. Os centros não oficiais de comunicação, é claro, têm menos credibilidade, mas assim mesmo atuam fortemente. É certo que as pessoas têm muito cuidado com informações secretas ou confidenciais. Elas se perguntam: "O que será que querem de mim, contando-me isso?" O termo mais comum para descrever a comunicação extra-oficial e informal é o "boca a boca". É um sistema de boatos baseados no "ouvi dizer", em boatos e fofocas, cujas especulações muitas vezes se desenvolvem rapidamente. Isto nem sempre diz respeito a como levar avante as tarefas da empresa, mas sim a bisbilhotices. Essas fofocas podem, talvez, difundir informações sobre outras pessoas, suas atitudes, opiniões, relacionamentos, interpretações e valores. Os boatos e fofocas, geralmente, são preconceituosos e apenas parcialmente verdadeiros. ("Bem, não há fumaça sem fogo...", dizem as pessoas.) Os boatos se desenvolvem especialmente onde as pessoas estão inseguras e ansiosas. Muitas vezes as fofocas sobre algumas decisões se espalham antes que as próprias decisões sejam tomadas. Os efeitos desse falatório são, habitualmente, vistos como prejudiciais ao trabalho da organização. Mas eles, na verdade, quase sempre não passam de simples boatos. Às vezes, até podem trazer boas notícias rapidamente e servir de auxílio para elevar o moral, criando interesse no desenvolvimento e inovações.

Essas fofocas se desenvolvem mais quando as pessoas na organização são mal informadas.

Outros aspectos desses meios informais de comunicação refletem, simplesmente, as relações entre as pessoas. Todos, obviamente, têm uma vida fora das organizações onde trabalham. E é natural que falem de suas atividades em seus encontros sociais.

Não está no propósito deste livro discutir minuciosamente tópicos sobre relações industriais, consultoria sobre procedimentos e métodos para que os empregados participem nas decisões de alto nível na formação das políticas da empresa. Contudo, do ponto de vista da comunicação, se as pessoas são mantidas bem informadas e envolvidas nos resultados e mudanças na organização, então elas são menos problemáticas. Há menos conflitos entre o "nós" e o "eles".

Muitas companhias e outras organizações fazem grandes esforços para manter todos bem informados sobre aquilo que a eles concerne, fazendo isto através de vários métodos. Cada supervisor, em todos os níveis da organização, transmite a suas equipes notícias e informações da empresa.

1.5 — Conflitos

Às vezes se pensa, erroneamente, que todos os conflitos e problemas entre indivíduos e grupos podem ser resolvidos através da comunicação. Muitas vezes a frase "ruptura da comunicação" ou, simplesmente, "faltou comunicação", é usada para descrever a causa de um conflito. Isto certamente deve acontecer e os desentendimentos e enganos podem crescer simplesmente porque as pessoas falharam em comunicar-se umas com as outras. Atitudes hostis podem ser resolvidas por uma discussão aberta e franca sobre a posição de cada um.

Contudo, é necessário considerar que esses conflitos surgem e crescem porque existe real diferença de interesses, atitudes, crenças e valores. Certamente, uma discussão franca sobre isto pode levar ao entendimento, resolvendo os problemas em conjunto.

Como dissemos no Capítulo 1, a comunicação tem o propósito de mudar atitudes e comportamentos.

As origens dos conflitos podem ser localizadas em três pontos:

Primeiro — *pessoal:* quando entram em conflito idéias, desejos e valores; frustração na consecução de determinadas intenções e propósitos; conflitos entre os papéis a representar e as inclinações pessoais e as expectativas do grupo a que você pertença ou, ainda, em relação à posição que você ocupa;

Segundo — *interpessoal:* há diferenças de experiência, percepção, opiniões, valores e modelos de conhecimento entre as diferentes pessoas; há competição para alcançar resultados, por salários, promoções ou até novos equipamentos; as pessoas podem discordar na forma como os relacionamentos devem ser conduzidos em termos de *status,* autoridade ou papéis a representar;

Terceiro — *na própria organização:* os conflitos potenciais existem quando as diferenças em hierarquia, *status* e poder não são mutuamente aceitas. Diferentes parcelas de uma mesma organização muitas vezes percebem as necessidades da empresa, mas por caminhos opostos a outros setores.

Enfrentar conflitos é um problema que deve ser visto no seu ponto de partida, quando ele se inicia. Se duas pessoas, ou dois lados numa disputa, estão somente interessadas em saber quem está certo e quem está errado, o conflito só poderá se agravar. Se as fontes do conflito podem ser definidas e anunciadas rapidamente, então há uma chance de que o problema possa ser "manejado". Nesse caso os dois lados vencem.

A capacidade para fazer face aos conflitos certamente revela, também, capacidade e talento no relacionar-se com as pessoas e entre elas. Um entendimento de como compartilhar significados, como usar a linguagem e a comunicação não-verbal, como percebemos uns aos outros, como nos comportamos em grupo — tudo isso pode ajudar em nossos relacionamentos. A qualidade das relações pessoais é um fator-chave nas organizações. *Acreditar verdadeiramente, ouvir, usar e aceitar estilos diferentes de comunicação e representar papéis adequados a diferentes situações — são capacidades que necessitamos possuir para uma comunicação eficaz.* Se você trata as pessoas com meias verdades e está sempre na defensiva, somente ouve suas próprias idéias, procura sempre utilizar o mesmo estilo de comunicação em qualquer situação, então sua atuação será fraca e seu êxito difícil.

2 — ESTUDOS DE CASO E DESFECHO

A história de Karen

Esta era a terceira vez que Karen e Peter trabalhavam juntos num drama para a Associação da Universidade. As produções an-

teriores haviam tido audiência fraca. Poucos estudantes vieram, além de mães, pais e alguns amigos dos autores. Raras pessoas da localidade.

Eles poderiam ter encenado Agatha Christie ou J. B. Priestley, mas nenhum deles achou que estes dois autores fossem apropriados. Por isso, resolveram encenar Joe Orton.

Karen pensava que desta vez os seus alunos de comunicação poderiam trabalhar na propaganda da peça como um projeto de aula. Ela tinha idéias sobre fazer mais do que uns poucos cartazes. Mas ela queria que essas idéias partissem dos alunos, não dela. Isso se transformaria, então, num projeto deles e não dela.

Para isto Karen reuniu-se com os estudantes de comunicação e levou com ela alguns elementos do elenco. De qualquer forma, um ou dois elementos do curso de comunicação pertenciam à Sociedade Dramática Universitária.

"Vocês sabem, afinal, que estamos ensaiando uma peça de teatro. Eu gostaria que assumissem a tarefa de fazer nossa propaganda. Isto seria uma experiência útil para vocês, além da chance de produzir algo concreto em comunicação. Eu trouxe comigo Rick e Cindy, os quais falarão a vocês sobre a peça que pretendemos levar, apresentando alguns temas e idéias que podem ser utilizados em cartazes — desde que concordemos que devam ser feitos cartazes."

Os atores falaram sobre a peça e, gradualmente, Karen foi realizando um verdadeiro brainstorm, *uma discussão livre e geral, com um dos estudantes anotando todas as idéias que surgiam. Algumas delas eram inexeqüíveis, mas todas foram registradas para que, depois, pudessem selecionar as melhores e realizar uma boa campanha de propaganda.*

Ao fim da sessão, a classe foi dividida em grupos de trabalho. Cada grupo tinha suas tarefas a fazer e deveria retornar com planos para uma nova reunião, marcada já em data próxima.

Um grupo deveria produzir uma carta a ser enviada a todos os alunos. Eles deveriam resolver, mais tarde, como imprimi-la e distribuí-la.

Outro grupo deveria providenciar também uma carta, que seria enviada a colegas dos cursos secundários de outras escolas. E outro grupo deveria produzir um release, *destinado à rádio local e ao jornal. Eles deveriam, também, convidar a imprensa para assistir a peça, bem assim como um repórter fotográfico. Outros estavam trabalhando numa pequena demonstração da peça a ser levada a efeito no Shopping Center, antes da estréia. Além disso, deveriam, também, contatar a polícia sobre segurança para essa pequena demonstração.*

Outros deveriam providenciar para que trechos da peça fossem gravados, a fim de serem exibidos na TV da União Estudantil na semana que antecedesse a estréia. Finalmente, um grupo estava estudando cartazes, programas e entradas que deveriam ter o mesmo tema e a mesma ilustração. Eles estavam contentes com tudo isto. Nunca tinham feito nada igual.

Karen esperava muito do trabalho. Ela havia falado com o chefe do Departamento a respeito de seus propósitos. Ela queria deixar bem claras suas idéias. Felizmente, ela sempre procurava envolver a comunidade com a Universidade, tanto quanto isso fosse possível.

Sobre a história de Karen

Karen tinha um problema típico de comunicação. Como persuadir as pessoas da Universidade e de fora a assistir sua peça? Os velhos métodos de colar cartazes na Universidade e seus arredores mostravam-se insuficientes. Desde que ela resolveu distribuir o trabalho entre os alunos de comunicação e propaganda, o projeto começou a parecer viável.

Você pensa que todas essas idéias são sensatas? Como poderia avaliar a eficácia da campanha e dos elementos nela contidos?

Esta seção final do Capítulo 4 vai colocar alguns problemas de comunicação, descrevendo resultados que refletem o uso da propaganda. Usualmente não damos respostas para os casos apresentados. Queremos que você considere as possíveis soluções por si mesmo e as discuta com seu grupo.

2.1 — Canais de comunicação

Esta seção assume a forma de um jogo destinado à investigação dos caminhos através dos quais os canais de comunicação operam em seus centros. Três níveis de centros seriam os modelos de uma pequena hierarquia.

Se não for possível reunir um grupo de pessoas para este jogo, você pode tentar algo similar com apenas três pessoas. Alternativamente, você pode imaginar várias coisas que poderiam acontecer.

Modelo para construir um jogo

Idealmente você necessitaria, no mínimo, de dez pessoas e um organizador para construir um modelo original. Você necessitaria, ainda, de algumas peças de montar, como os conhecidos "Legos", ou outros materiais, com os quais se pode fazer qualquer coisa. É preciso, claro, uma sala, preferentemente com uma mesa e cadeiras. E, ainda, uma outra área privada, onde somente alguns participantes do jogo terão acesso.

Como desenvolver o jogo

a) Devem ser formados grupos de, no mínimo, cinco pessoas. Nove seria o número máximo aceitável para cada grupo. Se você tem 15 pessoas e material suficiente, então é recomendável organizar grupos de cinco pessoas cada um.

b) Cada grupo organiza-se conforme os seguintes papéis:
Construtores: duas ou mais pessoas;
Supervisor/Instrutor: uma ou mais pessoas;
Gerente/Planejador: uma ou mais pessoas;
Observador: uma ou mais pessoas.

Os construtores tentarão construir um modelo que é uma duplicata do modelo original construído pelo organizador do jogo. Os construtores não devem ver o modelo, até que o jogo tenha terminado.

Os supervisores/instrutores recebem instruções dos gerentes para dizer aos construtores como construir o modelo. Eles podem fazer perguntas aos gerentes. Atuam como intermediários entre os gerentes e os construtores. Os construtores — repetimos — não devem ver o modelo original até que o jogo esteja terminado.

O gerente/planejador fica na área reservada com o organizador do jogo para ver o modelo original, que deverá ser copiado. A tarefa do gerente é descrever o modelo para os supervisores que, então, dirão aos construtores como construí-lo. O gerente não deve deixar que os supervisores vejam o modelo original, nem permitir que os construtores ouçam as instruções do gerente.

Os observadores observam todo o processo entre gerentes e supervisores e entre supervisores e construtores. Eles podem ver o modelo original desde o princípio do jogo e não devem se comunicar com nenhum dos outros jogadores. Os observadores devem anotar tudo que está acontecendo. Estas notas serão usadas, mais tarde, depois de terminado o jogo, em discussão com todos os participantes. Elas podem incluir comentários, tais como: quais os papéis adotados pelos grupos no começo? Surgiram líderes? Houve muita ou pouca informação? As instruções dos gerentes foram modificadas quando repassadas aos construtores? Quais os conflitos que surgiram e quais as suas causas? Houve frustrações? Quais foram? Como se desenvolveram? Como elas poderiam ser solucionadas?

O jogo

No decorrer do jogo cada grupo construiu um modelo, que é uma duplicata do original. O original só pode ser visto pelos gerentes e observadores. Há um limite de tempo para completar o jogo. Esse tempo depende da natureza do modelo. Sugerimos que ele seja estabelecido entre 15 e 20 minutos. Nada deve ser escrito ou desenhado, a não ser pelos observadores e para seu próprio uso. Apenas os construtores podem tomar parte na construção.

A discussão depois do jogo

Quando o tempo termina, todos os participantes se juntam para discutir os problemas surgidos durante o jogo:
— como se sentiram a respeito dos papéis que lhes tocaram?
— que canais e técnicas de comunicação foram utilizadas?
— se eles não existiam, como puderam ser incrementados?
— o ponto de vista dos observadores difere do pensamento dos jogadores?
— eles aprenderam alguma coisa sobre comunicação entre as pessoas?

2.2 — Ouvindo boatos

Os boatos se espalham através de falatórios, agitando a todos, especialmente porque as pessoas estão famintas por informações e se vêem, por isso mesmo, no escuro. Aqui apresentamos um caso de falatório num escritório, no qual era comum a circulação de boatos.

Um escritório na cidade

Brian, presentemente, trabalha como escriturário numa empresa de seguros na cidade de Londres. Ele está ali há sete anos e ali pretende continuar, porque as pessoas são amigas, o serviço é interessánte, lidando com diferentes espécies de interesses, e a companhia dá, ainda, benefícios bem atrativos. Brian gosta de trabalhar na cidade devido ao fácil acesso a lojas, concertos, teatros e galerias de arte. Seu escritório fica a poucos passos da estação. Ele pode, assim, vir de casa até o trabalho em poucos instantes. O escritório é aberto, mas com uma atmosfera de constante ocupação, o que é uma boa maneira de manter contato com toda a equipe. Eles falam sobre o trabalho, mas também falam muito sobre seus problemas fora do escritório. Brian nem sempre conhece tais problemas muito bem.

Então começou a correr um boato de que a companhia estava pensando em fechar o escritório na cidade para abrir outro no oeste da Inglaterra. A pessoa que disse isso a Brian informou que ouvira de outra pessoa que trabalhava no andar superior, a qual, por sua vez, ouvira de uma faxineira que, por sua vez, ouvira uma conversa ao telefone. A história correu por todo o escritório, tal como uma chispa de fogo. Quando se falava no assunto, seja no almoço ou no bar, havia uma série de reações. Muitos deles gostariam, realmente, de trabalhar fora de Londres e se a companhia oferecesse boas condições, eles aceitariam. Outros, no entanto, não gostariam de se mudar e esperavam que nada disso acontecesse.

A respeito dessa situação, considere as seguintes questões:

a) há algo que Brian possa fazer, após ouvir esses boatos?

b) imagine que você é o gerente do escritório e chegue a seus ouvidos essa história. Você nunca disse nada a esse respeito e não tem qualquer idéia de como tal história está circulando. Isto certamente afetará sua equipe neste momento. Que atitude você tomaria?

c) alternativamente, imagine que você é o gerente do escritório nesta situação e você sabe, confidencialmente, que a companhia tem a intenção de mudar-se de Londres para o interior. A decisão final ainda não foi tomada. Qual seria sua atitude?

2.3 — Uma questão de disciplina?

O estudo deste caso explora as relações interpessoais, conflitos de atitudes e expectativas sobre papéis a representar. Há uma diferença entre o que uma organização espera e o que um indivíduo considera como sua própria liberdade de ação, a qual — segundo ele acredita — não afeta a ninguém mais. Isto nos remete a uma entrevista.

Entrevista com Jonathan

Jonathan estava feliz quando deixou a Universidade e conseguiu um emprego como trainee *na gerência da filial de uma construtora. Quando ele começara os dois anos de tempo integral na Faculdade Nacional de Administração esperava fazer carreira num banco ou numa empresa de construção.*

No último verão ele estava procurando trabalho e indo a várias entrevistas. Aconselhou-se com a mãe e com o orientador de seu curso na Universidade. Ele aprendeu — e praticou — sobre tais entrevistas como parte de seu curso. Ele sabia que deveria representar uma série de papéis. Então sua mãe comprou-lhe um terno cinza, muito bonito — ele pensou —, com um corte moderno. Ela disse que este seria o último terno que compraria para ele, pois logo que conseguisse emprego ele deveria comprar suas próprias roupas. Ele decidiu, ainda, cortar os cabelos. Sempre se vestia corretamente, jamais andava com roupas amassadas. Para a entrevista, resolveu não colocar seus brincos. Tinha a impressão de que os gerentes de bancos e grandes empresas eram "quadrados" com suas idéias sobre roupas. Quando o sr. Yorke, gerente da Sociedade Construtora, encontrou-se com Jonathan, ele ficou verdadeiramente impressionado com o jovem. Esperava encontrar alguém da classe A, mas este jovem tinha boas referências da Universidade e havia obtido ótimas notas em seu curso. Ele começou bem a entrevista. Apresentava-se corretamente, vestia-se com elegância, falava direito, era brilhante e demonstrava querer fazer uma carreira por esforço próprio e, assim, conquistar seu lugar na sociedade. O sr. Yorke não tinha dúvidas de que Jonathan era o melhor dos quantos ele havia visto durante este ano. Ele fazia o seu trabalho cuidadosamente e sentia-se bem na filial. Também saíra-se otimamente no curso de treinamento.

Apesar de tudo isto, na última semana, o sr. Yorke decidiu que deveria falar com Jonathan sobre um problema que o estava preocupando. A entrevista ocorreu assim:

YORKE — Ah, entre! Sente-se. Eu queria ter uma palavrinha com você. Como você sabe, estou satisfeito com seu trabalho e penso que você poderá fazer o melhor pela Sociedade Construtora. Isto é o que eu penso e, a propósito, queria falar com você sobre um pequeno problema que está me aborrecendo um pouco. Na verdade, não quero fazer uma crítica. E não fiz nenhum comentário a respeito com os outros membros da nossa equipe, ou mesmo com nossos clientes. Mas eu sei que você mantém contatos constantes com o público e os clientes esperam certas coisas já estabelecidas.

JONATHAN — Desculpe-me, sr. Yorke, mas eu não sei o que o sr. quer dizer. Eu penso que não tenha feito algo que não deveria...

YORKE — Bem, não. Eu não deixei isto claro ainda. Mas você vê, trata-se da gravata branca que você usa com camisa cor-de-rosa e calças muito justas, com sapato marrom. Eu não estou dizendo que isto não é elegante. Eu sei que você toma cuidado com sua aparência. Bem, tudo está OK para passear, mas não é apropriado pa-

ra o trabalho. Não num trabalho como o nosso. Eu não mencionei antes, mas também notei recentemente que seu cabelo vem tomando um tom avermelhado e, em alguns dias, você usa brincos em sua orelha. Não me interprete mal. Não é algo que me aborreça pessoalmente, mas estou certo de que você poderá ver o que isto significa para nossos clientes.

Neste ponto, Jonathan sentiu que deveria dizer alguma coisa...

Sobre a história de Jonathan

a) Deixemos, agora, você decidir o que diria, qual o tom de voz que usaria, se fosse Jonathan. Se você pode trabalhar com alguém, forme uma dupla e desempenhe os papéis desta entrevista.

b) Você acha que o gerente está certo? Poderia ele ter colocado o problema como ele o encara, em termos diferentes?

c) Você julga que há diferentes expectativas sobre a maneira de se vestir, entre homens e mulheres, no trabalho? Essas diferenças são justificáveis?

d) Considere um número diferente de organizações, tais como escolas primárias, escolas secundárias, universidades, escritórios, lojas, fábricas, construtoras e igrejas, em termos de suas regras e convenções sobre a maneira de se vestir. Que espécies de diferenças são estas? As normas mudam? Pensando sobre isto, tente falar sobre pessoas de diferentes idades para comparar suas atitudes atuais com as atitudes do passado.

RECAPITULANDO

Esta recapitulação nos ajuda a checar os diferentes pontos deste capítulo a respeito da "Comunicação nas Organizações".

1.1 — Como as organizações operam?
Passamos uma vista de olhos sobre organizações e enumeramos algumas características que nos ajudam a entender como elas trabalham:

    elas são criadas com um propósito;
    elas estruturam seus próprios relacionamentos;
    elas estabelecem seus objetivos;
    elas dividem as tarefas a serem feitas;
    elas coordenam as partes que atuam em separado;
    elas gerenciam recursos;
    elas se comunicam internamente e, externamente, com outras organizações com as quais estão envolvidas.

1.2 — Relacionamento e estrutura nas organizações

Olhamos para estruturas formais e oficiais. Elas são expressas em diagramas formando pirâmides ou figuras em diversas linhas. Ressaltam as questões sobre hierarquia e *status*. Alternativamente, podem surgir situações de igualdade.

1.3 — Centros de comunicação

As informações fluem através de vários meios. O centro é o meio de visualizar esse processo. Um processo aberto de troca de informações é desejado. Ou, então, uma forma mais eficiente de fazer com que a comunicação flua.

1.4 — Canais informais de comunicação

Ao longo, ou fora das estruturas formais e dos centros de informações, as pessoas desenvolvem seus próprios canais de comunicação. Os falatórios, as fofocas, os boatos, são parte desse processo.

1.5 — Conflitos

Uma comunicação eficiente leva em conta as diferenças entre grupos e indivíduos. As pessoas querem questionar e ver a origem de seus conflitos. Eles podem ser:

com o indivíduo;
entre o indivíduo e os grupos;
o resultado de tensões na organização.

Se os conflitos forem enfrentados, eles podem não desaparecer, mas podem ser administrados como problemas e serem resolvidos conjuntamente.

2 — Estudo de um caso

Finalmente, focamos o problema geral da organização da comunicação através de três casos estudados e suas soluções:
— Canais de comunicação;
— O que se ouve nos falatórios;
— Um problema de disciplina.

ATIVIDADES

1 — Para estudo individual, em pares ou grupos

Usar formas de comunicação para pôr mãos à obra em tarefas.

Releia a história de Karen. Crie seus próprios projetos de cartas, cartazes e programas, propaganda e notícias para jornais e rádios que descrevam a situação. Crie, também, coisas que você conhece ou, então, alternativas para o evento em suas área familiar.

2 — Para estudo individual ou em pares

Para investigar e descrever estruturas e canais de comunicação.

Pesquise e descreva as estruturas e canais de comunicação. Faça um estudo sobre uma organização que você conheça ou à qual você pertença. Para completar as tarefas a seguir você necessitará entrevistar ou falar com as pessoas. Apresente um relatório escrito sobre algo fora da organização. Você pode apresentar isso oralmente ao grupo. Nesta lista de tarefas utilizamos termos apropriados a uma Universidade. Para organizar seu relatório, você pode se referir a qualquer tipo de organização de seu conhecimento:

a) desenhe um organograma da empresa, indicando os departamentos e dando os cargos de diferentes pessoas para demonstrar sua estrutura e as linhas de responsabilidade;

b) relacione as agências de fora com as quais a Universidade mantém contato;

c) quais são as reuniões normais? Inclua aquelas que são próprias da equipe, dos alunos e de pessoas de fora;

d) qual o sistema existente para manter as pessoas, em todos os níveis, bem informadas? Inclua exemplos do que é feito por escrito ou oralmente;

e) que tipo de publicações são produzidas? qual foi a mais recente publicação feita no jornal local?;

f) há uma forma de comunicados ou uma revista? qual o seu propósito, estilo e conteúdo? qual é a sua periodicidade? quem contribui para fazê-lo?;

g) olhe três quadros de avisos na Universidade — onde estão localizados? o que se espera deles? quais os tópicos que ali abordam? há informações novas? as pessoas tomam conhecimento das informações?

3 — Para estudo individual

Desenvolver técnicas de entrevista.

Arranje uma entrevista com alguém que trabalhe numa organização com a qual você não está familiarizado. Os tópicos poderiam incluir os meios de comunicação que são utilizados pela organização; quanto tempo as pessoas gastam se comunicando; que formas são usadas; aspectos de relações públicas; sistemas para manter membros ou empregados informados sobre a organização.

Prepare, antecipadamente, as perguntas, grave a entrevista, escreva um relato sobre ela para enviar ao entrevistador. Cheque, com o entrevistador, quais os fatos e impressões sobre o trabalho na organização à qual ele ou ela pretendem que seja conveniente para você.

4 — Para estudo individual ou em pares
Para utilizar formas de comunicação com convenções apropriadas.
Imagine uma situação na universidade ou no colégio, local de trabalho, ou clube social que você freqüenta. Você acredita que nesse local poderá instalar um bar e uma máquina de vender bebidas. No passado tais idéias não foram avante.

a) Redija um memorando para a pessoa apropriada, colocando o problema da instalação de tal máquina. Inclua as razões pelas quais você acha que tal iniciativa seja desejável e onde poderia colocar a referida máquina.

b) A pessoa a quem você escreveu convida-o para um contato pessoal, para discutir o problema. Prepare-se para esta entrevista.

c) Esta pessoa está disposta a levar em consideração suas idéias, mas quer saber sobre custos e o trabalho que tal operação envolve. Rascunhe uma carta para enviar ao vendedor de tal máquina, pedindo as informações de que você necessita. Lembre-se de criar nomes e situações que dêem autenticidade ao seu trabalho.

5 — COMUNICAÇÃO DE MASSA

"As imagens televisivas tendem a ser inquestionáveis. Elas são aceitas como sendo 'naturais', assim como o gás, a água, a eletricidade. Elas parecem não ter sido tocadas pela mão humana." (Stuart Hood, *On Television*, 1983.)

Este capítulo se concentra na mídia de massa, com exemplos da imprensa, rádio e televisão. As instituições, processos e produtos da comunicação de massa são o foco principal. Este capítulo faz considerações sobre o que é, e como viver, em nossa sociedade de comunicação de massa. Aborda os efeitos e a influência da mídia. Em particular, são discutidos propaganda, noticiários e imagens visuais. Aborda os mais recentes desenvolvimentos das técnicas de comunicação.

1 — UMA SOCIEDADE DE COMUNICAÇÃO DE MASSA

A história de Derry

Derry não estava nessa de computadores. Ela não fazia questão de video-games. O que ela gostava mesmo era de irritar o seu irmão, Geoff. Assim, a primeira coisa que ela fez na quinta-feira de folga foi tomar seu café na sala e começar a brincar com "Cavernas dos Tubarões". Criaturas horrorosas materializavam-se na tela, à medida que ela ia penetrando cada vez mais fundo em direção à "Pedra do Saber". Ela precisava eliminar, ou enganar as criaturas, e os guinchos dos monstros agonizantes aumentavam num crescendo, até que a porta subitamente se abriu e Geoff ameaçou-a com um destino pior ainda se ela não deixasse o computador em paz imediatamente. Derry não precisava clamar pelo mérito de ser a irmã mais velha. Ela era bem melhor nesses jogos do que Geoff, e ele sabia disso. Afinal, eles eram todos iguais. "Quadrinhos eletrônicos", ela os chamava. Ela desligou o computador e, acintosamente, colocou um videocassete, pois assim Geoff não poderia utilizar o vídeo de jeito nenhum. Começou a mastigar um biscoito de baixas calorias, enquanto assistia ao final da fita que não havia visto na noite anterior. Ela precisava devolver a fita a Caroline ainda hoje.

Derry deu uma olhada no relógio do monitor. Ela precisava telefonar para Caroline e Sue, se é que pretendiam se encontrar na cidade. As duas estavam sem trabalhar e desperdiçariam o dia inteiro se Derry lhes desse a mínima chance.

Seu pai aproximou-se, enquanto ela estava ao telefone, e colocou um despertador no peitoril da janela. Derry olhou ferozmente para ele, sabendo que precisaria desligar em 5 minutos. Era estúpido o rebuliço que ele fazia sobre seus telefonemas quando estava esperando mensagens da América, naquele "correio eletrônico".

"Mas", dizia seu pai, "a companhia me paga porque é importante para eles saber que eu estou em contato sempre, me informando sobre o que está acontecendo lá, mesmo fora das horas de expediente. Eles não me pagam horas extras por acaso. E eu posso entrar em contato imediatamente com Filadélfia. Por isso eu acho que... eu não preciso ficar me justificando para você! Você paga a sua parte nas contas telefônicas e todos nós ficaremos contentes."

O alarme do despertador soou.

Geoff fez uma careta para Derry, enquanto saía pela porta em direção à escola...

Derry saiu logo em seguida, vestida na moda, com um boné displicentemente jogado sobre seus fones de ouvidos e o ritmo da "Cuban Swing Band" martelando em seus ouvidos.

"Se você tirar essas coisas, não precisará gritar", disse a vendedora, afavelmente, quando Derry pegou seu exemplar de Heartbreak. *Derry jogou-lhe um beijo, e corou. Ela deu uma olhadela na revista, enquanto estava no ônibus. As três garotas trocavam revistas e fitas entre si.* Heartbreak *era a favorita por causa das fotonovelas de amor. Antes, elas levavam as histórias mais a sério do que hoje em dia. Mas ainda passavam momentos agradáveis rindo das poses estáticas dos modelos e das caras e caretas para os fotógrafos. Era como os programas de televisão da tarde que elas assistiam sempre que podiam. Era alguma coisa vinda da Austrália, chamada* Beach Babies, *e era um verdadeiro* cult *para Derry. Todas elas tinha apelidos retirados*

da série, além de um repertório completo de piadas da beach, *que levava todas a espasmos de riso nas sextas-feiras à noite, no bar.*

Derry sorriu para si mesma, ao ver Caroline e Sue esperando-a no ponto de ônibus, embaixo do painel com propaganda.

Sobre a história de Derry

Isto nos mostra alguma coisa sobre como nossas vidas, nosso trabalho e nosso lazer se tornaram dependentes dos meios de comunicação de massa. A própria realidade de nossas experiências diárias é, parcialmente, artificial, inventada pela mídia.

O estilo de vida de Derry e suas experiências comuns são aquelas em que ela utiliza objetos produzidos pela comunicação de massa, através da qual recebe informações maciças e sobre a qual se comunica com os outros, no mesmo sistema. Em outras palavras: a televisão, o telefone, o toca-fitas portátil são elementos naturais para ela, parte integrante de sua vida. E assim são outros itens de alta tecnologia, tais como as redes de computadores mundiais utilizadas pelo seu pai.

Nosso trabalho e nossos momentos de diversão estão mudando rapidamente. E são os sistemas e produtos da comunicação de massa os responsáveis por grande parte dessa mudança.

1.1 — O que queremos dizer com massa?

Podemos falar sobre sistema ou produto ou audiência. Podemos definir "massa", principalmente, em termos de volume, escala e velocidade.

O sistema é a organização que produz a comunicação, tal como os serviços de correios, ou uma rede de rádio.

Podemos dizer que tais sistemas são de massa porque operam em larga escala e transportam muitas mensagens para muito longe. O produto é o objeto produzido ou transmitido pelo sistema. Pode ser algo físico como um jornal, ou algo que é vivenciado, como um programa de televisão. O uso da palavra "produto" será discutido posteriormente. Mas a questão é que esses produtos são manufaturados. Quer falemos sobre milhares de cópias de uma revista ou milhões de cópias de um disco campeão, o importante é que estamos nos referindo a números massivos de um sistema de produção em massa.

A audiência pode atingir milhares ou milhões. Pode ser composta por pessoas que possuem muito em comum, ou pouco, com exceção do fato de estarem assistindo ao mesmo programa. Mas, ainda aqui, os números são suficientes para serem significantes em qualquer análise ou explicação do processo da comunicação. Eles a afetam, inclusive na forma como ela ocorre. Esta comunicação pode ocorrer em escala de massa (como, por exemplo, o telefone) e muito ligeiro, e em grande quantidade.

1.2 — Massa: qual o significado, então?

Produção em massa de mensagens também significa a repetição em massa das próprias mensagens.

O principal traço da comunicação de massa, quando comparado com outras categorias, é que ela opera em uma larga escala. Antes de olharmos para nossa sociedade de mídia e as operações de mídia em maior detalhe, é bom compreender que precisamos encará-las criticamente, porque elas dizem o mesmo tipo de coisas ao mesmo tempo e tão freqüentemente. E, além dessa repetição da mensagem, existe também a questão da penetração. As mensagens de rádio podem penetrar diretamente dentro do carro ou dentro de casa, ou mesmo em algum lugar remoto de férias. Folhetos, cartazes e jornais são jogados embaixo de nossas portas. E com estes objetos, e através deste sistema, chegam as idéias e as crenças que elas carregam. As mensagens nos atingem diretamente, uma depois da outra, repetidas vezes.

Assim, fica claro que precisamos olhar atentamente para o significado dessas mensagens, quem as envia, por que e com que possíveis conseqüências.

Um balanço completo da operação que estamos descrevendo mostra os efeitos em coisas que todas as pessoas consideram importantes: nossas relações com os outros; em que acreditamos; como descrevemos e entendemos o mundo que nos cerca.

A comunicação de massa também faz parte do mundo. Nós acreditamos que existem alguns aspectos específicos da nossa sociedade de comunicação de massa que necessitam ser analisados mais detidamente, como faremos a seguir.

1.3 — Sistemas — eficácia sem controle

Neste século a sociedade foi largamente transformada, na medida em que sistemas de comunicação de massa se tornaram disponíveis para um número cada vez maior de pessoas. Nós estamos mais conscientes do que se passa no mundo, através de mídias tais como televisão e rádio, que utilizam satélites e sistemas de cabo. Podemos manter contato com pessoas através de grandes distâncias, através das redes de telefone que nos permitem discar diretamente para o outro lado do mundo. Podemos encontrar uma larga gama de tecnologias que nos entretêm através da visão e da audição. Existe muita coisa disponível que pode tornar nossas vidas mais divertidas, que pode nos manter em contato com os outros, que pode nos manter melhor informados sobre os fatos e acontecimentos de cada dia. Os sistemas estão disponíveis para nosso uso, mesmo que o custo muitas vezes elimine a parcela mais pobre da população. Mas esta visão de uma sociedade que se diverte e trabalha com sistemas de comunicação de massa facilmente disponíveis deve ser revista e corrigida sob um outro ponto de vista. É que nós não temos muito controle sobre esses sistemas, como indivíduos. Se não gostamos da forma como a televisão funciona, não existe muito que possamos fazer. Se desligarmos os aparelhos em número suficiente, um determinado programa poderá ser cancelado. Mas isto é tudo.

Estas observações pretendem levantar a questão sobre o processo da comunicação de massa. O tema sobre se o sistema é ou não satisfatório é levantado quando se descreve sua operação, ou seja, como a comunicação se efetua.

É nossa intenção discutir tais questões como parte da teoria da comunicação, na medida em que descrevemos rapidamente estes aspectos principais da sociedade de comunicação de massa.

1.4 — Informação — uma explosão retardada

É verdade que nossa sociedade tem sido largamente transformada pela capacidade que temos de transmitir informações rapidamente, através de grandes distâncias. Os vários meios de comunicação de massa tornaram isto possível. Os governos e o comércio sempre dependeram da sua capacidade em manipular informações. O volume total de informações a ser processado por uma população cada vez maior encorajou o desenvolvimento de novas tecnologias. Os governos não podem agir sem as memórias de computadores para armazenar informações. Bancos e outras empresas não podem funcionar sem as redes de computadores conectando as filiais com as matrizes. Nossos bilhetes (passagens) de férias dependem da capacidade das companhias aéreas e agentes de viagens de trocarem entre si informações sobre vôos e reservas, através de sistemas similares.

A lista de exemplos é infinita. Nossa sociedade não pode ser administrada sem os meios de comunicação de massa.

Mas a população em geral, também, é capaz de obter e trocar informações em uma escala jamais igualada na história da humanidade. Nós, agora, temos como certos o funcionamento do sistema postal e telefônico. Estamos utilizando fontes de informação como *fax* e bancos de memória, que podem ser acionados através de nossas telas de televisão. As próprias redes de televisão, e a imprensa escrita, são fontes de informações sobre muitas coisas, inclusive sobre outros lugares e pessoas. A comunicação de massa tornou tudo isto possível. Como sociedade estamos, agora, habituados à idéia de dar, tomar e usar informações em uma escala de massa.

Devemos, também, perceber que existe um limite para esta sociedade embasada nesse tipo de informações.

Existem enormes limites de acesso, limites de controle e limites de custo.

Já citamos o problema de controlar estes sistemas no item anterior. Muitas vezes isto levanta importantes questões. Por exemplo, instituições poderosas — como grupos financeiros ou a própria polícia — guardam informações sobre o cidadão comum. Na Inglaterra, uma legislação de proteção a este tipo de informação está, agora, sendo introduzida. Mas, até o momento da publicação deste livro, não existia nenhuma forma de corroborar ou modificar tais informações, mesmo quando determinadas circunstâncias traziam à tona que os dados arquivados estavam errados. E, por exemplo, temos os casos em que o cidadão não pode ver seus próprios dados médicos ou educacionais.*

A questão levantada por tais usos da comunicação de massa é sobre quem tem o direito de dizer o que sobre quem; quem controla o sistema e quem tem acesso a ele.

A questão do acesso — que leva às informações — também nos lembra que existem outros exemplos de limitações. Isto poderia ser resolvido pela utilização de mais tecnologia. Por exemplo, pode ser muito caro e consumir muito tempo ir até à biblioteca principal para encontrar alguma coisa, como leis sobre construção. Um dia, talvez, seja possível trazer a informação diretamente para casa via uma ligação a cabo com a biblioteca (que arquivaria as informações eletronicamente no computador, em lugar de arquivá-las nas páginas dos livros).

---

* No Brasil é conhecido o problema do SNI — Serviço Nacional de Informações —, que só agora, com a nova Constituição, é obrigado a revelar suas fichas aos cidadãos que o requeiram através do *Habeas Data*. (N.T.)

Assim, a explosão da informação, através dos sistemas de comunicação de massa, afeta nossa sociedade profundamente, mas ainda tem suas limitações.

1.5 — Mais diversão, mas na verdade menos escolhas?

Somos felizes em ter mais tempo e mais dinheiro para o lazer do que as gerações anteriores. É a comunicação de massa que nos traz essa diversão. A diversão transforma-se, na verdade, em uma indústria por si mesma. Nossa economia depende muito do dinheiro gasto em diversões, em coisas como video-tapes, cassetes, televisão e revistas. Estas coisas são produzidas em massa ou transmitidas em massa, adquiridas e vistas em grande número. Freqüentemente, diversos meios de comunicação interagem para produzir exemplos de diversão que abrangem um horizonte amplo. Milhões de pessoas apreciaram um filme de ficção científica chamado *O retorno de Jedi*. Muitos, ainda, apreciaram o livro do filme, quadrinhos relativos ao filme e brinquedos, para não falar de *posters,* artigos em jornais e revistas. Muita gente viu o filme em videocassete, ou assistiu-o através da rede de televisão ou da TV a cabo. E, para aqueles que gostaram do filme, a mesma empresa oferece um video-game chamado "Resgate em Fractalus".

As opções de divertimento são consideráveis. É uma parte do nosso estilo de vida, da nossa cultura e da nossa sociedade. Os seriados de televisão* são parte de nossa conversa diária. As revistas femininas influenciam e provocam o gasto de milhões todos os anos em roupas, maquiagem e música popular.

A comunicação de massa traz uma ampla gama de diversões para nossa sociedade e, assim, transforma essa sociedade.

Mas também é verdade que esta ampla gama de opções não oferece de fato o número de escolhas que aparenta. Existem, relativamente, poucas organizações produzindo diversões que nós, realmente, apreciamos. E esses tipos de diversões são muito similares. Por exemplo: uma empresa adquiriu os três maiores jornais britânicos: *The Times, Sun* e *News of the World.* Os dois últimos são semelhantes na forma, no conteúdo e no tratamento da matéria. Muito espaço é reservado para fotografias, esportes, fofocas e sexo.

Assim, isto levanta a questão de saber se nós, de fato, temos ou não o tipo de diversão que desejamos. Também levanta outra ques-

---

* No caso brasileiro, as novelas. (N.T.)

tão: se nos inclinamos a querer o tipo de diversão que temos só porque já estamos habituados com isto...

Mais uma vez, podemos sustentar a idéia de sermos uma sociedade de comunicação de massa olhando para os fatos. Precisamos olhar, também, para o processo de comunicação, a fim de entender que tipo de mensagem estamos recebendo e por quê. Todos os conceitos descritos no Capítulo 1 podem ser utilizados para examinar, por exemplo, um jornal como uma peça de comunicação. O que nós estamos fazendo, agora, é acrescentar elementos para aquelas idéias. Você deve lembrar que é básico para o estudo da comunicação não ter nada como definitivo, ou acreditar que o jeito como as coisas se apresentam seja a forma natural de comunicação.

1.6 — A comunicação de massa como uma extensão de nós mesmos

Utilizamos os vários meios de comunicação de massa para ampliar a capacidade humana de comunicação. O tipo de sociedade que temos é resultado desta ampliação. É, obviamente, uma sociedade em que seus membros podem estar em contato em grande número e através de grandes distâncias. É, também, uma sociedade em que podemos examinar o mundo através da televisão. Estes fatos corroboram a idéia de que nosso mundo, em certo sentido, ficou menor. A expressão "aldeia global" sintetiza muito bem isto. Até certo ponto, atacamos o problema de uma população crescente pelo uso de máquinas que ampliam nosso poder de comunicação frente a frente.

Um sistema pode ampliar o alcance da voz humana de forma que ela atinja uma audiência de milhares de pessoas. O sistema telefônico amplia e leva a voz humana através de continentes. A página de uma revista arquiva palavras com mais exatidão do que a memória humana. Uma imagem televisiva sintetiza a linguagem não-verbal para milhões de pessoas, através de grandes distâncias ao mesmo tempo. E agora podemos argumentar que os computadores ampliaram nossa capacidade de pensamento e de tomada de decisão (atividades que estão por trás do nosso comportamento de comunicação).

Em nossa sociedade, atividades de trabalho e atividades sociais dependem, de uma forma maior ou menor, dos sistemas de comunicação de massas. Pode-se dizer, inclusive, que aqueles que não possuem itens como televisão e telefone (e um terminal de computador?) são socialmente incapazes. Eles não estão totalmente em contato com a sociedade como um todo. E isto levanta a questão do que acreditamos que seja essencial para uma sociedade saudável neste mundo de comunicação de massa que nós mesmo criamos.

1.7 — A mídia e a realidade social

A mídia é parte da realidade do nosso mundo. Ela também ajuda a criar essa realidade. Somos uma sociedade de comunicação de massa porque tal comunicação faz parte da sociedade e de suas atividades. Inventamos novas formas de comunicação para realizar atividades no trabalho e no lazer. A força motora por trás destas invenções é, geralmente, comercial — fazer mais dinheiro em vez de comunicar ou ajudar as firmas a desempenharem suas tarefas de comunicação mais eficientemente e de forma mais econômica. Mas, os efeitos da comunicação de massa extrapolam as empresas e seus lucros.

Para começar, o negócio da comunicação, incluindo a propaganda, engloba tanto dinheiro e emprega tanta gente que a economia entraria em colapso sem ele.

A mídia, também, em particular, modela a sociedade através de sua capacidade de produzir mensagens. Se pensamos que somos uma "sociedade moderna e abundante", por exemplo, então esta visão é parcialmente o resultado daquilo que a mídia nos apresenta. Nesta medida, a mídia ajuda a criar nossa visão do mundo, nossa autopercepção, a percepção da sociedade como um todo. Assim como nós estabelecemos nossas crenças e opiniões parcialmente nos baseando naquilo que familiares e amigos dizem, da mesma forma também estabelecemos pontos de vista a partir do que a mídia nos diz.

Desta forma, a mídia é, por exemplo, parte do processo político, gostemos disto ou não. Ela pode nos mostrar acontecimentos políticos enquanto eles ocorrem. Assim, a mídia ajuda a determinar o que são estes acontecimentos e eventos.

Isto, por si só, levanta muitas questões sobre o uso e efeitos da comunicação de massa. Que visão do mundo a mídia representa? Quão exata é essa visão? Como é reunida? Por quem?

Mais uma vez, todas estas perguntas são básicas para qualquer análise e explicação do processo da comunicação.

1.8 — A mídia — poder e influência na sociedade

A mídia tem poder e influência por causa da extensão de suas operações de comunicação.

Já nos referimos às características de repetição e penetração que contribuem para ampliar o poder da mídia. É um poder de comunicar em uma escala jamais igualada na história da humanidade. O efeito preciso deste poder e sua influência não podem ser facilmente mensurados. Este livro não pretende fazer uma análise detalhada do problema. Mas dados a esse respeito podem ser obtidos em outras fontes.

A influência da pressão do sistema é clara. Já mencionamos no item anterior e sublinhamos que a mídia modela nossa visão do mundo, em vez de apresentar pontos de vista alternativos. Em termos de efeitos da mídia, as principais questões levantadas giram em torno da apresentação da violência e tramas políticas, por exemplo.

Qualquer eleição é, hoje, amplamente dominada pelos enfoques da mídia, desde que o público esteja interessado. Mais especificamente, os políticos, como personalidades de mídia, representam crenças e determinadas atitudes. Os partidos políticos são corporificados pelos líderes políticos. A influência de tais líderes depende, em grande parte, da influência da mídia. Os efeitos precisos de tal influência são, no entanto, muito discutíveis. Isto é verdade, embora a noção do poder da mídia seja geralmente aceita.

Na Inglaterra a televisão tem o poder de atingir 18 milhões de telespectadores no horário nobre. Cada um dos três mais populares jornais ingleses têm o poder de enviar 3 milhões e 500 mil mensagens idênticas todos os dias.* E se o efeito exato de tal poder é difícil de ser mensurado, então alguns analistas de comunicação estão prontos a admitir que ainda resta um fato mensurável: a propaganda na televisão, por exemplo, realmente aumenta as vendas de um dado produto.

Se, portanto, existe algum tipo de poder e influência disponível através do uso destes meios de comunicação, algumas questões, obviamente, surgem. Isto pode ser expresso através de perguntas básicas, como: a quem deve ser dado o controle desse poder? Quem controla os controladores? Para que esse poder deve ser utilizado?

Conclusão

Assim, somos de fato uma sociedade de comunicação de massa. Isto significa que utilizamos os vários tipos de comunicação de massa de formas diferentes para conduzir os negócios e o lazer em nossa sociedade.

---

* No caso do Brasil, a situação é diferente. Não temos nenhum jornal com tiragem superior a 500 mil exemplares. (N.T.)

Significa que o uso e a experimentação de vários tipos de comunicação de massa tornaram-se, hoje, uma ocorrência normal no cotidiano dos membros da nossa sociedade.

Mas significa, também, que a natureza de nossa sociedade transformou-se, radicalmente, desde o último século, e ainda continua a se transformar. A comunicação de massa faz parte do nosso mundo, mas, ao mesmo tempo, ela ajuda a definir como nós vemos e entendemos esse mundo.

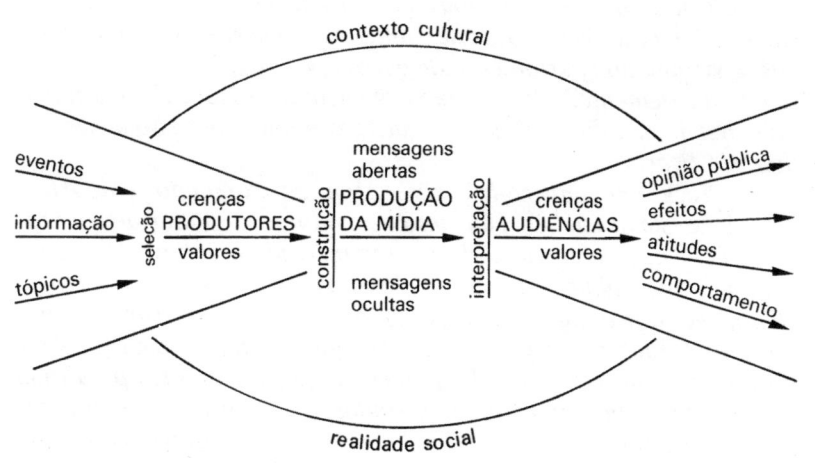

Figura 22 — Este modelo demonstra o processo da comunicação de massas.

2 — INTERPRETANDO A MÍDIA

A história de Alex

Alex percebeu que alguma coisa estava errada assim que acordou. Não era nada que ele pudesse identificar claramente. O apartamento parecia o mesmo. O barulho da manhã de sábado parecia o mesmo. Mas havia algo de perturbador no ar, assim como o odor indistinto do gás escapando alerta os sentidos sobre a ameaça.

Ele desceu para a porta da frente no exato momento em que o entregador de leite chegava. Este era um dos costumes que ele apro-

169

vava, desde que chegara à Inglaterra, alguns anos atrás. Entrega na porta. Mas ele não estava preparado para a garota extremamente bonita que lhe lançou um sorriso convidativo, enquanto deixava as garrafas de leite no chão. Alex arrumou seu pijama rapidamente, perguntando-se o que teria acontecido com Charlie, o assobiador, que geralmente fazia as entregas. Ele ligou o rádio, enquanto tomava seu café da manhã. O noticiário falava sobre uma negociação sindical. Alex escutava distraidamente, enquanto a oferta feita pelos empregadores era discutida e o locutor perguntava a um sindicalista se ele pensava ser possível trazer os empresários de volta à mesa de negociações.

Enquanto Alex deixava o prédio para fazer suas compras habituais de sábado, ele subitamente defrontou-se com um jovem grande e cabeludo, que vestia roupas de couro de motoqueiro. Enquanto ele se voltava, apreensivo, observando as tatuagens e as botas pesadas, a vizinha do apartamento de baixo apareceu. "Olá, Alex", disse ela, alegremente. "Vejo que você encontrou Don. Ele é a nossa nova babá. Eu e Reg voltaremos tarde esta noite, por isso achei melhor ele ficar."

"Prazer em conhecê-lo", disse Don, aproximando-se de Alex. Alex estava feliz em sair para as compras. Orgulhava-se da rapidez com que percorria todo o supermercado e voltava logo com aquilo de que realmente precisava. Por isso, achava que era um pouco chato, agora, ficar na fila do caixa, porque dois garotos estavam "empacados". Eles discutiam o preço de algum item com o caixa. Alex notou, com surpresa, que eles pareciam realizar compras para toda uma família. Mas pareciam organizados, e o garoto, finalmente, fez prevalecer o seu argumento quando disse ao caixa, firmemente, que, estoque velho ou não, o preço da etiqueta era o que ele iria pagar. Alex franziu as sobrancelhas. Sentia-se desconfortável.

Saindo do supermercado, ele foi tomar seu cafezinho habitual, onde geralmente encontrava Steve e o resto da turma. Na mesa ao lado, um grupo de jovens estavam se divertindo juntos, vendo algumas revistas. Alex inclinou-se para bisbilhotar, fingindo que não fazia nada. "O verdadeiro romance da Vida", leu ele na capa da revista. Franziu as sobrancelhas, novamente. "Mandy é realmente atraente, mas a gente conhece garotas do tipo dela. Elas estão somente atrás de uma coisa", ouviu ele, enquanto o jovem falava seriamente. Alex pagou a conta e saiu.

É claro que ele não viu o carro, ou não seria atirado do outro lado da rua no primeiro choque. Foi jogado na sarjeta, com uma forte dor na perna direita. Ficou ali, deitado, pensando claramente, acreditando, agora, que fora o seu sexto sentido que estivera tentan-

170

do alertá-lo sobre algo de errado naquele dia. Ele encontrou tempo suficiente para admirar a calma eficiente da polícia feminina que chegou para orientar o acontecimento. Alex fora a única pessoa a ferir-se seriamente. Os outros passageiros, dois homens, choravam quietamente, sozinhos, sem que ninguém lhes prestasse atenção. "Motoristas barbeiros", ouviu um pedestre gritar, indignado, antes de perder os sentidos.

Alex acordou no hospital. Percebeu logo que a rotina era pior que a dor na perna. Os enfermeiros eram muito gentis, mas tinham seu trabalho a fazer. E ele não havia se programado para esta imprevista estadia na cama. Uma parte do dia ficava vendo televisão com o resto dos pacientes da enfermaria. O problema é que a programação não era muito boa. Alex assistia, chateado, enquanto um drama ou comédia desenrolava-se na frente de seus olhos. O único programa de que gostava era uma comédia envolvendo uma família com um filho cego que deixava todos histéricos com suas observações sensitivas sobre os outros. Mas, à noite, não havia nada para distrair Alex, e ele não conseguia dormir, ou eliminar uma ansiedade cada vez maior.

Certa noite, um enfermeiro muito amável, chamado Michael, trouxe para Alex um livro. Ele lançou um olhar para o título: Alex no país dos espelhos, *leu ele. O pânico tomou conta do seu corpo. Alguma coisa não estava certa com o mundo. Alex sabia que o único jeito de lidar com o problema seria dormir. Assim ele estaria salvo.*

Sobre a história de Alex

Você não ficará surpreso ao ver que esta história não pretende ser verdadeira, nem tampouco levada seriamente.

Mas ela apresenta um ponto importante. Muitos materiais da mídia de massas, especialmente os de diversão, tendem a comunicar um ponto de vista limitado das pessoas. Repetem certos tipos de programas e certos tipos de pessoas. É assim que surgem conceitos de gêneros e estereótipos. Falaremos um pouco mais sobre isto logo adiante.

O principal é reconhecer que estas limitações estão lá, e entender que nossa visão do mundo é, de certo modo, limitada e distorcida. Reconhecer este problema é, de fato, uma boa maneira de começar a corrigi-lo. A experiência alternativa de Alex foi que homens, mulheres, jovens e velhos não se comportavam como eles costumam fazê-lo na mídia.

A mídia nos apresenta um mundo no qual as enfermeiras são verdadeiros anjos e são sempre mulheres e os jovens raramente estão interessados em romances de amor.

Se você reconhece outros pontos nesta história, tente reproduzi-los. Você, certamente, não concordará com muitos deles. A mídia não tem o monopólio das generalizações sobre pessoas e grupos. Nós temos outras publicações que podemos observar, no dia-a-dia, com opiniões próprias e alternativas. Mas, nesses casos, temos sempre uma audiência limitada. Isto não é verdadeiro para a grande mídia, que reforça suas idéias através de repetições constantes. Há mais coisas acontecendo do que nossos olhos podem ver no processo da comunicação através da mídia. Devemos interpretar esse processo para saber, afinal, para onde estamos indo. Nós utilizamos certos termos/conceitos para fazer esta interpretação.

2.1 — Editoração; edição

É um termo utilizado para descrever a transformação da matéria original (scripts, eventos, notas de repórter etc.) quando ela é processada pelos meios de comunicação de massa, pela mídia.

Qualquer forma de comunicação é apenas uma série de signos colocados no lugar do evento original, do acontecimento, do objeto, do fato, da idéia. Então essa espécie de edição, de manipulação técnica, toma lugar quando a comunicação acontece. Um filme mostrando tigres em sua vida pretende apenas mostrar tigres. Mas ele, evidentemente, não está nos trazendo os tigres reais em sua experiência original. Isto seria impossível. Portanto, o termo "edição" é, normalmente, tomado para significar mais do que apenas tirar ou colocar num lugar determinado e fazendo transformações em material a ser divulgado. Utilizamos esse termo com referência à mídia porque ela, efetivamente, transforma tudo que nos apresenta.

Outra vez, é conveniente deixar de lado a ficção nestas discussões. É óbvio que essa ficção não se pretende apresentar como experiência casual. Cada material ou matéria deve traduzir as intenções de seus autores. Ou, novamente, pode-se olhar a versão televisiva de um romance comparando-o com seu original. Em nenhum caso podemos ter certeza das transformações que tiveram lugar.

Contudo, muita coisa na mídia é ocasional ou pretende sê-lo. Aqui é que devemos olhar muito cuidadosamente a idéia da editoração.

Essa idéia nos leva a perguntar que espécies de modificações foram feitas do original até a versão que se torna pública. E, ainda, como essa mudança foi feita, por que e com que efeitos. Todos esses pontos que se seguem na segunda seção do capítulo, onde o conceito de edição é apresentado, confirmam o fato de que isto realmente acontece. Por exemplo, os esportes são editados de forma tal que a televisão apresenta vários eventos. Num nível meramente mecânico, uma partida de futebol é remanejada através do processo de edição: eles nos dão a impressão de que estamos vendo o que aconteceu, mas, na verdade, o tempo é comprimido de tal forma que aparecem apenas as partes mais dramáticas e os gols. Mesmo quando a partida é apresentada ao vivo, o futebol ainda é passível de ser editado. Os telespectadores acham muito bom o poder de edição das câmeras, mostrando as partes que se pretende sejam as mais interessantes do jogo. As gravações permitem aos editores controlar o tempo, dandonos, inclusive, *replays* de gols, repetindo determinados lances. Os comentaristas e locutores, atualmente, agem como editores, dando explicações e interpretando o jogo, inclusive sobre eventos que nem mesmo ocorreram no campo, como parte do próprio jogo em si.

Outro exemplo: os eventos que lançam modas criam expectativas nas lojas, pois a "editoração" atua através de revistas especializadas. Nesse caso, notamos duas coisas: diferentes mídias podem atuar juntas no processo, criando a noção do que é atual na moda. Isto pode ser criado no próprio processo editorial. A idéia do que é moda para o verão, por exemplo, não é o resultado de artigos ou *shows* de moda, mas também da opinião provinda das pessoas que escrevem os artigos e apresentam os desenhos. Escrevem, assim, o que julgam que deva ser a moda apropriada para as mulheres vestirem. As revistas, então, não editam nada que não esteja de acordo com isto. O que está fora disso está fora da moda atual. O curioso é que os artigos sobre modas contêm apenas idéias deles mesmos, sem outras considerações. É o que elas pensam que as pessoas devem vestir.

Desta maneira, a mídia se torna uma parte de nossa cultura. Isto se transforma num processo ativo.

Neste sentido a mídia ajuda a criar a cultura, assim como a nossa realidade social.

2.2 — Seleção e construção

O conteúdo de qualquer programa de televisão ou jornal é o resultado de um processo de seleção e construção.

Qualquer exemplo de material de mídia é um exemplo de uma peça de comunicação que vem de um número determinado de fontes e, finalmente, reúne-se numa só. E isto é colocado assim, de uma certa maneira, de uma certa forma. O que é deixado fora pode, eventualmente, ser mais importante do que o que é posto dentro, na peça de comunicação. A forma com a qual o material será construído dependerá de um número de presunções do próprio produtor — presunções, experiência prática do trabalho, hábitos, convenções, tudo isto faz com que o "normal", ou "apropriado", seja colocado no programa ou artigo. Neste livro tendemos, por opção pessoal, a mostrar exemplos vindos da televisão e dos jornais. Mas, os termos e as idéias que ele contém podem ser utilizados em qualquer forma de mídia. Por exemplo, canções populares são construídas a partir de um número determinado de trilhas que já existem em arquivos nos estúdios. Algumas são selecionadas, provindo de diferentes trilhas e reunidas (mixadas) de tal forma que dão origem a algo que nunca existiu com tal forma. E há, ainda, vários números que podem ser escolhidos por este meio. Um apenas é escolhido. O estúdio (e uma gravadora) seleciona e produz essas peças de comunicação, por julgar que isto agradará à audiência de massa e provocará boas vendas.

Outro exemplo: um típico programa de rádio é construído (produzido) com muitas peças de material disponível — *tapes,* gravações, ligações com outros lugares, vozes ao vivo etc. E todas essas peças de material constituem uma variedade de conceitos que se dirigem a vários caminhos. Ao final, o diretor de edição dirige a seleção e, pois, o processo da comunicação do que vai ser divulgado, deixando de lado algumas peças, aproveitando outras. Enfim, ele toma decisões sobre a peça de comunicação que nós chamamos de programa.

Notamos, portanto, que na chamada mídia especializada, a comunicação não é um processo "natural". É uma atividade que se realiza de certa maneira, em certos caminhos e por certas razões. Afinal, a mídia, usualmente, tenta "caçar" a audiência e, conseqüentemente, lucros. Esses caminhos da comunicação se tornam mais indecifráveis quando nos lembramos desses dois fatos básicos.

Nós notamos, também, que a mídia, nesses itens de comunicação, é preparada por equipes de pessoas, trabalhando em colaboração mais do que em atividades individuais. A idéia de um "criador" individual é atraente para nós, porque nossa cultura acredita no individualismo — personalidades, estrelas. Mas os fatos são diferentes.

Este livro, por exemplo, é o resultado da colaboração entre dois autores, um editor, uma secretária, fotógrafos e artistas, impressores e outras pessoas. Ele é construído por muitas pessoas. Se não fosse assim, ele não aconteceria. Você está lendo estas palavras porque nós decidimos que queríamos comunicar algo sobre comunicação.

2.3 — Produto

O termo "produto" nos chama a atenção para o fato de que a mídia fabrica "bens" que são comprados pela audiência, como "consumidores".

O termo é utilizado visando a chamar a atenção para o fato de que muitas peças de comunicação chegam a nós através da mídia, promovidas e vendidas no mercado consumidor.

A editora não produziu este livro apenas porque acredita que ele possa ser útil. A companhia também acredita que, com ele, poderá fazer dinheiro, o que tornará possível produzir mais livros.

O conceito de produto inclui a idéia de que a comunicação é feita em quantidades e é vendida. É útil entender como e por que a comunicação se realiza, já que muitos desses fatos são obscuros. Por exemplo, uma série de televisão é produzida numa linha de produção chamada estúdio, tal como se faz um carro. Elas são vendidas através da publicidade, com folhetos, *trailers,* apresentações prévias, anúncios em jornais, exatamente como se vende um carro. A televisão procura, também, agradar aos consumidores, chamados de "audiência". (Inclusive a BBC caça sua audiência e compete visando a, com isto, justificar sua liderança, sua concessão.) Os consumidores pagam por esses produtos, seja através de assinaturas, seja através dos produtos anunciados e que por eles são comprados. Não estamos nem aplaudindo nem condenando o resultado final desse processo. Simplesmente estamos ilustrando o como e o porquê desse processo da comunicação. Talvez muitas pessoas julguem que a comunicação de massa seja arte ou apenas comércio, quando — muitas vezes — a verdade reside em algum lugar entre estas duas idéias.

2.4 — Propriedade e dinheiro

Na mídia as mensagens vêm de algum lugar e são pagas por alguém.

Podemos interpretar a mídia e o caminho da comunicação de uma forma bem mais apropriada se entendermos suas fontes — a propriedade da produção e, também, quem as financia.

É claro que há um elemento chamado custo, assim como a capacidade de produzir essas mensagens, além da tecnologia nelas aplicada. Logicamente, um filme é algo bem diferente de uma simples conversação, embora ambos estejam dentro dos conceitos de comunicação. As pessoas vêem a comunicação sob outra luz quando têm de pagar por ela, o que é bem diferente do que simplesmente conversar com um amigo.

Outros livros poderão dar a você maiores detalhes do que somos capazes de oferecer neste espaço de que dispomos.

Nossa mídia, em comunicação de massa, pertence a grandes corporações, sendo que algumas (poucas) são corporações estatais. Muitas dessas corporações trabalham em bases internacionais. Todas elas possuem parcelas importantes de uma porção da indústria da mídia. O resultado imediato disso é que elas freqüentemente (claro que nem sempre) pensam em termos de grandes audiências e grandes lucros. O resultado desta situação é que terminam trabalhando na base de determinadas fórmulas. Particularmente, elas desejam apelar e dirigir-se ao mercado norte-americano, por duas razões. Uma delas é que, nos Estados Unidos, se gasta muito mais dinheiro em produtos de comunicação, especialmente para o lazer, do que em qualquer outro país do mundo. A outra razão é que os americanos desenvolveram um excelente sistema de distribuição e um excelente *marketing* de comunicação (entre outros produtos). Eventos tais como o Festival de Cannes, o Festival de Vídeo, em Londres, são usados pelas corporações para vender seus produtos de comunicação em bases internacionais.

Há toda uma cadeia de interesses entrelaçados. Por exemplo, na Inglaterra a Thorn Electrical comprou a EMI. A EMI, por sua vez, comprou uma percentagem importante de rádios locais e a metade da Thames Television. Eles têm interesse na indústria de material elétrico e de artigos esportivos. São, ainda, proprietários de uma das maiores empresas de gravações de disco tendo, é claro, uma divisão de teipes. E comercializam fitas virgens para gravação em videocassete. Mais: eles detêm direitos sobre filmes que distribuem no país e no exterior. Possuem centenas de cinemas nas maiores cidades da Inglaterra. E financiam a produção de filmes.

As ramificações não páram aqui. A EMI tem um acordo com a Columbia Pictures para produzir e difundir filmes na Inglaterra. E, mais ainda: a Columbia, por fim, pertence à Coca-Cola Company.

Claro que essas alianças internacionais não apenas tipificam as origens da comunicação de massa, como também dizem algo sobre seu poder. Elas nos ajudam a interpretar bem o que estamos descrevendo. E explicam também por que a mídia vende tantos produtos de entretenimento lucrativamente. Como já dissemos, isto nos ajuda a entender as ligações entre os vários tipos de produtos de comunicação. E ajuda, outrossim, a conhecer a capacidade desses proprietários do mercado que promovem seus produtos de forma tão pesada. Isto nos leva, naturalmente, a considerações financeiras. Quem paga? e como paga?

Uma simples resposta é que a audiência sempre paga — através de licenças (caso de TV a cabo), preços de tabela, vendas no balcão (vídeos) e, por fim, através dos bens anunciados e que as pessoas compram. Esta espécie de financiamento não representa qualquer controle sobre o que está sendo comprado. Mas os financiadores imediatos da produção têm o poder de controle sobre a comunicação que adquirimos. Eis por que, mais uma vez, descrevemos a situação francamente, pois então se pode interpretar tudo isto em forma de suas conseqüências. Há duas fontes imediatas de financiamentos. Uma é a que vem diretamente das companhias proprietárias dos meios de comunicação e seus banqueiros. O custo médio das operações é imenso, razão pela qual não é surpreendente que seus proprietários estejam no rol do que chamamos de "grandes negócios". Em 1984, na Inglaterra, uma hora de programa de televisão custava 200 mil libras.* Não é surpreendente que Granada obtenha de co-produtores americanos dinheiro suficiente para produzir o seriado "As jóias da Coroa". O efeito disto é concentrar mais poder ainda nas mãos desses produtores que têm dinheiro e procuram, por isso mesmo, não fazer nada diferente dos padrões habituais. Para não deixar uma imagem desesperada, devemos dizer, por exemplo, que o Canal 4, na Inglaterra, tem procurado pequenas companhias para levar à tela alguns produtos. Os canais americanos de serviços públicos dirigem-se a pequenas audiências. Eles procuram apresentar toda a sorte de alternativas para produtos comerciais de massa. Mas, aqui, surge a segunda fonte de financiamento — a propaganda. A propaganda paga, pesadamente, pela comunicação e espera ver resultados. Eles representam, também, grandes empresas com alto poder financeiro. Por exemplo, a propaganda de batom numa revista vai vendê-lo, não apenas devido à habilidade persuasiva dos anúncios, mas também como resultado da comunicação da revista em seu todo.

O efeito óbvio disso é que os proprietários dessas revistas tendem a produzir algo que agrade aos publicitários, contendo matérias que atingem a audiência objetivada pelas agências de propaganda.

Obviamente, ninguém necessita terçar armas com os proprietários de revistas. Se eles não vendem seu exemplares, sua divisão de *marketing* não pode provar aos fabricantes de batons que é vantajoso pagar pela propaganda nessa revista. Sem receita, não há revista.

Claro, a questão de quem paga pela comunicação termina afetando o conteúdo e o tratamento da comunicação que recebemos. Nossa revista, no caso, certamente produzirá artigos sobre maquiagem, os quais, como a propaganda, sugerem que o batom faz você mais atraente.

---

* Uma novela, no Brasil, custa nunca menos que três a quatro milhões de dólares. (N.T.)

2.5 — Valores abertos e não abertos

De fato, a mídia muitas vezes comunica mensagens sobre crenças e opiniões. São noções sobre o bem e o mal, pró e contra, próprio e impróprio — e assim por diante. Esses valores podem ser colocados de forma óbvia. O "Vote com os Trabalhistas", colocado no cabeçalho do *Daily Mirror* poucas edições atrás, deixava bastante clara a opinião política desse jornal. Mas muitas dessas idéias não são colocadas de forma óbvia e aberta. Muitas são escondidas ou cobertas. Esconder uma opinião depende de uma ação particular nas peças de informação e, também, do quanto são perceptíveis os receptores dessas mensagens. A idéia de valores encobertos é útil para interpretar a mídia. Isto é causa para nos levar a olhar mais cuidadosamente o que realmente é dito, e como.

É preciso dizer se na produção de uma peça de comunicação, houve ou não a intenção de ocultar certas mensagens.

No exemplo de um anúncio, é claro que ali há uma intenção. Aqueles que produzem a propaganda são hábeis comunicadores. Eles sabem que um produto pode ser melhor vendido com o apoio de uma idéia e essa idéia deve se ajustar às crenças e valores da audiência. Mas a idéia não deve ser tão óbvia. Por exemplo, há no momento grande número de anúncios oferecendo produtos alimentícios associados com a idéia de saúde. Isto é razoavelmente evidente: o valor da saúde é expresso de forma aberta e clara no caso de todas as peças de propaganda sobre manteiga, pão, suco de laranja e iogurtes. Mas você deve se recordar de que todos esses produtos são mostrados, na propaganda, consumidos por famílias e, mais especificamente, servidos pela esposa ou pela mãe. O valor encoberto, não expresso, é que estas famílias são ótimas e que as boas famílias consomem tais produtos. Também a propaganda de alimentos, tal como muitas outras, manipula — em mensagens encobertas — a culpa e o prazer.

Tomando outro exemplo, os filmes policiais são sempre populares na televisão e no cinema. Em particular, há uma série chamada "Os profissionais", sobre dois agentes de um serviço secreto especial do governo que, é claro, caçam criminosos, segundo o gosto do momento, e dão a eles um fim definitivo.

E aqui temos um primeiro ponto — eles sempre procuram, arduamente, fazer justiça. Todavia, uma das questões mais importantes dessa série é que os dois agentes atuam sem qualquer restrição legal. Em muitos capítulos — não em todos, é claro — a mensagem encoberta, oculta, é que a lei é uma inconveniência no combate ao crime. Muitas mensagens do mesmo tipo são enviadas através da série "Dirty Harry". Aqui a lei e o direito aparecem como escudos para proteger um psicopata assassino, cujas áreas técnicas devem ser contornadas. Em outros casos, os pontos sobre salvaguardas legais dos cidadãos são deixados de lado. Ambos, o filme e a série "Os profissionais", trazem mensagens cheias de violência. A mensagem encoberta é que a violência é aceitável se o herói é portador de um distintivo policial que lhe confere determinados poderes na sociedade. E, no caso, a vítima é um criminoso/pervertido/politicamente criador de problemas. (Há, também, a questão de como os criminosos são mostrados através da história que está sendo vendida.)

Estas observações, certamente, não devem ser tomadas como uma condenação total a ambos os filmes. Mas elas nos permitem mostrar bons exemplos de mensagens encobertas, as quais, talvez, tenham sido feitas não intencionalmente.

Igualmente, estamos sugerindo que estas mensagens encobertas devem ser procuradas, debatidas e condenadas se, por acaso, elas apresentam valores que são inaceitáveis para nós e para a sociedade em que vivemos.

No processo dessa análise e interpretação podemos ver interessantes contradições entre os valores encobertos em certas mensagens e os valores da nossa sociedade em geral. Por exemplo, nos casos que aqui apresentamos, compreendemos que todo o mundo dirá que acredita na lei e suas regras. Isso significa proteção para nós contra indivíduos perniciosos para a sociedade — todos aqueles que qualificamos como criminosos. Mas, ao mesmo tempo, também acreditamos no direito de os indivíduos fazerem o que pensam e preservar seu próprio senso do que é direito ou errado — talvez um senso de "justiça natural". Isto apresenta uma contradição entre a justiça natural e a justiça legal, entre as necessidades individuais e as necessidades da sociedade.

Existem muitos exemplos de mensagens ocultas na comunicação. Essas mensagens são, predominantemente, sobre questões de valores. Os valores são construídos através do significado da comunicação. Esses significados têm maior ou menor importância de acordo com fatores óbvios, tais como o que foi dito, quem disse e quem recebeu a mensagem e, ainda, quantas vezes ela foi repetida.

2.6 — Estereótipos

O estereótipo de uma pessoa é baseado em idéias e descrições repetidas. Um estereótipo significa algo fixo para o público, tal como uma mulher ou um homem de negócios.

O estereótipo é uma simplificação. Não é algo, apenas, relacionado com a aparência, mas algo feito com relacionamentos e crenças, conectados com um determinado tipo de pessoa. Com efeito, isto deve "bater" com a descrição e um julgamento não crítico dessa pessoa.

Há muitos e muitos estereótipos bem conhecidos, tais como determinados tipos de mulheres — a loura bonita e burra, para citar um caso. As pessoas são também levadas a fixar idéias baseando-se em raças ou religiões. Por isso mesmo, muitos estereótipos são, hoje, considerados insultuosos. Por exemplo, a imagem do escocês (na Inglaterra) ou do judeu, em alguns países europeus e mesmo na América. De fato, muitos estereótipos são insultos em algumas ocasiões e todos são uma espécie de fuga da realidade mais completa dos seres humanos.

A mídia utiliza estereótipos como uma espécie de taquigrafia através da qual envia suas mensagens. É fácil representar um estereótipo quando se tem de construir um personagem e seu caráter. Mas, enquanto a mídia é culpada de reforçar tais estereótipos, na verdade ela não os inventou. A mídia usa-os porque eles são conhecidos e facilmente entendidos pela sociedade em geral. Eles oferecem um ponto de contato bem fácil. O mal é que estes estereótipos são, repetidas vezes, uma verdadeira coleção de preconceitos. Neste sentido, o poder da mídia torna-se destrutivo porque, repetindo estereótipos, está repetindo preconceitos em grande escala.

As comédias são cheias de estereótipos. Não é, certamente, nosso negócio condenar todas as comédias por causa disso. Mas estamos dizendo que muitas comunicações em comédia se realizam através de estereótipos e isto nem sempre é bom. Há argumentos, segundo os quais as comédias diminuem as tensões e ajudam as pessoas a se divertir juntas. Mas algumas comédias sobre o estereótipo da madrasta, certamente criam tensões nessas senhoras, mais do que as divertem. Igualmente, se alguém pertence à comunidade chinesa pode ficar irritado com as imitações de seu falar, feitas em determinados programas. E na televisão, se alguém é *gay*, o personagem é exagerado em sua maneira de ser, no gingar do corpo etc. Isto, certamente, pode enfurecer determinadas pessoas.

Os estereótipos predominam na ficção. Eles não são exclusivos das comédias. Os heróis das revistas em quadrinhos representam estereótipos bem conhecidos, inclusive na aparência física: queixo quadrado, olhar forte, altaneiro. Os filmes de horror sempre apresentam as mulheres que desmaiam vestindo camisolas. As novelas românticas têm estereótipos de seus heróis. Um tipo clássico é o homem da classe média, altivo e másculo. Ele tem o poder que vem de seu trabalho e de sua posição social e pode arrebatar mulheres para lugares exóticos. Eles representam a fantasia, mas a fantasia com idéias muito estreitas.

Num certo sentido, os estereótipos constituem um estratagema para esboçar, rapidamente, características fixas. Em outro sentido, são um estratagema para apelar às crenças, atitudes e preconceitos da audiência. Certamente, comunicam. determinados valores, mas, na verdade, terminam reforçando suas crendices e preconceitos. Porque são facilmente reconhecíveis, os estereótipos são, por extensão, comerciáveis. O que vale dizer, se são atrativos e populares, então certamente serão vendidos.

Muitos *shows* de televisão (o Benny Hill Show) exploram isso e desgostam muitas pessoas com o tratamento estereotipado que dão às mulheres como elementos apenas sexuais. Mas sua audiência, tanto nos Estados Unidos como na Inglaterra, é grande.

Como dissemos, a idéia exagerada da população sobre esses estereótipos é reforçada através do poder de repetição e penetração da mídia.

2.7 — Gêneros

O mesmo processo de repetição reforça a popularidade de algumas formas de mídia bem identificadas e chamadas de "gênero". A idéia de gênero incorpora a forma da história, repetindo-se elementos tais como características e situações. Um filme de ficção científica, ou um policial, constituem gêneros. Essa idéia pode estender-se a outros tipos de produtos da mídia.

Programas de perguntas e respostas podem ser um gênero, pois trabalham segundo uma determinada fórmula. São sempre sobre competições em torno de um prêmio. Têm sempre a mesma figura de herói e sempre o mesmo sorriso de seu companheiro. Eles sempre apresentam jovens mulheres glamourosas com um verdadeiro estoque de caracterizações. O *background* é sempre o mesmo: cenários deslumbrantes e teatrais. E sempre têm a mesma espécie de história, contada pelo assistente ou companheiro que vai elevando a tensão até um clima determinado e previsto pelos produtores, quando o vencedor é anunciado e recompensado. Na Inglaterra, no momento em que escrevíamos este livro, um programa de prêmios alcançava uma audiência de 16 milhões de pessoas. Pergunte você mesmo por que isto acontece. Por que tais *shows* são tão populares?

A palavra "gênero" nos ajuda a interpretar a mídia, porque permite identificar o tipo dominante de produtos oferecidos. Isto nos leva a estudar qual a mensagem que tais *shows* transmitem. Por exemplo, nos programas de perguntas, a mensagem implícita ressalta a importância da competição para ganhar o que você deseja e, ainda, sobre a importância de conquistar e ter coisas materiais. A mídia comunica, repetidamente, através da fórmula gênero. Não é acidental que tais gêneros se desenvolvam. Eles são populares. E não é surpresa que eles utilizem tipos e estereótipos em suas caracterizações. Os "gêneros" dominam esse tipo de mídia porque são populares e lucrativos. Os estereótipos são parte dessa popularidade.

Tanto no caso dos gêneros como dos estereótipos, o ponto de contato através da comunicação é imediato e poderoso. Um exemplo extremo disso pode se resumir em três palavras: *poncho, charuto, revólver.* Verbalmente, ou visualmente, isto nos leva logo à imagem de Clint Eastwood, um tipo de herói de filme, o gênero *spaghetti-western.*

Todo signo de comunicação pode alcançar esse degrau de identificação através de uma larga área do globo terrestre, mostrando seu poder. Esse poder sugere influência, assim como popularidade.

O significado da influência de uma peça de comunicação depende muito do quanto se acredita nessa mensagem. Mas, em particular, os "gêneros" várias vezes representam as crenças e valores de uma cultura num determinado momento. E, por sua vez, os "gêneros" também confirmam esses valores que eles próprios representam. O problema é ser suficientemente objetivo no exame desse processo de comunicação, para ver o que está acontecendo e para onde vamos. Hoje é claramente óbvio que o número de filmes de espiões, *westerns* e ficção científica na década de 1950, mostrando invasões e ameaças à sociedade americana, refletia o alto grau de ansiedade sobre o comunismo e a Rússia. Não só muitas pessoas perceberam isso. Mas quando nós juntamos termos tais como gênero, repetição e valores encobertos, para revelar o significado da comunicação, temos a melhor chance de trabalhar para conseguir descobrir o que tudo isto, realmente, significa.

As regras não escritas sobre quais os elementos que se espera nos gêneros e como eles são usados, são chamadas convenções. Usamos o mesmo termo para descrever as regras com as quais empregamos signos para formas ou códigos de comunicação. Então, esta palavra é fortemente aplicável ao acaso dos gêneros, mas não unicamente nisso. O que é útil, nesse termo, é que ele nos transmite a idéia de que há regras. Isto nos chama a atenção, mais uma vez, para o fato de que não produzimos e entendemos uma peça de comunicação por acaso. Nós podemos controlar a produção de comunicação desde que possamos exercer o direito de escolha. Podemos, também, ser mais precisos sobre como entender o significado da comunicação se, para isto, fizermos um esforço.

Um exemplo das convenções não escritas sobre certos gêneros de produção é o de que o herói deve aparecer nos primeiros cinco minutos ou, então, até mesmo antes. Isto é feito tendo em vista fazer com que a audiência o identifique e simpatize com ele já nos estágios iniciais da história. Claro, isto é apenas uma convenção. Não é uma regra absoluta ou uma lei da natureza. Estas convenções, para determinados gêneros, modificam-se na medida em que os próprios gêneros, eles mesmos, também se modificam. Tente ver um desses gêneros numa série de televisão sem o som. Você estará em condições de identificar os heróis e os vilões. Por quê? E como?

Comentário

Neste ponto devemos recordar a teoria exposta no Capítulo 1. Isto deverá, certamente, ajudá-lo a interpretar o processo através do qual a mídia se comunica conosco.

Por exemplo, você notará a relativa falta de *feedback*. Isto é notado na propaganda, cujas intenções são modificar nosso comportamento.

Veja se você pode identificar alguns dos códigos que a televisão utiliza para se comunicar conosco.

3 — A MÍDIA: EXEMPLOS PARTICULARES

Não há história!

Mas olhe, cuidadosamente, a peça de propaganda na página seguinte e veja o que você pode dizer sobre sua fonte, a mensagem e o mercado a que se destina.

Sobre a propaganda da "software limited"

Desejamos analisar esta peça de propaganda. É um anúncio típico de página inteira, no qual mais da metade do espaço é ocupado por uma ilustração. Trata-se de verificar como essas imagens nos ajudam a ver melhor o significado do que o anúncio pretende transmitir.

THE BOOK OF REVELATIONS

Software Limited

How do you see the role of the software you buy? Could your view be perhaps too narrow? If so, your business may not be benefitting fully from your hardware investment.

At Software Limited, we publish a catalogue that will shine a bright, broad light on the possibilities open to you.

We believe it's the most comprehensive and detailed catalogue available. In short, the state of the art today.

Armed with this information, and with the expert individual guidance Software personnel can offer, you've got a winning combination set your business on the right road

And that could be a revelation.

**More to choose from
The only choice to make**

Telephone 01 833 1173/6
01 833 2601/2   01 278 1371/2

No 2 Alice Owen Technology Centre
251 Goswell Road, London EC1N 7JQ

Softwa
Limite

Operating Systems: CP/M 80, CP/M 86, MS DOS & PC DOS

Ilustração G — Anúncio — decodificando signos e significados

Mais a escolher da única escolha a fazer

Posição da câmera: Ela nos coloca como se estivéssemos numa encosta, no alto, vendo a cena. Estamos, secretamente, espiando o momento da revelação através de uma "janela mágica". Esta é uma vista típica de um filme de ficção científica. Por ser típica, ela é familiar e aceitável.

Elementos de imagens: A composição é dominada por dois pontos focais: o homem e o "livro" estão, ambos, em tom escuro em relação ao restante da ilustração. A atenção, assim, é "puxada", conduzida, para o "livro", circundado por raios solares. Isto é uma forma realista, com estratagemas tais como um primeiro plano e sombras, tudo feito para dar uma idéia de profundidade. A luz ajuda a enfatizar o homem (o comprador) e o "livro" apresenta-se como a "solução" para os problemas do comprador. O homem tem sombras escuras atrás dele, o "livro", em tom escuro, tem atrás de si (*background*) um tom pálido. Então, há muitos signos falando a nós, dizendo o que é importante e onde devemos prestar atenção. A cena é enquadrada como se continuasse além: isto é parte da visão de câmera, uma visão que vamos aceitar como natural.

Imagem-conteúdo: Já nos referimos ao fato de que o mercado objetivo do anúncio é identificado e descrito. É a sua "audiência". Mais obviamente, a visão do homem caminhando pela estrada referese à lenda bíblica. É a revelação feita a São Paulo na estrada de Damasco. A terra é árida, como no Oriente Médio. O "livro", revelado no céu, traz um eco de dois mil anos de cristianismo, mostrando, por exemplo, a mão de Deus vinda das nuvens. Em outras palavras, o conteúdo destas imagens refere-se a uma cultura específica que produz tais significados. O significado não é apenas sobre um item individual, mas ele nos remete à história e nos recorda algo particular.

Esse anúncio, como muitos outros, utiliza-se de estereótipos. As

livro das revelações

Como anda o desempenho do *software* você comprou? Poderia sua visão ter sido estreita? Se aconteceu, seus negócios podem não ir obtendo os benefícios maiores e mais ipletos do seu investimento.

A Software Ltd. acaba de publicar um ilogo que, certamente, brilhará como a ampla iuz, abrindo novas possibilidades para você.

Nós acreditamos que este é o mais completo e detalhado catálogo disponível no mercado. Ele sintetiza tudo o que há de novo neste ramo.

Armado com tais informações e com a experiência e assistência personalizada que a Software pode oferecer, você terá uma vitoriosa combinação para conduzir seus negócios pelo caminho certo.

E isto pode ser uma revelação.

três figuras são facilmente identificáveis como executivos. Que detalhes nos mostra esse visual?

*Ancoragem:** A metáfora, ou tema da ilustração (*Software* é igual a revelação divina), tem como âncora (sustentação) o título, em caracteres brancos. O título sustenta a imagem. Ele liga toda a peça. É uma peça que fala, literalmente, no senso bíblico da palavra "revelação". Mas o ponto real, e a própria origem do anúncio, é "ancorado" pelo nome da companhia e seu logotipo no livro que aparece no céu.

Outros problemas: É interessante assinalar outros problemas nesta peça de comunicação. Note, por exemplo, a repetição deliberada do logotipo da empresa. Também observe que o texto joga com o mesmo tema: "brilha uma ampla luz; coloque seus negócios no caminho certo". Há outros pontos que você pode comentar. Por exemplo, você vê algum significado nos tipos utilizados nestas imagens? O fato de haver três executivos, tem algum significado? Você acha que esse anúncio contém alguns elementos de humor? Será que algumas pessoas não se desgostarão com comparações religiosas?

3.1 — Propaganda

Estereótipos

Já falamos sobre o conceito de estereótipos.

A propaganda tende a utilizar estereótipos porque ela tem de se comunicar rapidamente com sua audiência. Como já notamos, os estereótipos são facilmente reconhecidos. Se a propaganda tem de apresentar uma situação rapidamente, isto a ajuda a ser capaz de traçar características cujos papéis são logo reconhecidos. Os estereótipos são todos sobre papéis instantâneos.

Os publicitários também gostam de identificar seu *target,* sua audiência, como um grupo no anúncio — "donas de casa ocupadas", "gente tomando Martinis". Então, novamente, os estereótipos servem como ajuda para isto.

É, também, algo passível de discussão o fato de a propaganda ser especialmente responsável por manter e fixar estereótipos na consciência do público. Muito simplesmente, as campanhas de propaganda trabalham com uma vasta gama de mídia. Os anúncios são repetidos durante muito tempo. Além dos chamados gêneros de espetá-

---

* Ancoragem é um termo utilizado para significar algo que sustenta o conjunto. Muito em voga a respeito de apresentadores de notícias — o âncora — aquele que é o ponto de convergência de todo o programa. (N.T.)

culo, a propaganda é a forma mais repetida de comunicação na mídia. Qualquer coisa que se diga, durante muito tempo, transforma-se em algo bem conhecido.

Lembre-se de que os estereótipos não são apenas sobre papéis e aparência, mas também sobre relacionamentos e situações. Não há mães solteiras nos anúncios, não há discussão entre pais e filhos e as pessoas estão sempre em casa ou se divertindo. Há bons carros e casas bem arrumadas.

Mensagens ocultas

Esses estereótipos do povo e suas situações representam mensagens sobre valores, a respeito do nosso modo de vida e crenças, as quais, por sua vez, somos chamados a nelas acreditar. Mostramos um anúncio como exemplo desses conceitos. E afirmamos, então, que o grau de mensagens encobertas ou abertas é algo para se observar e opinar. Consideremos, porém, mais um exemplo. Há o valor daquilo que é "novidade". Pense no número de anúncios que vendem produtos utilizando o termo "novo" ou, ainda, enfatizando que "este é o último modelo", ou, ainda, mostrando o falso verniz de uma nova aparência no produto. Tudo isto adiciona algo à mensagem oculta, procurando insinuar que a novidade é OK. E se é novo deve ser bom. Isto, claro, é conveniente para os fabricantes em sua competição num mercado saturado e que, na verdade, não tem muita coisa nova a oferecer ao público. Fazendo isto, significa que devemos acreditar em novidades. Algo novo não é, necessariamente, algo bom. É apenas novo.

Realidades alternativas

Ao lado de valores ocultos, os anúncios nos transmitem a idéia de que há alternativas reais. Esta é uma outra situação em nosso estilo de vida. Alguns comentaristas têm falado sobre alternativas de mídia no mundo. Mas a idéia de algo fabricado ainda está presente. É mais interessante reconhecer que o que a propaganda nos comunica é uma coleção complementar de fantasias.

Estas realidades alternativas são bem reconhecidas através dos *backgrounds* da propaganda. Por exemplo, há a fantasia da "praia ao sol", incluindo ilhas tropicais, que são utilizadas para vender produtos de férias — bronzeadores, bebidas, doces. Nem todos os anúncios seguem esse padrão, mas ele é suficientemente válido. Novamente, há aqui a alternativa da "casa ideal". Essa casa tem várias versões, altas e baixas, e são, habitualmente, apresentadas separadamente, sem conexão entre salas ou quartos. Mas há produtos de limpeza para a cozinha e o banheiro, ou algo para a lareira, ou bebidas no *living*, ou mobília para o quarto. Procure você mesmo estas alternativas. Construa algo você mesmo, através de revistas. Você encontrará outras versões, tais como coisas do estrangeiro, ou o tradicional interior da Inglaterra, o escritório de alta tecnologia, e assim por diante. O problema é que esses anúncios promovem a ilusão de que tais alternativas são reais: não são. Há muitos mitos sobre diferentes mundos que os publicitários (e talvez nós mesmos) gostariam que existissem. A comunicação é o resultado de um cuidadoso processo de construção para realçar essa ilusão. Eles trazem valores que são artificialmente realçados pela propaganda. Por exemplo, o mundo do interior da Inglaterra valoriza algo que diz respeito à nostalgia por outro modo de viver (o qual, por certo, nunca existiu da maneira como é descrito). Nós compramos o sonho de um mundo perdido, quando compramos o produto anunciado.

A propaganda como comunicação

É preciso sublinhar o fato de que a propaganda não é nada mais nada menos do que uma outra peça de comunicação. É algo feito como uma história, para chamar a atenção. E desenvolve suas próprias idéias e mensagens, na maior parte tal como uma história. E conclui com um impacto — como acontece nas histórias —, qualquer coisa para fazer a mensagem memorável. *A propaganda é um exemplo de comunicação que é, na verdade, conscienciosamente planejada.* Ela é apresentada com a intenção de comover a audiência. A propaganda na televisão é um exemplo de comunicação que é notável em termos de altos custos.

Na televisão britânica um comercial de 25 segundos pode custar 30 mil libras ou mais.

Mas, ainda assim, propaganda é, apenas, comunicação. O processo dessa comunicação é suscetível de análise, como qualquer outro exemplo.

Quando examinamos a *origem* dessa mensagem, notamos o interessante fato de que ela tem três fontes. A agência de propaganda cria a mensagem publicitária. Mas o cliente, para quem esta propaganda foi produzida, paga por ela e tem algo a dizer sobre o que o anúncio deve conter. E a mídia que divulga o anúncio é também uma fonte de origem. O tempo ocupado ou página utilizada são também pagos. A propaganda direta e local (boxes, gôndolas) ou jornais que às vezes produzem, também, anúncios. Igualmente, a televisão local divulga propaganda de negócios, também, locais.

Se examinarmos a idéia de *audiência,* a propaganda nos recorda um chapéu que quer cobrir a todos, comunicar-se com o maior número de pessoas, ainda quando tenta especificar, tanto quanto possível, a mais estreita faixa de seu alvo. A agência de propaganda produz uma imagem, tentando descrever tal pessoa, o possível consumidor. Isto inclui todos os atributos que percebemos nos outros — idade, ocupação, *status* e assim por diante, além de idéias sobre seu estilo de vida. Eles são cuidadosos sobre o que pensam estar falando e ajustam a comunicação de acordo com o estilo da audiência. Uma comunicação publicitária sem efeitos é muito cara.

Desta forma, o publicitário pensa em termos de *mídia* que está usando, sobre suas possibilidades. E ele está bem consciente do *contexto* social dentro do qual opera. A propaganda joga com o consenso de nossas crenças e valores. Ela explora isso. E nunca se opõe a esse consenso. Ela é sensível para com as nuances culturais do *mix* social, especialmente quando se dirige a determinados grupos de consumidores. Anúncios de roupas para jovens, por exemplo, estão sempre considerando as mudanças de comportamento, de hábitos e da moda no mundo real. Eles seguem tudo isto a uma distância segura e salva, mas estão sempre presentes. Um exemplo corrente é a dança *break* em Nova York que, primeiramente, se tornou popular através do cinema e, depois, foi incorporada à propaganda para roupas e outros produtos destinados ao mercado jovem.

Categorias de propaganda

A propaganda é, usualmente, dividida em duas grandes categorias: anúncios classificados e demonstrativos.*

Anúncios classificados — São todos esses pequenos anúncios em colunas que saem nos jornais e em algumas revistas. Eles são usados para ofertas de emprego, vendas de utensílios vários, trazem sempre um pequeno título, deveres e obrigações no serviço, salários e vantagens.

Propaganda demonstrativa — Inclui toda a imprensa, rádio, cinema, TV e *outdoors* — que apresentam os produtos ou serviços aos compradores em potencial. Em geral os anúncios classificados são mais objetivos e sucintos. A propaganda demonstrativa contém

---

* No Brasil, que segue a escola norte-americana, a divisão é mais complexa e completa. Temos: classificados, institucionais, promocionais e varejo. Os ingleses, segundo os autores, fazem apenas duas divisões: os classificados e as peças de propaganda propriamente dita. (N.T.)

fatos sobre os bens oferecidos e pretende ser mais persuasiva e atrativa. Ela procura alcançar quatro propósitos:

- atrair *atenção,*
- despertar *interesse,*
- criar *desejo,*
- e conduzir *à ação.*

Veja você mesmo anúncios que procuram realizar esses quatro pontos. Em muitos anúncios modernos, a parte que se refere à ação não é expressa claramente, deixando-se a conclusão ao próprio possível comprador.

Folhetos são também um exemplo interessante de anúncio e publicidade produzidos em uma variedade grande de estilos por quase todas as empresas. Sugerimos que você escolha alguns e os analise enquanto material de comunicação.

3.2 — Comunicação visual

Definições

Muitas formas de mídia na comunicação são codificadas e decodificadas através da visão, dos olhos, inclusive a escrita. Mas, na prática, por "comunicação visual" entendemos somente aqueles meios de comunicação que se utilizam, claramente, de elementos gráficos ou pictóricos.

Contudo, é preciso reconhecer que esse tipo de mídia contém elementos gráficos, inclusive no tratamento de certas palavras impressas. Por exemplo, os jornais populares oferecem, certamente, uma espécie de mídia visual, não somente devido às proporções do uso de fotografias, mas também pelo próprio tratamento gráfico das matérias — títulos, legendas, tamanho dos tipos utilizados etc.

Colocados estes pontos, é possível *dividir a comunicação visual,* grosso modo, *em representativa* e *esquemática.* O visual representativo deve dar a entender o que ele quer representar. Muitas revistas e muitos fotógrafos seguem esse modelo.

Mas o visual chamado esquemático, enquanto comunicação visual, não pretende ser qualquer coisa simbólica. Muita coisa do que vemos em material gráfico segue esse modelo — cartazes, *charts* e outras coisas iguais. E muitos exemplos podem ser vistos contendo uma parte de cada categoria. Basta olhar ao redor para ver a enorme variedade de comunicação nos envolvendo (sinais de estrada, por exemplo) e é fácil tirar suas próprias conclusões a esse respeito.

Queremos nos concentrar aqui no visual representativo e imagens fotográficas. Isto porque tais imagens dominam a comunicação de massa, com a exceção óbvia do rádio. A comunicação visual é uma experiência dominante em nossa cultura. E, porque a representação das imagens parece ser o que pensamos que elas sejam, são absorvidas pela nossa consciência com uma espécie de imediatismo e força que a escrita ou a palavra falada não têm. Isto não quer dizer que uma forma de comunicação é melhor do que outra — são meramente diferentes.

Leitura da imagem

As imagens são compostas de signos, mais do que qualquer outra forma ou meio de comunicação. Aprendemos a decodificar esses signos quando aprendemos a decodificar os sons produzidos pelos adultos, chamado fala. A comunicação visual não é um processo que necessite de gramática ou sintaxe. Mas, mesmo assim, há algumas convenções a seguir como, por exemplo, a ordem de colocação de um tiro numa peça ou num filme.

Os signos, através dos quais nós lemos as imagens, colocam-se em três áreas.

Primeiro, temos a *posição dos signos*.

Há signos que são dados pela colocação da câmera (ou do ponto de vista do artista). O *close* da câmera é algo que nos descreve uma determinada proximidade e o ângulo define como vamos entender a imagem. Isto diz respeito ao significado dos signos. A posição da câmera define nossa posição como espectador. Isto vem a ser a nossa posição. Por exemplo, você verá, em muitos comerciais, que a câmera dirige a atenção para o produto, inclusive mostrando apenas uma pequena parte de toda a imagem.

Se uma mulher é utilizada para vender um produto, a câmera vai dirigir nossa atenção para a sua sexualidade. Há conhecidos comerciais de produtos de banho, nos quais, no banheiro, vê-se uma mulher semidespida em primeiro plano. O signo que a câmera mostra significa: preste atenção nisso.

A seguir, temos a *estrutura dos signos da imagem*. Estes são elementos colocados junto com a imagem:

Composição — é sobre o local onde os itens são colocados no quadro.

Enquadramento — é sobre os limites, o que se inclui, o que se exclui.

Cor — é sobre a cor, os matizes, os tons, a seleção de cores dentro do quadro.

Primeiro plano — é sobre a colocação dos objetos dentro do quadro, numa ordenação tal que se possa supor uma imagem tridimensional — um truque visual.

Meio plano e último plano — é sobre a colocação dos objetos em relação ao primeiro plano, o que também nos diz algo sobre sua importância.

Iluminação — é sobre coisas tais como diminuir ou aumentar os objetos através da iluminação. Isto também diz respeito a idéias e estilos de filmagem.

Foco — é sobre o que é feito mais claro ou mais escuro, visível ou menos visível, através da escolha de lentes da câmera. Isto também depende da atenção do diretor para certos objetos. Ou pode significar algo como um sonho ou uma fantasia.

Perspectivas e planos (relativo ao tamanho dos objetos, ao teto ou ao chão) — dizem respeito à ilusão de profundidade da imagem. Aprendemos a ver nesses signos profundidade. Uma imagem, é claro, não tem profundidade.

A seguir, temos o *conteúdo dos signos da imagem*. Há, simplesmente, os objetos dentro do quadro.* De fato, nós aprendemos a acreditar que os objetos se encontram ali porque vários outros signos fazem parte de todo o processo da percepção visual — forma, contornos, cor e tom. Mas, se aceitamos que eles são apenas identificados, então os objetos propriamente são signos para nós, especialmente quando combinados. Um clichê visual é a jovem e a maçã, como um signo de saúde. Esse exemplo é útil porque nos faz lembrar que os objetos podem compor determinados símbolos numa imagem. Nesse caso há, ainda, um matiz adicional de sexualidade porque os dois objetos — a jovem e a maçã — expressam mais do que eles realmente são. Nos lembra a história da tentação no Jardim do Éden e todas as associações que isto nos traz.

Você, certamente, será capaz de acrescentar algo a esses signos e outros exemplos. Mas o ponto principal sobre estas três áreas, o ponto básico, é que o significado das imagens não é natural, mas sim produzido pelos autores através do uso desses signos. Nós entendemos o código. Se não entendêssemos, não haveria qualquer sentido nas imagens que estivéssemos olhando.

O significado total da imagem é confirmado pelos nossos referenciais de todos os signos. Dois ou três deles podem não ser suficientes. Em todo o caso o significado de muitas imagens é, atual-

---

* Quadro, aqui, é empregado no sentido de fotograma para cinema ou "frame" para VT. (N.T.)

mente, muito complexo. Às vezes são necessárias várias palavras para explicar um quadro, uma pintura. O ponto principal na leitura de uma imagem é pegar, tanto quanto possível, seu total significado. Muitas vezes somos negligentes ao decodificar imagens, não captando seu completo significado ou, ainda, não percebendo suas mensagens ocultas. É comum pensar que ilustrações são "fáceis de ler". Isto é questionável. Mas, em todo caso, não significa dizer que é algo simples.

Um meio visual, como a televisão, pode nos oferecer múltiplos códigos de comunicação — visual, não-verbal, títulos escritos, a palavra falada e assim por diante. Há uma complexa variedade de signos transmitindo-nos a mensagem.

Sociabilização e crenças

As imagens são especialmente poderosas, oferecendo mensagens sobre crenças, porque elas são o canal dominante da comunicação na mídia.
Você deve recordar o que falamos a respeito do poder da comunicação de massa em geral. Pela mesma razão ela é, também, um poderoso instrumento de sociabilização. Isto descreve os caminhos que julgamos, ou aprendemos, sejam adequados no seio da sociedade. Inclui a sociedade em geral, assim como partes dela, em particular. Obviamente, uma família é um elemento de sociabilização — nós aprendemos com a sua experiência crescente. Aprendemos os meios de comportamento e a forma de olhar o mundo com suas colocações, crenças e valores.
As imagens na televisão e em revistas geram influências porque oferecem modelos diretamente. Podemos ver o que gostaríamos de ser, como gostaríamos de nos comportar, como podemos falar a outros — tudo isso é ilustrado para nós. Tudo isto está na ilustração, na fotografia. Por exemplo, há certas fotografias que dizem muito a nós sobre a importância de seguros. A propaganda das companhias de seguro tende a promover esses valores, porque seu negócio é baseado nisto. Pode-se encontrar uma larga variedade de outras matérias que representam seguro da casa, seguro de propriedades etc.
A própria idéia de sociedade baseia-se num sentido de segurança. Vêem-se imagens de comportamento social e relacionamento social nos quais o senso de segurança está presente. A propaganda das companhias de seguro está sempre sugerindo que o bom marido é aquele que faz seguro de vida e o amor de sua mulher e de sua família é a recompensa. As revistas apresentam figuras de donas de casa fisicamente seguras. Os jornais repetidas vezes apresentam sua desa-

provação a quem aparece ameaçando a segurança da família, ou o local de trabalho, ou a sociedade como um todo — os grevistas são um exemplo disto.

Denotação, conotação, ancoragem

Através desses três termos podemos explicar e analisar o que as imagens nos comunicam. *Denotação* diz respeito ao conteúdo da imagem. Uma pessoa pode olhar, cuidadosamente, tudo o que uma imagem contém e descrever o que viu e seu tratamento. A idéia é apanhar tudo num simples olhar, numa simples parada que damos para ver as imagens que nos cercam. A *conotação* é sobre o significado da imagem. A idéia é que uma pessoa pode descrever, cuidadosamente, o conteúdo de uma imagem, suas partes e seu todo. Mas o seu significado resultará de uma associação pessoal e cultural, das experiências mais ou menos compartilhadas. Outra vez, a intenção é captar o significado total, não apenas uma parte dele: apanhar as mensagens ocultas, além daquelas que estão explícitas e abertas.

A *ancoragem* se refere a aspectos particulares da imagem, os quais nos ajudam a ver seu significado, "ancoram" o conjunto. Fotografias em jornais são ancoradas pelas legendas, que constituem ponto básico de apoio. Anúncios são ancorados pelos logotipos das empresas, por *slogans* ou pela presença do produto. Tente cortar da imagens dos jornais — fotos — as legendas. Como muda o significado? Então adicione sua própria legenda, sua própria descrição. Agora, quais são as conotações da imagem "ancoradas" pelas suas palavras?

Um comentário sobre storyboards

Storyboards, os quais são utilizados para o planejamento inicial de seqüências de filmes ou VTs, pouco valem para os propósitos finais da produção. Ao criar um audiovisual, eles são úteis para visualizar as seqüências das imagens, antes que a filmagem ou tomadas fotográficas se realizem. Um *storyboard* é uma série de simples quadros, os quais mostram ao produtor, ou a quem solicitou o trabalho, como as seqüências de filmes ou VTs vão se desenrolar. Os desenhos podem ser simples rascunhos de figuras ou algumas linhas mostrando o "pano de fundo" da produção, suficientes para dar uma visualização das imagens.

Tendo criado esse *storyboard* é necessário relatar o som das figuras (mesmo os filmes mudos incluem música). Normalmente, à margem dos desenhos, o *storyboard* inclui descrição das palavras e sons, o que é feito ao longo, ou ao pé do material.

Finalmente, o *script* deve conter quatro componentes básicos: o número de quadros, correspondente àquilo que está no *storyboard*; segundo, instruções para seguir a idéia do *storyboard* (isto é, closes, tomadas, planos etc. etc.); terceiro, detalhes do som (música, efeitos, diálogos ou narrativa); quarto, o tempo necessário — corrido — para cada tomada, até a conclusão geral da produção. Anotações da produção devem acompanhar cada *script*. Isto pode incluir ponderações sobre locações da filmagem, instruções para determinadas tomadas da câmera, acessórios necessários, música e sua mixagem, diálogos.

Storyboards, scripts e notas de produção são elementos utilizados para planejar e organizar o trabalho da equipe que cria e finaliza a produção. Cada espécie de trabalho — seja uma seqüência de *slides*, um filme comum, um comercial ou filme de arte — requer essa preparação.

3.3 — Notícias

A construção da realidade

As notícias, e o fluxo de acontecimentos materiais, são cruciais na construção de nossa visão do mundo.

Esta visão é uma combinação de informações e crenças. O que pensamos são os fatos sobre o mundo em que vivemos. Aquilo em que acreditamos, e os nossos valores, são os elementos com os quais organizamos esses fatos. Então, estamos falando sobre aquilo que acreditamos que o mundo seja. Nossa terra, outras terras, outros modos de vida, todos olham de maneira diferente para o mundo, dependendo do ponto de vista com que a análise é feita. A mídia nos dá a forma desse ponto de vista. As notícias exercem especial influência, não somente porque elas nos chegam através do poder da mídia, mas também porque elas têm credibilidade. E nós acreditamos nas notícias de rádio e televisão, porque muito do que eles dizem é naturalmente verdadeiro e, ainda, porque as organizações que divulgam notícias levaram anos e anos construindo uma reputação de imparcialidade e verdade. Contudo, dentro do processo necessário de seleção e construção que faz parte da produção de notícias, é impossível ser completamente verdadeiro em sua visão do mundo. Eles interpretam as guerras, desastres e negócios de Estado no sentido de que eles parecem mais verdadeiros do que são. Esta é a sua visão do mundo. É o que eles oferecem para nós e isto se transforma em parte de nossa realidade.

Por exemplo, membros de alguma facção lutando no Oriente Médio podem ser qualificados de "terroristas" e muitos comentários são feitos desaprovando tais ações. Alguns produtores de notícias de países do Oriente Médio, porém, chamam as mesmas pessoas de "combatentes da liberdade" e fazem a respeito deles comentários favoráveis. Nenhum desses pontos de vista é inteiramente certo ou errado. Mas, em ambos os casos, a visão do mundo provinda dos produtores de notícias faz parte da comunicação que busca audiência. E em cada caso eles contribuíram um pouco mais para o senso de realidade da audiência. A construção da realidade é feita tanto de fatos como de crenças.

Agenda de trabalho

Esta frase significa que *os produtores de notícias, em várias espécies de mídia, promovem uma lista dos tópicos mais importantes a serem abordados e divulgados como notícias.** Geralmente esta agenda é feita tendo em vista uma reunião da equipe de trabalho. Esta lista pode ser discutida em seus detalhes, mas ela certamente inclui fatos sobre eventos políticos, desastres, guerras, e notícias sobre figuras populares.

A pauta é, em geral, apenas o encabeçamento de alguns tópicos. Mas ela versa sobre eventos que estão acontecendo no momento e que, provavelmente, virão a ter destaque, a ser o título da matéria — uma greve prolongada, uma explosão num tanque de óleo etc. Pensando um pouco, você poderá organizar uma pauta enquanto lê estas linhas. Se quer fazer isto, identifique as notícias que estão predominando no noticiário na última semana. Você será capaz então de localizar o que os produtores de notícias consideram importante. Com efeito, eles estão nos dizendo o que é importante. Pode ser ou não ser correto. Não conhecemos e nem notamos os itens que são apenas "gotejados" ou ganham pouco espaço, ou tempo, na mídia. Contudo, eles são "ditos" e tidos como de menor importância. O fato é, assim — positiva ou negativamente —, que a agenda de notícias é que determina o que vai ser divulgado. A idéia de que os jornais, ou noticiários de rádio e TV, simplesmente divulgam os fatos que acontecem, não é bem verdadeira. Mensagens, inclusive novas notícias, são moldadas de forma particular e por razões também particulares.

---

* No Brasil esta agenda chama-se "pauta" e há jornalistas que são "pauteiros", ou seja: organizam a lista de assuntos a serem abordados. (N.T.)

A idéia de uma agenda (ou pauta) é útil porque ela nos ajuda a interpretar as notícias como comunicação. Se verificarmos o padrão da agenda, então podemos nos interrogar sobre o que nela se coloca e qual o efeito que terá. São questões sobre fontes da informação e audiência. No primeiro caso, notamos que há uma equipe editorial influenciada por suas idéias sobre o valor da notícia. No segundo caso, verificamos que a audiência é afetada uma vez mais no sentido de que sua visão do mundo é definida pela comunicação que eles recebem de outros. Nada disso quer dizer que os produtores de notícias conspirem na formação da agenda. O fato de haver uma agenda com os mesmos itens durante muitas semanas é o resultado do próprio pensamento e do ponto de vista do que é "real" e "importante". Além disso, os repórteres e editores se utilizam das mesmas agências de notícias como fontes e, ainda, continuamente olham uns aos outros para ver o que estão apresentando. Por exemplo, a primeira coisa que os editores de rádio e televisão fazem pela manhã é olhar os jornais.

Assim, se as notícias nos ajudam a construir nossa realidade, estamos conhecendo mais sobre como e por que isto é feito.

O valor das notícias

São valores aceitos pelas pessoas que produzem os noticiários. Elas acreditam saber *quais os tópicos que são boas notícias e acreditam nas formas como esses tópicos devem ser manejados*. Os tópicos são aqueles que, evidentemente, já foram vistos na agenda de notícias. A mesma espécie de tópicos tende a aparecer cada semana em muitas mídias, porque o pessoal das organizações noticiosas acredita que elas são o caminho certo para atrair audiência e leitores. Para ser imparcial, parece-nos que eles estão certos. Mas devemos lembrar o ponto segundo o qual, não tendo alternativas, ninguém realmente conhece ou sabe em que a audiência está interessada. Embora possa haver uma espécie de acordo sobre os tipos de notícias que são mais importantes para apresentar, isto ainda não prova que esta história particular deva ser escolhida ou ser tratada desta ou daquela forma.

De fato, a crença sobre como um tópico deve ser tratado termina sendo mais importante do que a crença sobre aquilo que está sendo manejado. É o velho ditado: "O importante não é o que você diz, mas como você diz".

Predominantemente, as notícias novas são tratadas em forma de drama, conflito e qualidades visuais.

A dramatização significa que os criadores da história preferem algo excitante como a principal característica em torno da qual a ação se desenrola. Por exemplo, numa reportagem sobre um incêndio, um jornal popular não relatará apenas o drama da ação contra o fogo e como as pessoas foram resgatadas, mas o fotógrafo vai procurar um ângulo especial em que um bombeiro herói carrega três crianças, salvando-as. (Talvez ele seja um herói, mas seu trabalho foi igual ao de seus colegas, cuja ação foi menos "emocionante", resgatando crianças.)

Conflitos são introduzidos nos fatos, buscando dois lados opostos, preferivelmente vilões em oposição a heróis.

Muitas notícias políticas na televisão são manejadas em termos de pontos de vista opostos (como se não pudesse existir mais de dois pontos de vista sobre alguma situação). Se for possível, é bom colocar um líder político contra o líder de outro partido. Rótulos são utilizados para tornar tudo mais simples. Há muitas notícias na Inglaterra sobre os conflitos internos no Partido Conservador, entre os partidários da sra. Tatcher e seus adversários. Isto é colocado como se houvesse apenas duas espécies de conservadores no Parlamento, o que é totalmente ilógico. Esta tendência de conduzir as notícias num determinado caminho — acreditando que é correto manejá-las assim — exclui outras nuances de opiniões.

Deixando de lado tais efeitos para ver à luz dos fatos, relativamente poucas pessoas olham as notícias correntes apresentadas pelos programas informativos com capacidade para preencher lacunas e opiniões pouco claras. Se você verificar agora as notícias mais recentes, encontrará vários exemplos desse tratamento dado aos fatos — talvez um conflito da polícia com algum grupo seja abordado num ou noutro sentido. Desenvolvendo o velho raciocínio segundo o qual somente "más notícias são boas notícias", é possível que uma pacífica demonstração popular seja uma má notícia, já que nela não há nenhum drama ou conflito.

Contudo, tal demonstração pode se transformar numa boa história. Ela pode fornecer muitas fotos interessantes. A televisão e os jornais populares trabalham mais com aspectos visuais, dando preferência a ilustrações.

A televisão, é óbvio, divulga imagens de toda a espécie. Mas ainda aqui, os noticiaristas exploram esse aspecto da mídia, preferindo histórias com farta ilustração e enviando câmeras a toda a parte para obter material. Os jornais pensam da mesma forma. Como já dissemos, nem sempre a história é divulgada como ela realmente aconteceu. As escolhas são feitas de forma que seja possível manejá-las. O uso de uma grande fotografia de uma personalidade chegando de avião, com pouquíssimas palavras dizendo quem é e porque, é, definitivamente, uma espécie de escolha. Essa escolha representa uma crença sobre como manejar bem a notícia. Isto é o que define o valor da notícia.

O guardião

Entre a equipe que produz as notícias, é o subeditor que tem as responsabilidades pela aprovação do que vai ser publicado, tanto no que diz respeito ao conteúdo como ao tratamento da matéria.* Essa pessoa tem o trabalho de verificar o sentido geral das novas notícias, decidindo o que deve e como deve ser publicado e, ainda, cortando ou reescrevendo parte ou o todo.

As pessoas que monitoram essas informações são chamadas de guardiães.** O termo indica que tal pessoa tem o poder sobre a informação, podendo suprimi-la ou modificá-la. Na verdade, pessoas tais como recepcionistas e secretárias desempenham o mesmo papel.

No caso de notícias, o material é filtrado e modificado para se ajustar à política e aos valores do jornal ou do rádio.

Claramente, muitas outras pessoas podem ter influência no conteúdo final e no tratamento das notícias. O editor, ou editores de seções, influenciam e fazem, também, o papel de "guardiães". Mas, aqui também, importa chamar atenção para o fato de que há um grupo de pessoas que influenciam mesmo no processo, na seleção e no tratamento da mensagem — a mensagem que recebemos nos programas de notícias ou nos jornais.

O editorial

O termo descreve a forma pela qual as opiniões ou pontos de vista das organizações noticiosas são expressos. Os jornais, literalmente, têm um editorial — um artigo, no qual o editor expressa opinião sobre notícias e fatos. Não há nenhum problema em que um jornal não tenha um ponto de vista. Há pontos de vista definidos em termos de uma posição política ou partidária. Há também posições ou atitudes a respeito de problemas que não são declaradamente políticos. Por exemplo, o jornal pode ter uma opinião ou atitude sobre a conservação do meio ambiente ou sobre o resultado de um caso legal. Então, ele não pode pretender ser imparcial. A espécie de

---

* Nos jornais brasileiros esta função varia de órgão para órgão, sendo que nos jornais maiores há editoriais para vários setores: polícia, economia, esportes etc. etc. (N.T.)

** Literalmente guarda do portão, isto na Inglaterra. No Brasil esta terminologia não é utilizada. (N.T.)

parcialidade, ou opinião, que ele tem deve ser explorada e aprofundada através de investigações de mensagens ocultas, revelando o modelo do conteúdo ou tratamento da notícia. Por exemplo, é notório que o *Daily Mail*, na Inglaterra, considera o fato de que boa parte de seus leitores são mulheres e, então, assume posições considerando esse espectro.

O caso das rádios é diferente. Não há editoriais, a exemplo dos estampados pelos jornais. A apresentação das notícias tem como ideal a imparcialidade que se traduz pelo balanço que faz das notícias. Não são expressos pontos de vista sobre o que está acontecendo, especialmente na área política. Os atos do Parlamento, tanto na BBC como na chamada rede independente, atualmente, exigem tal neutralidade. O noticiário da INT é pago por contratos comerciais de algumas companhias. Mas nenhuma delas é proprietária da rádio. Ela não é uma organização comercial em si mesma. Muitos países seguem essa linha de "dar as notícias tal como elas são". Contudo, um balanço perfeito e imparcial dos fatos é impossível de se alcançar. Alguém sempre fará escolhas sobre as notícias a serem apresentadas. E haverá razões por trás dessas escolhas. Essas razões são baseadas em valores e opiniões.

Pode-se argumentar que as notícias de rádio podem "editorializar" disfarçadamente. A verdadeira noção de balanço, em si mesma, é uma questão de opinião. Isto sugere a imagem de um plano para pesar as notícias. No balanço há dois lados. Mas nós sempre apontamos que muitas saídas e argumentos têm mais do que dois lados.

Certos itens de notícias são muito sensíveis, tais como assuntos políticos e militares que não podem ser manipulados em termos de balanço. Um dos mais óbvios exemplos, na Inglaterra, é o caso da situação na Irlanda do Norte, onde as tropas britânicas lutam contra o Exército Republicano Irlandês (IRA). Há uma longa lista de notícias e ocorrências que são censuradas pelo governo ou pelos próprios executivos das organizações noticiosas, porque elas representam o ponto de vista dos republicanos irlandeses. Há, ainda, uma série de proibições que não permitem a aparição de qualquer membro dessa organização na televisão. (Outros livros, e até produtores de notícias, procuram minimizar a evidência de tais casos.) O fato é que não se pode falar em "balanço imparcial" se um lado é privilegiado e outro suprimido. É por isso que muitas pessoas concordam com o manejamento das notícias nesse caso. Não pretendemos dizer que isto é um balanço de notícias. De uma forma indireta e coberta os noticiaristas de rádio estão, atualmente, fazendo verdadeiros editoriais. Deixando coisas de lado ou dosando o tempo de imagens na TV em cada item de notícias, eles terminam demonstrando seu ponto de vista, ou a ótica através da qual encaram a situação.

3.4 — Novas tecnologias

Definições

Esta seção diz respeito à *microeletrônica e seus efeitos nos meios e sistemas de comunicação*. Alguns velhos sistemas e meios foram trocados. Algumas novas formas e meios foram criadas. A câmera foi transformada num objeto utilizado para criar a comunicação visual: agora ela pode ajustar foco e exposição automaticamente. O sistema telefônico foi transformado num novo equipamento para controlar sinais eletrônicos enviados via satélite, ou por cabo, dos mais distantes países do mundo. Tudo isto está disponível.

Novos aparelhos de comunicação, tal como o videotape, apareceram. Eles também modificaram o estilo de vida, nossa cultura e nossa habilidade para enviar e receber comunicações.

Queremos chamar a atenção para alguns desses aparelhos e sistemas, porque eles provocaram um efeito considerável em nossos modelos de trabalho e lazer e, também, porque — em muitos casos — esses efeitos não são levados na devida conta.

Por exemplo, um relógio é um aparelho para medir o tempo. Por centenas de anos, ele comunicou essa medida através de duas hastes circulando num dial marcado com números. Repentinamente há uma nova geração que já não precisa aprender a ler esses signos. O relógio digital comunica apenas através dos números.

Mais do que isto: a tecnologia fez do relógio um objeto barato e descartável. Qualquer criança pode ter um.

Uma calculadora de bolso é um pouco mais cara. Contudo, seu tamanho e seu poder de computação seriam considerados um milagre apenas 10 anos atrás.

Nós estamos falando sobre uma breve olhada no tempo que começou há 10 anos. Mas ele se estende para um futuro previsível. A nova tecnologia mal começou a transformar nossas vidas e nossas possibilidades de comunicação. Muitas surpresas nos cercam, pois os cientistas já começaram a criar *bio-chips* que combinam tecidos vivos com material eletrônico e computadores que trabalham com a luz solar, em vez de impulsos eletrônicos. Hoje você pode comprar uma calculadora de bolso movida a luz solar em qualquer *shopping center*.

Efeitos na comunicação de massa

As novas tecnologias ampliaram o alcance de muitos meios de comunicação de massa.
Hoje é possível falar com qualquer lugar do mundo a partir de nossa residência. O desenvolvimento do sistema telefônico, interligado com satélites e cabos, torna isto possível. O desenvolvimento tornou possível conectar esse sistema com outros e, também, com computadores, que falam uma linguagem numérica — a informação digital.

Outra extensão disto é o serviço eletrônico que liga os usuários de computadores através de continentes, trocando cartas eletrônicas, instantaneamente, e a qualquer momento.

A nova tecnologia mudou os métodos de produção da mídia de massas em muitos sentidos. Em geral, ela é produzida rapidamente e mais barata, assim como tem melhorado aquilo que é produzido.

Já é possível transmitir um jornal, embora para poucas pessoas, utilizando-se um processador de palavras. O colorido das fotos e ilustrações das revistas e livros pode agora ser preparado por um aparelho eletrônico que permite ao impressor selecionar a cor, deixando de lado os velhos métodos químicos. Ou um jornal, como o *Financial Times*, pode colher dados em Paris e enviá-los a Frankfurt para impressão.

A tecnologia moderna trouxe novos métodos de distribuição de materiais para a audiência. Em termos de produto, isto significa que é possível alcançar os maiores e mais distantes mercados. Por exemplo, filmes podem ser distribuídos por cabo, tanto na Inglaterra como nos Estados Unidos ou, ainda, através de novos aparelhos, como videocassetes, hoje implantados em todo o mundo.

A nova tecnologia alargou a audiência. Criou novos produtos que são produzidos em massa. Por exemplo, os *videogames* são, agora, vendidos em larga escala. Isto não existia há poucos anos.

Informação

Novas tecnologias significam que o sistema de comunicação de massa pode fornecer muito mais informações e tão rapidamente como nunca antes aconteceu.
Empresas comerciais e governos têm feito o maior uso desses caros sistemas de informações, porque eles ajudam a economizar recursos e a ganhar dinheiro. Isto, entretanto, afeta a todos nós, mesmo indiretamente. E certamente afeta muitas pessoas em seu traba-

lho — por exemplo, lojas que podem checar rapidamente seus estoques e, na sua trilha, ver o que se tem vendido.

Nos Estados Unidos, as empresas de comunicação oferecem vários serviços aos homens de negócios, permitindo-lhes passarem informações escritas de um centro de negócios a outros, via satélite. Há cada vez menos papéis em movimento.

Os bancos começam a se computadorizar. Isto significa que os clientes podem movimentar suas contas sem necessidade de irem pessoalmente ao banco. Significa, também, que os bancos podem pôr um ponto final à sua movimentação de papéis e cheques.

Processamento de dados é, hoje, uma frase comum, usada para descrever os serviços de computadores baseados no armazenamento de uma quantidade infindável de informações sobre clientes, ações e outros acordos financeiros. Essas informações podem ser utilizadas rapidamente e, além disso, transmitidas para qualquer ponto muito facilmente.

Mas, diante disso tudo, é preciso fazer algum comentário sobre o fato de que essas grandes modificações no sistema de comunicações e informações provocam muitos efeitos — e nem todos eles são bons. Não vamos fazer uma enfadonha análise dos efeitos sociais e econômicos disso tudo, mas dois exemplos indicam o alcance do problema que estamos levantando.

Um ponto é que muitas pessoas perderam seu trabalho devido às novas tecnologias. Ao lado dos exemplos já apresentados sobre produção, tal como tornos computadorizados que podem "pensar" e operar sem a mão do homem, há a perda de trabalho, por exemplo, de escriturários e arquivistas, cujos papéis e tempo são substituídos pelos sistemas eletrônicos que armazenam tudo em suas memórias. (É claro que novas indústrias de comunicação compensam esta situação.)

Outro ponto que pode vir a ser perigoso é o controle, por computador, das agências de crédito. Essas informações sobre os cidadãos são, muitas vezes, pessoais e relacionam-se com as suas possibilidades de crédito. Até o momento tem sido impossível controlar o que é posto em tais arquivos eletrônicos, vê-los ou corrigi-los. O poder de quem opera esses sistemas de informações é muito grande e a falta de controle sobre esse poder é inquietante.

Entretenimento

A nova tecnologia alargou a gama de produtos de massas para entretenimento e sua distribuição.
Numerosos exemplos ajudam a provar este ponto. O entrete-

nimento é um grande negócio no mundo das comunicações. Nós pagamos por muitos e muitos produtos de lazer. E, como já referimos, há ainda o problema das mensagens ocultas sobre valores que reforçam nossa cultura e atitudes. Por exemplo, os *videogames* são desenhados e produzidos em torno de noções de competições, violência, guerras e outras coisas que tais: são orientados para os jovens com os valores oferecidos a esse grupo através de outras mídias, como as revistas em quadrinhos. Podemos ver, assim, como esse desenvolvimento aumenta o alcance dessas tendências.

Gravadores portáteis com toca-fitas são hoje tão comuns como era o rádio uma geração atrás.

Todas essas extensões do entretenimento são, também, uma extensão da mídia e do seu sistema.

A telinha de televisão em casa é, agora, o centro mundial de informações e entretenimento, usando todo um sistema de comunicação tecnológica. O que se vê na Figura 18, originalmente, apareceu ilustrando um artigo da revista *L'Express*, de agosto de 1980, como parte de um artigo intitulado "Notre télé, demain..." (Nossa televisão, amanhã...).

Quão longe estará esse diagrama de fazer parte de nossa existência? Será que a sua televisão, em casa, já não tem essas ligações?

Minitelas, acopladas a uma tela principal, tornam possível monitorar o que há em outros canais e fontes, tal como se se tivesse, em casa, uma vigilante câmera.

Duas questões

Isto nos traz a primeira das duas questões com a qual a nova tecnologia nos defronta. Vamos ter as mesmas coisas ou vão nos oferecer algo diferente?

A imediata e pesarosa resposta é que a nova tecnologia não fez muito para mudar os modelos de propriedade, seja nas finanças ou no *marketing* de entretenimento. Neste sentido, os novos desenvolvimentos tendem a ser absorvidos pelo sistema já existente e utilizados da mesma maneira com que sempre o foram. Por exemplo, a criação dos videodiscos com leitura a *laser* tem um enorme potencial para criar novas formas de armazenar informações. Com efeito, podemos ter livros eletrônicos com figuras se movendo. Mas o que, atualmente, vem acontecendo com esta tecnologia é, em primeiro lugar, uma tentativa de encarar esses discos principalmente como gravações populares. Não seria surpresa, dado o sucesso do videocassete, que essa outra experiência venha a fracassar.

Outra questão que vale examinar é a que se refere a como a tecnologia nos dará acesso aos novos sistemas ou como poderemos exercer controle sobre o que nos é oferecido. Temos uma situação onde o sistema de comunicação de massa e seus produtos são, efetivamente, dirigidos ou controlados por organizações comerciais com alguma intervenção governamental. Em outras palavras, as mensagens são enquadradas e enviadas a nós sem que tenhamos muito a dizer sobre quem faz isto e por que o faz.

Consideremos uma grande, complexa e caríssima operação como um sistema de telefone integrado nacionalmente, ou uma rede de televisão — não se pode sugerir que cada um tome parte direta nelas ou na produção de seu material. Ao mesmo tempo, vale a pena assinalar que a cidade de Hull tem um bom serviço independente de telefone. Na Alemanha há um sistema que permite a determinadas minorias ocupar um espaço para colocar no ar o que desejam. Isto pode ser feito. O fato é que há pressões em prol de uma abordagem alternativa na comunicação de massa. Há jornais alternativos. E na Inglaterra — onde o sistema é governamental — se admite oficialmente que há várias estações de rádio ilegais operando e servindo áreas particulares, ou determinadas minorias. A tecnologia barata torna possível organizar tais operações com pouco capital.

Há vários sinais indicando que acesso e controle pela audiência é possível através da nova tecnologia.

Com o novo sistema de televisão a cabo, e usos dos computadores, uma pessoa pode ver o que de melhor está acontecendo. Cabos podem ser utilizados para levar mensagens de consumidores e vice-versa. Em muitos lugares dos Estados Unidos e da Grã-Bretanha é possível comprar através de cabo, utilizando teclados e um mostrador de tela. Vários sistemas de vídeos estão, agora, chegando ao mercado (especialmente vídeos ligados a computadores), os quais permitem aos estudantes aprender em suas próprias casas. Informações relevantes para profissionais, tais como advogados, podem ser utilizadas através de computadores ligados a arquivos.* É uma questão de tempo para que toda a população tenha acesso a uma gama tão grande de informações como nunca houve antes.

Mas, ao chegar a este ponto com nossas conjecturas, é bom parar. Muita coisa ainda não aconteceu. Enquanto isso, como já mencionamos, ainda há muito a ser desejado no que diz respeito ao acesso e ao uso da comunicação de massa pela maioria da população, agora que estas maravilhas tecnológicas estão acontecendo.

---

* No fórum João Mendes, em São Paulo, já há um sistema informatizado que permite aos advogados, sem sair de seus escritórios, acompanhar o andamento de ações, prazos etc., além de acesso à memória que contém decisões e julgados importantes. (N.T.)

Isto nos ajuda a checar alguns pontos deste capítulo sobre "Comunicação de Massa".

Primeiro, afirmamos que a "Comunicação de Massa" diz respeito à comunicação em larga escala, em termos de distância, pessoas e produtos envolvidos. Muito disso é feito através da mídia. Este é um tópico importante para estudar, porque a influência dessa mídia atua sobre nós.

1 — Uma sociedade de comunicação de massa.
1.1 — A palavra "massa" refere-se ao volume, escala ou velocidade do sistema, dos produtos e da audiência.
1.2 — O significado da produção de comunicação em massa referese, também, à repetição das mensagens. Muitas vezes essas mensagens referem-se a idéias e crenças. Elas terminam nos influenciando em virtude de sua constante repetição.
1.3 — O sistema e a organização que manipulam a comunicação de massa não estão diretamente sob o controle dos indivíduos, mesmo que eles se dirijam diretamente a cada pessoa.
1.4 — A comunicação de massa tem permitido maior envio e troca de informações. Mas não temos, necessariamente, o controle do que está sendo transmitido nem o que se faz com as informações.
1.5 — A comunicação de massa aumentou muito o número e o volume de entretenimentos disponíveis. Mas a escolha dos tipos de entretenimento não é tão grande como parece. E não temos muito a dizer sobre isto.
1.6 — Os vários meios de comunicação de massa podem ser extensões de nós mesmos e de nossas habilidades para coisas tais como falar, ouvir, escrever e ler.
1.7 — A mídia é parte de nossa sociedade em geral. Ela nos ajuda a construir um retrato dessa sociedade.
1.8 — A mídia tem tanto poder e influência sobre a sociedade porque ela pode duplicar e repetir constantemente as mensagens e levá-las, inclusive, a nossas próprias casas.

2 — Interpretando a mídia.
2.1 — A idéia da edição refere-se ao fato de que o material coletado é "trabalhado" por especialistas em mídia. Isto tem particular relevância porque se refere a fatos e acontecimentos.
2.2 — A seleção e construção refere-se ao fato de que toda a mídia é o resultado de um processo de montagem em que alguns itens são levados em conta, outros deixados de lado e outros, ainda, reunidos de determinada maneira. Deveríamos ver quem faz isto e por quê.

2.3 — A idéia de "produto" liga-se ao fato de que o material da mídia é produzido em massa, tal como carros, e embalado e vendido como cereais para o café da manhã.

2.4 — Empresários e financistas estão na origem das mensagens e de onde vem o dinheiro para pagar essas operações. Os empresários da mídia dominam relativamente poucas organizações, onde têm seus interesses comerciais. Isso diz respeito, acima de tudo, a lucros e à crescente dominação do mercado. Em termos financeiros, a publicidade, especialmente, exerce grande domínio e influência na espécie de material divulgado porque ela paga — diretamente e em grandes proporções — a operação da mídia. Esse pagamento, ao final, termina sendo feito pela própria audiência.

2.5 — A idéia de valores abertos e encobertos nas mensagens referese ao fato de que — intencionalmente ou não — nenhuma mensagem chega até nós em primeiríssima mão. O núcleo do fato pode estar escondido. E as mensagens mais importantes são sobre valores, crenças e opiniões.

2.6 — A idéia de estereótipos é de que as pessoas, suas crenças e atitudes são sempre apresentadas de forma simplificada e mistificada pela mídia. São fáceis de entender, mas encorajam preconceitos e falsos entendimentos. Os estereótipos são criados através de constante repetição.

2.7 — A idéia de gênero é que há certos tipos de material de mídia já convencionados. São histórias facilmente reconhecíveis através de tipos já convencionados que repetem sempre os mesmos elementos e situações. O gênero é popular. É preciso olhar criticamente essa espécie de comunicação, que sempre tem mensagens encobertas e que exerce grande influência.

3 — A mídia: exemplos especiais.

3.1 — Propaganda: utiliza e perpetua estereótipos; contém mensagem e valores transmitidos abertamente; cria realidades alternativas para produtos e serviços; utiliza-se da comunicação de massa e seus termos devem ser analisados.

3.2 — A comunicação visual é um meio dominante na mídia. Em certo sentido, ela pode ser definida como a representação de imagens, inclusive a fotografia. As imagens mostram-se através de signos que podem ser definidos em termos da posição da câmera em relação ao espectador. As imagens socializam o sistema de crenças e valores que domina nossa sociedade. As imagens podem ser entendidas através de termos como denotação, conotação e ancoragem.

3.3 — As notícias são importantes, entre outros materiais da mídia, porque elas nos trazem informações sobre o mundo, as quais utilizamos para construir nossa visão da realidade e da verdade. Os produtores de notícias organizam uma agenda (pauta) com os principais tópicos que serão abordados. Os produtores de notícias têm suas opiniões e valores sobre o que é importante e "direito". Nós tendemos a aceitar esses valores sem qualquer crítica. Os editores são os "guardiães" dessas notícias, que eles selecionam. Nos jornais existem os editoriais, que exprimem abertamente suas opiniões. O rádio e a TV também "editorializam", mas fazem isso acobertadamente. Não há imparcialidade completa.

3.4 — As novas tecnologias, definidas através da aplicação de aparelhos microeletrônicos, têm mudado o sistema de comunicação de massa, inclusive a mídia e seus produtos.

Isso tem afetado a comunicação de massa, aumentando seu raio de ação, modificando seus métodos de produção, trazendo novos sistemas de distribuição, aumentando a audiência e criando novos produtos. As novas tecnologias aumentaram consideravelmente nossa capacidade de trocar e estocar informações. Isto beneficiou os governos e o comércio, mais do que o público em geral.

As novas tecnologias aumentaram, também, a gama de entretenimento de massa. Isto levanta muitas questões relativas aos produtos da mídia, seus proprietários e seu controle. Outra questão crucial é saber se estão nos dando mais coisas diferentes ou somente mais da mesma coisa. Outra questão importante é saber se é possível termos, ou não, maior acesso ao uso dos sistemas de comunicação, assim como o controle do material que nos vem através deles.

ATIVIDADES

1 — Para grupos
Procure ver como a sociedade é representada pela mídia de massas. Investigue a noção de realidade alternativa criada pela mídia. Ilustre a criação de "tipos" pela mídia.

Utilize revistas: recorte e monte imagens para exposição de pessoas. Tome um ou dois temas, através dos quais possa fazer escolhas: um é a família; outro, a comunidade. Em cada caso procure imagens que lhe permitam criar uma "árvore" familiar e uma galeria de retratos da comunidade.

É possível fazer um exercício escrevendo o perfil para cada um dos caracteres escolhidos. Esse perfil pode incluir detalhes da personalidade, do *background*, atributos e estilo de vida.

O fato de você poder fazer isto facilmente satisfará três objetivos. Discuta-os com alguém e relate o retrato que você montou.

2 — *Para indivíduos ou pares*
Procure, através da prática, ver como o material noticioso é selecionado e remanejado.
Mediante esse processo procure entender os valores que há nessas notícias.

Leia a notícia a seguir como se ela tivesse vindo de uma agência de notícias, tal como a "Associated Press".

[Desastre de ônibus — 14 mortos (27.8.84 — 10,30 h)]
Um ônibus de férias, retornando à Inglaterra da Riviera francesa, tombou perto de Ampiègne, no norte da França, às primeiras horas desta manhã.

O ônibus derrapou quando vinha pela importante rodovia N21 e mergulhou num aterro, antes de tombar. 11 dos 53 passageiros morreram instantaneamente esmagados sob o ônibus. Além disso, 3 outros passageiros morreram a caminho do hospital. Outros 27 foram mantidos em observação num hospital perto de Ampiègne. A extensão dos ferimentos ainda não é conhecida, mas sabe-se que 6 deles se encontram em estado grave. O motorista do ônibus está entre os mortos.

A causa do acidente ainda não foi bem esclarecida. Um motorista de caminhão, que estava presente na hora do acidente, disse que a estrada estava escorregadia devido às chuvas que caíram, após um período quente e seco. O motorista, Luís Gaspar, alertou as autoridades francesas e os serviços médicos, através do rádio de seu caminhão. Se não fosse sua pronta ação, chamando ambulâncias para o local, os mortos seriam em maior número.

Mr. Brian Ackroyd, funcionário da Embaixada britânica em Paris, encontra-se em Ampiègne, prestando assistência às vítimas. O Ministro dos Transportes da França, Patrick Furneaux, prometeu que se fará uma profunda investigação sobre as causas do acidente. Houve outros acidentes, no ano passado, nesse mesmo trecho de estrada.

Uma das poucas pessoas a sobreviver apenas com leves ferimentos foi Amy Chalker. Sua filha, Mandy, de 3 anos, também sobreviveu, depois de ser arremessada através de uma claraboia arrancada do teto do ônibus. Mandy caiu numa moita, apenas levemente machucada.

Em vista de outros desastres, ocorridos em períodos de férias na França, questões tais como a velocidade com que os ônibus viajam estão sendo discutidas, além dos regulamentos sobre as condições de trabalho dos motoristas.

Você deve considerar que esta notícia pode ser acompanhada

de uma foto mostrando o desastre do ônibus. Para a televisão, há também a cobertura das cenas locais, mais a intervenção do motorista de caminhão, cujo inglês é razoavelmente bom. Você não deve modificar os fatos. Deve elaborar tudo, plausivelmente, editando e impondo seu estilo e "angulação" ao material.

Sua tarefa, agora, é fazer duas coisas. Uma é escrever um artigo de duas laudas para um jornal popular. A outra é produzir um *script* para um programa de televisão, com um tempo de um minuto e vinte segundos. Lembre-se de considerar gráficos e filmes nesse caso.

Você deve observar, ainda, neste exercício, o que ele diz a respeito da diferença entre os dois veículos da mídia.

3 — Para estudo individual ou em grupos
Ilustre o modelo dominante de propriedade e finanças na mídia.
Ilustre a incorporação da nova tecnologia a esses modelos.

(Este exercício pressupõe a existência de conhecimento sobre o problema ou, então, a busca de fontes de informações.)

Considere o seguinte:

"A direção de uma importante empresa japonesa pretende lançar no mercado um sistema de vídeo com imagem tridimensional. Ele produz uma imagem aparentemente 'real', num espaço de 30 polegadas. O sistema é baseado em discos a *laser* e hologramas. A empresa pretende vender um sistema como videodisco, junto com uma biblioteca de material disponível para o comprador.

Não é possível gravar com este sistema. A empresa está, também, negociando com uma rede de rádio e TV para que o sistema seja por ela utilizado, mesmo experimentalmente. Há duas possibilidades de aplicação para esta nova tecnologia, uma como vídeo e outra de forma convencional".

Em cada caso, responda às seguintes questões e reflita sobre o que suas respostas dizem a respeito dos caminhos possíveis neste momento:

Quem gostaria de comprar o produto em cada caso?
Quem gostaria de controlar o sistema?
Como cada sistema será pago?
Quem vai ganhar dinheiro com cada sistema?
Como o sistema pode se comercializado?
(Você pode fazer perguntas sobre que materiais estão disponíveis e como o produto pode ser censurado.)

4 — Para grupos ou pares
Ilustre a existência de "gêneros" e a repetição de elementos comuns.
Mostre a importância das convenções e o nosso conhecimento delas.

Simplesmente, desenhe um programa tipo "*Show* de perguntas" para a televisão. Os detalhes devem incluir informações sobre como ele se desenvolverá e como será apresentado, além de fatos sobre as próprias perguntas a serem feitas.

Compare a sua produção com a de outras pessoas. Você, provavelmente, encontrará muita coisa em comum. Então, pergunte a você mesmo por que isto aconteceu e qual o seu significado.

GLOSSÁRIO DE TERMOS UTILIZADOS EM COMUNICAÇÃO

Agenda (Pauta) — É a forma pela qual a mídia define os tópicos que mais podem interessar à audiência.

Audiência — Pessoas que recebem a comunicação transmitida, especialmente pelos meios eletrônicos de comunicação.

Barreiras — Ou bloqueios. Fatores que — no processo da comunicação — impedem que a mensagem chegue a seu destino. Também utiliza-se o termo "filtro", mais no sentido de que a mensagem é depurada. Existem barreiras mecânicas, semânticas ou psicológicas.

Canais — São os meios através dos quais as mensagens fluem da fonte até seu destino.

Código — Um sistema de signos regidos por determinadas convenções; uma língua — o português — é um código, também chamado código primário.

Codificação — Refere-se ao processo de verter, para signos, idéias, sentimentos, opiniões, segundo as convenções de determinado código (por exemplo: falar ou escrever). *Decodificação* é o inverso: é entender e interpretar os signos.

Comunicação — É o processo de criar e compartilhar significados através da transmissão e troca de signos; esse processo requer uma interação entre as pessoas e, mesmo, entre pessoas e meios mecânicos utilizados.

Consenso — Refere-se ao centro que reúne valores e crenças aceitas pela sociedade. O consenso tende a excluir a noção de alternativas ou outros pontos de vista. A mídia busca o consenso na sociedade.

Contexto — É o que cerca, o envolvimento que circunda o lugar em que a comunicação se realiza.

Convenções — São as regras que definem como os signos devem ser utilizados para formar um código a ser devidamente entendido.

Cultura — Conjunto de valores, crenças e comportamentos que distingue um grupo de pessoas, diferenciando-o de outros; a cultura expressa-se na comunicação; há uma cultura de uma nação, de um segmento da sociedade, de uma raça ou religião; a cultura expressa-se de muitas maneiras: roupas, religião, artes e, também, através da linguagem.

cultura popular refere-se a formas médias de arte e entretenimento;

alta cultura diz respeito às classes dominantes e à formas mais educadas de expressão;

folclore é a cultura criada pelo próprio povo, muitas vezes baseada em heranças transmitidas oralmente;

cultura de massas diz respeito àquilo que é imposto pela mídia a grandes porções da população.

Feedback — (ou resposta) é exatamente o que o termo quer dizer: uma resposta a uma mensagem. Isto inclui a idéia de que o transmissor ajusta, ou procura ajustar, o estilo de sua comunicação tendo em vista o *feedback* que está recebendo. O *feedback* regula o fluxo da comunicação. O *feedback* é um processo contínuo na comunicação.

Gatekeeper — (a tradução seria "guarda do portão", mas aqui é empregado no sentido de *Controler*). A pessoa que controla as fontes de informação, tendo poder para isto — um poder que lhe faculta, inclusive, selecionar as informações ou interpretá-las.

Gênero — O termo designa um corpo com características comuns.

Imagem — Foto, pintura, desenho, *slide* ou simples fotograma de um filme. Literalmente, imagem é considerada também como uma metáfora.

Informação — O ponto de partida para a comunicação, incluindo fatos acontecidos no mundo. A informação serve para diminuir o grau de incerteza. As pessoas conhecem e sabem mais na medida em que possuem mais informações.

Linguagem — É um termo usado de forma muito ampla para designar um sistema de códigos com os quais, segundo determinadas convenções, se organizam os signos para que tenham um significado. A linguagem é a base de todo o processo de organização da comunicação humana.

Significado — O que é e o que significa a mensagem enviada através de signos. O significado das mensagens está em nossas mentes, não nas palavras intrinsecamente falando. O que os signos significam para o transmissor nem sempre significam para o receptor.

Mídia — Canais ou meios de comunicação. A palavra, hoje, refere-se a *mass media*.

Mensagem — É uma unidade de informação, sobre fato ou opinião, passada através de um canal. Em muitos casos, mais de uma mensagem são passadas. Mensagens abertas são aquelas óbvias; mensagens ocultas, ou cobertas, são aquelas que, além e de forma subjacente ao que está explícito, contêm outro significado.

Não-verbal — Refere-se à comunicação feita sem o uso de palavras: gestos etc. Inclui linguagem corporal, formas de vestir e paralinguagem.

Percepção — É o processo através do qual o mundo faz sentido para nós. Isto envolve a seleção, organização e interpretação de tudo que recebemos através de nossos sentidos, e com o que, mentalmente, criamos nossa realidade.

Papéis — É o que os indivíduos representam em determinadas situações junto aos grupos a que pertencem. Em cada situação o indivíduo representa um papel a ela adequado.

Semiologia — É a disciplina que estuda os signos e seus significados.

Signos — Uma simples unidade de comunicação que contém um significado (ou vários).

Sociabilidade (ou socialização, no sentido de sociedade) — É a forma pela qual as pessoas aprendem a conviver com os grupos que as cercam, tornando-se aceitas pela sociedade. A família, o trabalho, a escola são agentes dessa socialização.

Subcultura — Grupos culturais enquistados em outras culturas dominantes. Certos grupos étnicos são característicos como subcultura.

Transação — Troca de comunicação, geralmente de forma bastante funcional e que pode ser vista até mesmo numa operação de câmbio num banco.

NOVAS BUSCAS EM COMUNICAÇÃO
VOLUMES PUBLICADOS

1. *Comunicação: teoria e política* — José Marques de Melo.
2. *Releasemania — uma contribuição para o estudo do press-release no Brasil* — Gerson Moreira Lima.
3. *A informação no rádio — os grupos de poder e a determinação dos conteúdos* — Gisela Swetlana Ortriwano.
4. *Política e imaginário nos meios de comunicação para massas no Brasil* — Ciro Marcondes Filho (organizador).
5. *Marketing político e governamental — um roteiro para campanhas políticas e estratégias de comunicação* — Francisco Gaudêncio Torquato do Rego.
6. *Muito além do Jardim Botânico — um estudo sobre a audiência do Jornal Nacional da Globo entre trabalhadores* — Carlos Eduardo Lins da Silva.
7. *Diagramação — o planejamento visual gráfico na comunicação impressa* — Rafael Souza Silva.
8. *Mídia: o segundo Deus* — Tony Schwartz.
9. *Relações públicas no modo de produção capitalista* — Cicilia Krohling Peruzzo.
10. *Comunicação de massa sem massa* — Sérgio Caparelli.
11. *Comunicação empresarial/comunicação institucional — Conceitos, estratégias, planejamento e técnicas* — Francisco Gaudêncio Torquato do Rego.
12. *O processo de relações públicas* — Hebe Wey.
13. *Subsídios para uma Teoria da Comunicação de Massa* — Luiz Beltrão e Newton de Oliveira Quirino.
14. *Técnica de reportagem — notas sobre a narrativa jornalística* — Muniz Sodré e Maria Helena Ferrari.
15. *O papel do jornal — uma releitura* — Alberto Dines.
16. *Novas tecnologias de comunicação — impactos políticos, culturais e socioeconômicos* — Anamaria Fadul (organizadora).
17. *Planejamento de relações públicas na comunicação integrada* — Margarida Maria Krohling Kunsch.
18. *Propaganda para quem paga a conta — do outro lado do muro, o anunciante* — Plinio Cabral.
19. *Do jornalismo político à indústria cultural* — Gisela Taschner Goldenstein.
20. *Projeto gráfico — teoria e prática da diagramação* — Antonio Celso Collaro.
21. *A retórica das multinacionais — a legitimação das organizações pela palavra* — Tereza Lúcia Halliday.
22. *Jornalismo empresarial* — Francisco Gaudêncio Torquato do Rego.
23. *O jornalismo na nova república* — Cremilda Medina (organizadora).
24. *Notícia: um produto à venda — jornalismo na sociedade urbana e industrial* — Cremilda Medina.
25. *Estratégias eleitorais — marketing político* — Carlos Augusto Manhanelli.
26. *Imprensa e liberdade — os princípios constitucionais e a nova legislação* — Freitas Nobre.
27. *Atos retóricos — mensagens estratégicas de políticos e igrejas* — Tereza Lúcia Halliday (organizadora).

28. *As telenovelas da Globo — produção e exportação* — José Marques de Melo.
29. *Atrás das câmeras — relações entre cultura, Estado e televisão* — Laurindo Lalo Leal Filho.
30. *Uma nova ordem audiovisual — novas tecnologias de comunicação* — Cândido José Mendes de Almeida.
31. *Estrutura da informação radiofônica* — Emilio Prado.
32. *Jornal-laboratório — do exercício escolar ao compromisso com o público leitor* — Dirceu Fernandes Lopes.
33. *A imagem nas mãos — o vídeo popular no Brasil* — Luiz Fernando Santoro.
34. *Espanha: sociedade e comunicação de massa* — José Marques de Melo.
35. *Propaganda institucional — usos e funções da propaganda em relações públicas* — J. B. Pinho.
36. *On camera — o curso de produção de filme e vídeo da BBC* — Harris Watts.
37. *Mais do que palavras — uma introdução à teoria da comunicação* — Richard Dimbleby e Graeme Burton.
38. *A aventura da reportagem* — Gilberto Dimenstein e Ricardo Kotscho.
39. *O adiantado da hora — a influência americana sobre o jornalismo brasileiro* — Carlos Eduardo Lins da Silva.
40. *Consumidor* versus *propaganda* — Gino Giacomini Filho.
41. *Complexo de Clark Kent — são super-homens os jornalistas?* — Geraldinho Vieira.
42. *Propaganda subliminar multimídia* — Flávio Calazans.
43. *O mundo dos jornalistas* — Isabel Siqueira Travancas.
44. *Pragmática do jornalismo — buscas práticas para uma teoria da ação jornalística* — Manuel Carlos Chaparro.
45. *A bola no ar — o rádio esportivo em São Paulo* — Edileuza Soares.
46. *Relações públicas: função política* — Roberto Porto Simões.
47. *Espreme que sai sangue — um estudo do sensacionalismo na imprensa* — Danilo Angrimani.
48. *O século dourado — a comunicação eletrônica nos EUA* — S. Squirra.
49. *Comunicação dirigida escrita na empresa — teoria e prática* — Cleuza G. Gimenes Cesca.
50. *Informação eletrônica e novas tecnologias* — María-José Recoder, Ernest Abadal, Lluís Codina e Etevaldo Siqueira.
51. *É pagar para ver — a TV por assinatura em foco* — Luiz Guilherme Duarte.
52. *O estilo magazine — o texto em revista* — Sergio Vilas Boas.
53. *O poder das marcas* — J. B. Pinho.
54. *Jornalismo, ética e liberdade* — Francisco José Karam.
55. *A melhor TV do mundo — o modelo britânico de televisão* — Laurindo Lalo Leal Filho.
56. *Relações públicas e modernidade — novos paradigmas em comunicação organizacional* — Margarida Maria Krohling Kunsch.
57. *Radiojornalismo* — Paul Chantler e Sim Harris.
58. *Jornalismo diante das câmeras* — Ivor Yorke.
59. *A rede — como nossas vidas serão transformadas pelos novos meios de comunicação* — Juan Luis Cebrián.
60. *Transmarketing — estratégias avançadas de relações públicas no campo do marketing* — Waldir Gutierrez Fortes.
61. *Publicidade e vendas na Internet — técnicas e estratégias* — J. B. Pinho.
62. *Produção de rádio — um guia abrangente da produção radiofônica* — Robert McLeish.
63. *Manual do telespectador insatisfeito* — Wagner Bezerra.
64. *Relações públicas e micropolítica* — Roberto Porto Simões.
65. *Desafios contemporâneos em comunicação — perspectivas de relações públicas* — Ricardo Ferreira Freitas, Luciane Lucas (organizadores).
66. *Vivendo com a telenovela — mediações, recepção, teleficcionalidade* — Maria Immacolata Vassallo de Lopes, Silvia Helena Simões Borelli e Vera da Rocha Resende.
67. *Biografias e biógrafos — jornalismo sobre personagens* — Sergio Vilas Boas.
68. *Relações públicas na internet — Técnicas e estratégias para informar e influenciar públicos de interesse* — J. B. Pinho.
69. *Perfis — e como escrevê-los* — Sergio Vilas Boas.
70. *O jornalismo na era da publicidade* — Leandro Marshall.
71. *Jornalismo na internet* – J. B. Pinho.

www.**gruposummus**.com.br

Acesse, conheça o nosso catálogo e cadastre-se para receber informações sobre os lançamentos.

www.gruposummus.com.br

IMPRESSO NA

sumago gráfica editorial ltda
rua itauna, 789   vila maria
02111-031   são paulo sp
tel e fax 11 **2955 5636**
sumago@sumago.com.br

GRÁFICA
sumago